Baedeker

Usedom

VERLAG KARL BAEDEKER

Die wichtigsten Reiseziele

✹✹ Top-Reiseziele – auf keinen Fall versäumen!

Ahlbeck	58	Lieper Winkel	111
Bansin	67	Peenemünde	123
Gnitz	82	Wolgast	144
Heringsdorf	86		
Koserow	104		

Besuchermagnet: das HTI in Peenemünde ▶ S. 125

* **Herausragende Reiseziele – möglichst besuchen!**

Anklam............ 63	Mellenthin 114	Swinemünde
Benz 74	Misdroy	(Świnoujście) 130
Freest 79	(Międzyzdroje) 33	Usedom (Stadt)...... 141
Greifswalder Oie..... 98	Morgenitz.......... 119	Zinnowitz.......... 151
Kölpinsee-Loddin 99		

Strandkorb an Strandkorb – Hochsaison in Bansin ▶ S. 72/73

Inhalt

Natur, Kultur, Geschichte

Seite 8 – 51

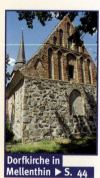

Dorfkirche in Mellenthin ▶ S. 44

Zahlen und Fakten	**12**
Allgemeines	12
Naturraum	13
Klima	16
Pflanzen und Tiere	17
Bevölkerung	22
Wirtschaft und Verkehr	22
Geschichte	**28**
Berühmte Persönlichkeiten	**37**
Kunst und Kultur	**44**
Architektur	44
Literatur · Film	48
Baedeker SPECIAL Künstlerinsel	50/51

Reiseziele von A bis Z

Seite 52 – 157

Vineta-Festspiele ▶ S. 156 / 157

Routenvorschläge	**54**
Ahlbeck	58
Anklam	63
Baedeker SPECIAL Der Traum vom Fliegen	65
Bansin	67
Benz	74
Baedeker SPECIAL Ein New Yorker auf Usedom?	75
Dargen	78
Freest	79
Gnitz	82
Heringsdorf	86
Baedeker SPECIAL "Badewanne Berlins"	90/91
Kamminke	95
Karlshagen	97
Kölpinsee	99

Korswandt	103
Koserow	104
Lassan	110
Lieper Winkel	111
Mellenthin	114
Misdroy (Międzyzdroje)	116
Morgenitz	119
Neppermin	121
Peenemünde	123
Baedeker SPECIAL Raketenrausch	126
Swinemünde (Świnoujście)	130
Trassenheide	135
Ückeritz	138
Usedom (Stadt)	141
Wolgast	144
Zempin	149
Zinnowitz	151
Baedeker SPECIAL Wo lag Vineta wirklich?	156 / 157

Sonnenuntergang bei Quilitz
▶ S. 113

Angeln	160
Anreise	161
Apotheken	163
Ärztliche Hilfe	163
Auskunft	164
Autohilfe	165
Baden · Badestrände	165
Behindertenhilfe	166
Bootsverleih	167
Cafés	167
Campingplätze	168
Einkäufe und Souvenirs	170
Essen und Trinken	173
Baedeker SPECIAL Silber des Meeres	174 / 175
Feiertage	177
Ferien mit Kindern	177
Ferienanlagen	177

Praktische Informationen von A bis Z

Seite 158 – 210

Rauchfisch ▶ S. 176

Freizeitaktivitäten	179
Grenzübergang	183
Hotels	183
Jugendherberge	189
Kuren	190
Literaturempfehlungen	190
Notruf	191
Öffnungszeiten	191
Reisezeit	192
Reiten	192
Restaurants	193
Schiffsverbindungen · Fähren	199
Sport · Wassersport	201
Telefon	204
Theater	205
Veranstaltungen	205
Verkehrsmittel	206
Wandern · Rad fahren	207
Wellness	207
Zeitungen	209
Zimmervermittlung	209

Verkaufsschild mit dem aktuellen Fischangebot ▶ S. 175

Register	**211**
Verzeichnis der Karten und grafischen Darstellungen	**214**
Bildnachweis	**214**
Impressum	**215**

Insel zwischen

Leckere Fisch- gerichte

in den verschiedensten Variationen

Um auf diese Insel zu gelangen, ist kein Schiff und keine Fähre erforderlich. Nach Usedom kann man bequem mit dem Auto oder der Bahn über eine der beiden Peenebrücken reisen, denn eine "richtige" Insel ist Usedom nur wenige Stunden am Tag – nämlich dann, wenn die Brücken hochgeklappt werden, um größeren Schiffen die Durchfahrt zu ermöglichen. Mit einer Fläche von 445 Quadratkilometern ist Usedom nach Rügen die zweitgrößte Insel Deutschlands, die zudem mit durchschnittlich 1906 Stunden jährlich die längste Sonnenscheindauer zu bieten hat. Kein Wunder, dass seit mehr als 100 Jahren Urlauber, die Ruhe und Erholung suchen, gerne hierher kommen.

Zwischen Peene und Swine, Achterwasser, dem Oderhaff und der Ostsee gelegen, bietet Usedom eine reizvolle und abwechslungsreiche Landschaft. An der Ostsee erstreckt sich ein 40 km langer weißer Sandstrand mit angrenzendem Küstenwald. Wie Perlen reihen sich dort Ahlbeck, Heringsdorf, Bansin, Kölpinsee, Koserow, Zempin und Zinnowitz aneinander. Fantasievolle Gebäude im Stil der Bäderarchitektur erstrahlen in den Kaiserbädern wieder im alten Glanz, aber nicht nur Histori-

Unberührte Natur
abseits der beliebten Urlaubsorte

Erholung am Strand
beim Baden, Sonnen oder Spielen

Seebrücken
sind der Stolz der Seebäder

Land und Meer

sches, sondern auch viel neu Neues und Entstehendes kann bewundert werden. So verfügt fast jedes Seebad über eine lebhafte Strandpromenade, einen Seesteg oder wie in Ahlbeck oder Heringsdorf über attraktive Seebrücken.

Bei Streifzügen ins Hinterland lernt man die beschauliche Seite der Insel kennen: An vielen Stellen eröffnen sich weite Blicke auf die sanft geschwungene Landschaft mit ausgedehnten Wiesen, Wäldern und Buchten. Ab und an kann man Seeadler beobachten, wie sie majestätisch ihre Kreise ziehen. Nostalgische Gefühle erwecken die kleinen, verträumten Dörfer mit ihren rohrgedeckten Häusern und mittelalterlichen Kirchen. Besuchen sollte man die Stadt Usedom mit ihren verwinkelten Straßen im Süden, die der Insel einst ihren Namen gab. Nicht nur historisch Interessierte zieht es nach Peenemünde, wo während der NS-Zeit die berüchtigte "Vergeltungswaffe" V2 entwickelt wurde, oder in die alte Hafenstadt Swinemünde auf der polnischen Seite der Insel, die über den Grenzübergang Ahlbeck leicht zu erreichen ist. Eines ist sicher: Usedom hat eine Vielzahl unterschiedlichster Facetten zu bieten – und es lohnt sich, ihnen allen nachzuspüren.

Bäderarchitektur

In den wunderbaren Villen sind meist Hotels und Apartments untergebracht.

Wandern und Rad fahren

Für jeden die richtige Tour

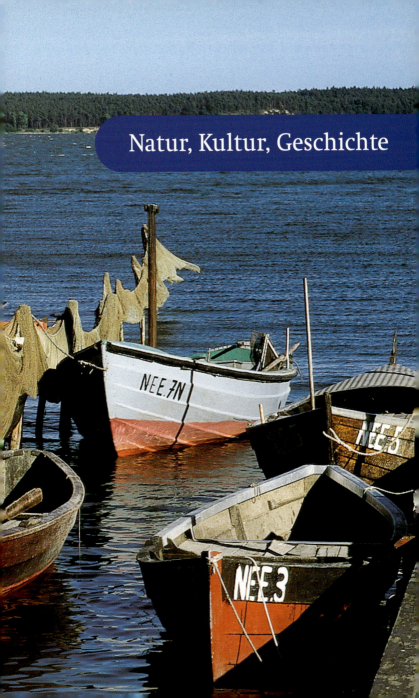
Natur, Kultur, Geschichte

Zahlen und Fakten

Allgemeines

Lage

Usedom, die zweitgrößte und gleichzeitig die östlichste der deutschen Ostseeinseln, gehört seit 1990 zum Bundesland Mecklenburg-Vorpommern. Gemeinsam mit der Nachbarinsel Wolin trennt sie die Odermündung mit dem Stettiner Haff von der Ostsee. Usedom wird von zwei Mündungsarmen der Oder umschlossen, westlich be-

Usedom

Lage: 54° nördl. Breite und 14° östl. Länge

Fläche: 445 km² (BRD 354 km², Polen 90,9 km²)

Einwohnerzahl: 31500

grenzt die Peene, östlich die Swine die Insel. Den dritten Mündungsarm der Oder bildet die Dziwna (Dievenow) im Osten Wolins. In Folge des Zweiten Weltkrieges wurde die Stadt Świnoujście (Swinemünde) sowie die Insel Wolin polnisches Staatsgebiet. Die deutschpolnische Grenze verläuft nur 3 km hinter Ahlbeck und markiert vorläufig die EU-Außengrenze. Der lebhafte Grenzverkehr ist ein deutliches Indiz für die Zusammengehörigkeit auf Usedom.

◀ **Fischerboote bei Neeberg an der Krumminer Wiek**

Größe

Die Insel umfasst insgesamt eine Fläche von 445 km², wovon 91 km² seit dem Potsdamer Abkommen 1945 zum polnischen Staatsgebiet gehören. Etwa 15 km nordwestlich von Usedom liegt die Nachbarinsel Rügen, die größte deutsche Ostseeinsel. Auf Usedom erstreckt sich von Swinemünde bis zum Peenemünder Haken ein 45 km langer, breiter und feiner Sandstrand. Zwischen den Orten Zempin und Koserow trennt nur ein schmaler Landstreifen von 330 m die Ostsee vom Oderhaff. Die seeabgewandte Seite Usedoms ist reich an Buchten und Halbinseln und bietet auf ungefähr 160 km Wasserspaß. Zwei Landverbindungen schließen Usedom an das Festland an: Im Westen bei Wolgast sichert eine moderne Zugbrücke sowohl für Autos über die B 111, als auch für die Usedomer Bäderbahn (UBB) die Zufahrt. Im Süden führt die B 110 über die Zempiner Peenestrombrücke von Anklam über Murchin und die Stadt Usedom in den Osten der Insel mit den Kaiserbädern.

Sage

Die Entstehung der Nachbarinseln Usedom und Wolin geht der Sage nach auf einen Wutausbruch des Germanengottes Wotan zurück. In grauer Vorzeit soll eine riesige Schlange versucht haben, die Ostsee auszutrinken. Als Wotan dies sah, schleuderte er wutentbrannt zwei gigantische Steine auf den Kopf des Untiers. Die Steine blieben am Ostseestrand liegen und wurden zu den Inseln Usedom und Wolin. Der wellenartig gebogene Körper der toten Schlange wurde zur Oder, deren Kopf zum Oderhaff. Am Entstehen der Inseln waren zwar tatsächlich große Kräfte beteiligt, jedoch entstammen diese der jüngsten Eiszeit und nicht der germanischen Mythologie.

Name

Gerne wird kolportiert, der Name "Usedom" sei aus einer Verlegenheit entstanden: Bei einer Versammlung, die über den Namen entscheiden sollte, fiel niemandem etwas Passendes ein. Schließlich einigte man sich darauf, das nächste gesprochene Wort als Inselnamen zu nehmen. Nach langem kollektiven Schweigen wurde es einem der Anwesenden zu bunt und er rief aus: "Oh, so dumm...". Der Name war gefunden. Sprachhistorischen Forschungen zufolge, ist er dem slawischen Wort "Uznam" entlehnt, das Mündung bedeutet und dem bis heute gültigen polnischen Namen der Insel entspricht.

Naturraum

Eiszeitseen und Moränenhügel

Usedom ist ein Produkt der letzten Eiszeit und damit aus erdgeschichtlicher Sicht mit 10 000 Jahren relativ jung. Gigantische Gletscher schoben von Skandinavien aus Gesteinsmassen zusammen, Mergelhügel und Moränen bildeten sich heraus. Nach dem Schmelzen des Eises entstand nicht nur die Ostsee, sondern es wurden auch zahlreiche Binnenseen, Moore, Salzwiesen, Kliffe sowie Hügel aus Kies und Sand geschaffen. Imposante Hinterlassenschaften der Eiszeit sind die großen Findlinge, die auch auf Usedom anzutreffen sind: Geologisch stammen sie aus Skandinavien. Das vordringende Eis transportierte während der Eiszeit Felsbrocken von dort über weite Entfernungen. Dabei wurden die riesigen Steine abgeschliffen und bekamen ihre charakteristischen runden und ovalen Formen. Als das Eis schmolz, blieben sie an Ort und Stelle liegen. Be-

Eiszeitseen und Moränenhügel (Fortsetzung)

eindruckende Beispiele sind auf Usedom der Sagenstein am Ostufer des Schmollensees oder der Teufelsstein am Achterwasserufer bei Pudagla. Auf der Halbinsel Gnitz haben sich mehrere Findlinge sowie Hünengräber erhalten.

> **Baedeker TIPP ▶ Steinerne Zeugen**
>
> Im Usedomer Gesteinsgarten, südöstlich von Ückeritz, wurden mehr als 80 Findlinge aufgestellt, die die Gletscher der Eiszeit aus Skandinavien bis nach Usedom transportiert haben. Anhand von Informationstafeln kann man auf dem Rundgang ihre unterschiedliche Herkunft nachvollziehen. Einige der Steine sind nahezu 2 Milliarden Jahre alt.

Küsten

Die heutige Küstenform entstand über mehrere Jahrtausende nach der Eiszeit und ist Resultat gleichbleibender Strömungsverhältnisse: Zwischen den höher gelegenen Inselkernen lagerte die Strömung Schlick und Sand ab – so entstand der für eine Ausgleichsküste typische und heute bei Urlaubern so beliebte flache und breite Sandstrand. Die Ostseeküste Usedoms weist eine nur leicht geschwungene Küstenlinie auf. Da die Ostsee kein Tidenmeer ist und den Gezeitenwechsel zwischen Ebbe und Flut nicht kennt, sind die Strände nicht so flach und breit wie an der Nordsee. Der Wasserstand variiert nur bei Sturmfluten oder Hochwassern der Haff-Zuflüsse.

Begünstigt durch die dauerhaften küstenparallelen Strömungen trennten die Ablagerungen nach und nach ehemalige Meeresbuchten von der Ostsee ab. Die buchtenreiche Boddenlandschaft des Achterwassers entstand, ebenso zahlreiche Binnenseen, einige – wie der Kölpinsee oder der Schloonsee – liegen nur wenige Meter hinter den Dünen. In unmittelbarer Nähe zu den Inselkernen findet man beeindruckende Steilküsten wie rund um den 56 m hohen Streckelsberg oder Kliffe, wie bei Stubbenfelde. Den nordwestlichen, vorwiegend flachen Teil Usedoms prägen Küstenwälder und feuchte Moorwiesen. Südöstlich der Schmalstelle bei Koserow sind Sanddünen sowie zahlreiche Binnenseen in einer hügeligen Moränenlandschaft charakteristisch. Ausgedehnte Mischwälder und Moorgebiete, wie rund um Thurbruch und den 59 m hohen Golm, sind nur im Süden anzutreffen.

Boddenlandschaft

Oderhaff und Achterwasser, Peenestrom und Swine bilden eine Boddenlandschaft mit einzigartiger Flora und Fauna. Das Süßwasser der Flüsse Oder und Peene mischt sich mit dem Salzwasser der Ostsee und bringt damit den Usedomer Fischern eine große Artenvielfalt in die Netze. Die ständigen Ablagerungen der Oder und der anderen Zuflüsse führten zu der ungewöhnlich stark ausgelappten Form der Binnenküste Usedoms und Wolins. Die Inseln, Halbinseln, Salzwiesen und Buchten bieten Lebensraum für viele seltene Tiere, z.B. Reservate für Zugvögel.

Naturschutz

Der einzigartige Naturraum ist Hauptkapital und Hauptsorge der Usedomer. Die Gäste kommen wegen der wunderbaren Strände

Naturschutz (Fortsetzung)

und der landschaftlichen Schönheit des Hinterlandes, doch sie belasten auch das sensible Gleichgewicht von Mensch und Natur. Nachdem Industrie, Militär und die rücksichtslose Forcierung des Massentourismus jahrzehntelang Raubbau an der Natur betrieben hatten und nachhaltige Schäden entstanden waren, setzte Ende der 1980er-Jahre ein grenzüberschreitendes Umdenken ein: Neue Naturschutzgesetze traten in Kraft, in deutschpolnischer Kooperation entstand in Swinemünde eine gemeinsam genutzte Kläranlage, Modernisierungen und Investitionen wirkten im Großen wie im Kleinen.

Usedom und Wolin sind Naturparks, in denen einzelne Gebiete gesondert als Naturschutzgebiete ausgewiesen sind. So stehen z.B. die Flachgewässer und Salzwiesen des Peenemünder Hakens, die Kliffranddüne des Streckelsbergs, die eiszeitliche Landschaft von Thurbruch und Gothensee oder die Vogelschutzgebiete der Inseln Werder und Böhmke unter besonderem Schutz. Der Nationalpark auf der Nachbarinsel Wolin besteht seit 1960 und umfasst beinahe 5000 ha. Es wurden besondere Naturschutzgebiete u.a. für Orchideen und seltene Sumpfblaubeeren sowie ein Reservat für Wisente geschaffen.

So nahe an den Dünen liegt der Schloonsee in Bansin.

Seit vielen Jahren werden Anstrengungen zur Verbesserung der Wasserqualität der Ostsee unternommen. Vor einigen Jahren wurde noch davon abgeraten, in Nähe der Odermündung zu baden. Inzwischen ist die Oder aber nicht mehr nur Abwasserkanal für polnische und deutsche Industriebetriebe, sondern Ziel zahlreicher Umweltschutzbemühungen. Heute kann man wieder unbedenklich den Badespaß an der Ostsee genießen. Auch der Fischbestand erholt sich allmählich, obwohl längst nicht jeder Fisch, der in Usedom auf dem Teller landet, aus heimischen Gewässern stammt.

Naturraum (Fortsetzung), Sturmfluten

Die Ostsee ist eine ständige Gefahr für Usedom, vor allem im Winterhalbjahr, wenn Sturmfluten und Eis der Insel stark zusetzen. Jährlich tragen die Stürme mehrere Meter Küste ab und verursachen immer wieder große Schäden an den Seebrücken. Küstenschutz hat auf Usedom hohen Stellenwert. Noch 1872 durchbrach eine Sturmflut die Insel an ihrer schmalsten Stelle zwischen Koserow und Zempin und zerstörte den Ort Damerow vollständig. Mit Bunen und Dünenbefestigung wird versucht, der Landabtragung Einhalt zu gebieten, doch erst 1995 trug ein Sturmhochwasser in nur zwei Tagen bei Ahlbeck 6 m und bei Ückeritz 8 m Land ab. In so genannten Eiswintern, wie 1996, kann bei lang anhaltenden Minusgraden und starkem Wind das Eis am Strand bis zu 3 m hoch aufgetürmt werden. Vor der zerstörerischen Gewalt des Eises, das Holz, Stein, sogar Eisen zermahlt, sind weder die Seebrücken noch Küstenschutzbauten sicher.

Klima

Sonneninsel Usedom

"Sonneninsel Usedom" lautet zu Recht einer der Usedomer Werbeslogans, denn mit täglich 5 Stunden Sonnenschein im Jahresdurchschnitt können nur wenige andere deutsche Regionen mithalten. Die Insel liegt im bundesweiten Vergleich ganz vorne, wenn es um die längste Sonnenscheindauer geht. Usedom ist vom Küstenklima der Ostsee geprägt, für das rasche Wechsel zwischen kontinentalen und maritimen Strömungen mit starken Luftbewegungen charakteristisch sind. Durchschnittlich regnet es an 9 Tagen im Monat, doch die Niederschlagsmenge ist mit rund 50 mm/m² im Monatsdurchschnitt ausgesprochen niedrig. Trotzdem herrscht, begünstigt durch die Seeluft, konstant hohe Luftfeuchtigkeit.

Usedom bietet ein ausgesprochen gesundes Reizklima. Die hohe Anzahl an Sonnenstunden wirkt sich positiv auf das Allgemeinbefinden aus. Die frische Seeluft mit ihrem großen Anteil an Salz und Jod beugt Atemswegserkrankungen vor und wirkt sich positiv bei Lungenerkrankungen aus. Auch Menschen, die unter Hauterkrankungen und Allergien leiden, erholen sich gut in Seeluft und Salzwasser, da die Luft Usedoms zudem ausgesprochen pollenarm ist. Während im Sommer meist konstantes Hochdruckwetter herrscht, sollten sich Wetterfühlige in den übrigen Jahreszeiten auf relativ häufige und rasche Wetterwechsel einstellen. Mit über 1800 Sonnenstunden im Jahr kann man ganzjährig auf Usedom Erholung finden. Wer jedoch die Hitze liebt, wüstenheiße Winde und mediterrane Sonne, der ist im Norden nicht so gut aufgehoben. Usedom zeichnet sich durch gemäßigte Temperaturen aus: Im Juni, Juli und August klettert das Thermometer täglich auf über 20°C. Bei konstanter Hochdrucklage und anhaltendem Sonnenschein werden auch Temperaturen von 30°C und mehr erreicht, doch garantiert eine frische Seebrise und das Meerwasser mit 17°C eine angenehme Abkühlung. Während der September noch angenehm warm sein

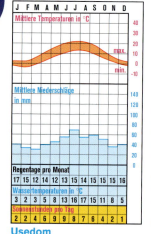

Usedom

kann, ist der Mai meist recht kühl und mit 9°C Wassertemperatur für einen reinen Badeurlaub ungeeignet. Noch im März und April erreicht das Thermometer eher winterliche Temperaturen, in windgeschützten Lagen oder im Strandkorb kann man aber bereits zu dieser Jahreszeit die Sonne genießen. In den langen Wintern mit windigem – selten stürmischem – Wetter bietet der Strand Erholung durch ausgedehnte Spaziergänge in gesunder Seeluft. Dauerfröste sind eher selten und führen nur bei länger andauerndem Nordoststurm in Eiswintern zu extremer Kälte. Badefreuden sollte man in diesen Monaten in einer der Thermen suchen.

Klima (Fortsetzung)

Pflanzen und Tiere

Die Pflanzen- und Tierwelt Usedoms ist gekennzeichnet durch die außergewöhnliche Lage zwischen Ostsee und Oderhaff und durch die Abgeschiedenheit von Inseln, Buchten und Binnenseen. Wegen des Fehlens großer Industriebetriebe konnten sich ganze Landstriche mit naturnahem Lebensraum für Pflanzen und Tiere erhalten. Dazu trug auch bei, dass man schon 1966 große Teile der Insel als Landschaftsschutzgebiet deklarierte. 1999 wurde Usedom schließlich zum Naturpark, der 36 000 ha Land- und 27 000 ha Wasserfläche am Achterwasser, Peenestrom und Kleinen Haff umfasst. In abgeschiedenen Gebieten oder geschützten Bereichen schufen Naturschützer Reservate für verschiedene vom Aussterben bedrohte Tier- und Pflanzenarten. Auch der Besucher sollte sich als aktiver Umwelt- und Naturschützer zeigen, die Natur bewundern aber nicht zerstören. Besonderen Schutzes bedürfen dabei die Dünen, die für den Bestand der Insel essenziell sind. Im Binnenland sollte man sich – vor allem in den Naturschutzgebieten – an die ausgewiesenen Wege halten, um Tieren und Pflanzen ihren geschützten Lebensraum zu erhalten. Gut ausgeschilderte Naturlehrpfade, Rad- und Wanderwege sowie Aussichtspunkte führen zu den bedeutendsten Natursehenswürdigkeiten. Die Schau- und Hinweistafeln bieten viel Informationen über Flora und Fauna. Wer mehr über den einzigartigen Naturraum Usedoms wissen möchte, kann an einer der organisierten Naturwanderungen, Radtouren oder Tierbeobachtungsgängen teilnehmen. Ein Besuch im sehr informativen Naturschutzzentrum in Karlshagen lohnt sich immer, auch wegen der hervorragenden Faltblätter mit Routenvorschlägen zu einzelnen Natursehenswürdigkeiten.

Allgemeines

Pflanzen

Leuchtende Mohnblumen am Wegesrand

Pflanzen

Einzigartig ist die Flora der Feuchtgebiete Usedoms. Salzwiesen, Schilf- und Flachwasserbereiche rund um das Achterwasser und

Pflanzen
(Fortsetzung)

den Peenemünder Haken haben Biotope erhalten, die sensible Ökosysteme mit aufeinander abgestimmten Pflanzen- und Tierarten beheimaten. Auf der Halbinsel Gnitz, die mit Steilufern am Weißen Berg, Salzwiesen, Dünen, Strand und Kiesbänken viele unterschiedliche Landschaftsformen auf kleinem Raum vereinigt, kann man Hügel mit Magerwiesen und Sumpfgebiete mit typischen Pflanzen wie Sumpfläusekraut oder Knabenkraut entdecken.

Dünen

Nur wenige Pflanzen gedeihen auf den nährstoffarmen und trockenen Sandböden der Dünen, vertragen die salzige Seeluft und halten den starken Winden und frostigen Wintertemperaturen in Seenähe stand. Die Dünenvegetation erweist sich als die sensibelste und zugleich erfolgreichste Art des Küstenschutzes und mindert die Erosion durch Wind und Wasser. Intakte Dünen sind der wirksamste Schutz vor einer massiven Landabtragung bei Sturmfluten. Besonders hilfreich bei der Dünenbefestigung sind die Sandsegge mit bis zu 10 m langen kriechenden Wurzeln sowie Strandhafer und Strandroggen mit etwa 40 m Wurzellänge. Die Dünen bieten aber auch Lebensraum für andere seltene Pflanzen, wie diverse Distel- und Heidearten sowie Ginster, Strandkiefern oder Sanddornbüsche. Jeder Schritt, all der achtlos weggeworfene Müll stört das komplizierte Ökosystem der Dünen, schadet den Wurzeln und Pflanzen und gefährdet somit die einzigartige Insellandschaft. Die Dünen dürfen deshalb nur auf den ausgewiesenen Wegen durchquert werden.

Vorsicht, nicht zertreten!

Moore

Die allmähliche Verlandung eiszeitlicher Binnenseen erzeugte typische Beispiele für eine Moorvegetation. Am Wockninsee bei Ückeritz schlossen wachsende Schilfgürtel Flachmoorzonen ein. Bei niedrigem Nährstoffgehalt des Torfbodens ist neben den harmlosen Heidekraut-Arten, Sumpfveilchen oder der Moosbeere auch der Fleisch fressende Sonnentau heimisch. Ein besonderes Highlight stellt der Mümmelkensee nordwestlich von Bansin dar. Namensgeber dieses schon fast völlig verlandeten Moorsees sind die im Volksmund Mummeln genannten See- oder Teichrosen, die hier zahlreich blühen. Ein Naturlehrpfad führt zu verschiedenen Arten des Fleisch fressenden Sonnnentaus. In einer großen Senke an der polnischen Grenze liegt das Naturschutzgebiet Zerninsee. Seit fast 70 Jahren liegt dieser ehemalige eiszeitliche Gletschersee unberührt. Zum Rand hin wird er begrenzt von Erlen und Birken, im Zentrum liegen große Röhricht- und Schilffelder sowie Feuchtwiesen. Hier konnten sich außergewöhnlich viele verschiedene Pflanzenarten ansiedeln, die heute den Lebensraum für seltene Vogelarten bilden. Bizarre Moorvegetation findet sich im großflächigen Niedermoor des Thurbruchs zwischen Gothensee und Achterwasser. Nachdem das Gebiet aus wirtschaftlichen Gründen im vergangenen Jahrhundert zuerst systematisch entwässert, dann als Weideland und zum Torfabbau genutzt wurde, findet sich heute hier ein Moorwald mit Weiden, Erlen und Birken. Aber Achtung: Abseits der Wege besteht Lebensgefahr! Der moorige Boden ist nur von einer dünnen Vegetationsschicht bedeckt und kann nachgeben.

Moore (Fortsetzung)

Unmittelbar an der polnischen Grenze liegt der fast 60 m hohe Golm. Auf ihm befindet sich die Gedenkstätte für die Opfer des verheerenden Bombenangriffs auf Swinemünde im Jahre 1945. Neben einem der größten Kriegsgräberfelder Europas liegt ein Naturschutzgebiet mit einzigartigen Pflanzen. Obwohl hier während des Zweiten Weltkrieges Befestigungsanlagen gebaut wurden, konnte sich der Baumbestand des alten Rotbuchenwaldes erhalten, der im Herbst ein prächtiges Farbenspiel präsentiert. Zwischen knorrig verwachsenen Baumriesen und den verstreuten Betonbrocken der ehemaligen Bunker erstreckt sich im Frühjahr ein Teppich zarter Frühblüher, wie Lerchenkraut, Waldgoldstern, Maiglöckchen und Leberblümchen. Der Buchenwald lässt genug Licht durch, so dass Goldrute, Glockenblume oder Zaunwicke auf diesem Boden gedeihen.

Golm

Auch die mit 60 m höchste Erhebung Usedoms, der Streckelsberg, weist einen alten Rotbuchenbestand auf. Neben der beeindruckenden Steilküste locken im Sommer seltene Orchideenarten, Vogelnestwurz oder das Rote Waldvögelein, die Besucher an. Die zarten Frühjahrsblümchen, für die der lichte Wald optimale Bedingungen bietet, bedecken den Waldboden mit gelben und blauen Blütenpolstern.

Streckelsberg

Tiere

Möwen und Fische gehören zu jedem Seeurlaub, doch wer weiß schon, wie viel unterschiedliche Möwenarten es gibt und warum gerade Usedom für seinen Hering berühmt ist? Landschafts- und Naturschutz sind auf Usedom Grundlage für einen außergewöhnlichen Artenreichtum an Vögeln sowie Wasser- und Landtieren. Vor allem die Feuchtgebiete, die zahlreichen Seen, Buchten und Inseln mit den dort beheimateten Pflanzen bieten Rückzugsgebiete für zahlreiche bedrohte Vogelarten. Usedom ist ein Paradies für Zugvögel, die hier geschützte Rastplätze und Brutreviere finden. Die Insel bietet viele Attraktionen für Tierfreunde, doch auch derjenige, der sich für die Fauna nicht sonderlich erwärmen kann, wird beeindruckt sein, wenn er einen Seeadler sieht, der majestätisch durch

Tiere (Fortsetzung)

die Luft schwebt, oder ein Reh in der Abenddämmerung unmittelbar vor seinem Fahrrad den Waldweg kreuzt.

Vögel

Am weitesten verbreitet sind Möwen, unter denen sich leicht die kleinere Lachmöwe mit ihrem charakteristischen schwarzen Kopf und die große Seemöwe mit ihrem grauhellbräunlichen Gefieder ausmachen lassen. Die Fluss-Seeschwalbe wird aufgrund ihrer möwenartigen Gefiederfärbung oft als Möwe bezeichnet, weist aber eine flachere und langgestrecktere Körperform auf. Von ausgesprochener Vielfalt sind auch die auf Usedom vorkommenden Entenarten, wie Schnatter-, Pfeif- oder Eisente. Vor allem an den Binnenseen konnten sich neben den allgemein verbreiteten Eider- und Stockenten auch Arten behaupten, die Moore und Sümpfe bevorzugen. Im Sommer sind dort Hauben- und Zwergtaucher ebenso anzutreffen wie Blesshühner, das Grünfüßige Teichhuhn oder das Tüpfelsumpfhuhn. Rebhühner und Fasane lassen sich sogar in der Nähe der viel befahrenen Bundesstraßen sehen. In den ausgedehnten Waldgebieten sind Wiedehopf, Kiebitz sowie Große und Kleine Rohrdommeln anzutreffen.

Raubvögel wie Falken oder Habichtarten kann man auf Usedom leicht finden, dagegen ist der Seeadler ein seltener Vogel. Allerdings sollen 26 Brutpaare dieses in Deutschland bedrohten Vogels auf der Insel ihre Horste haben.

Die beeindruckenden schwarzen Kormorane haben am Peenemünder Haken ein ideales Rückzugsgebiet gefunden. Hier nisten sie auf Schiffswracks und in strandnahen Bäumen, die durch den giftigen Kot der Vögel jedoch alle abgestorben sind. Gerade an der Mündung des Peenestroms finden sie jenen Fischreichtum, den sie zum Leben brauchen. Deshalb sind sie bei den Fischern ebenso unbeliebt wie die Kraniche und Fischreiher, die gleichfalls auf Usedom anzutreffen sind. Die älteren Exemplare der Fischreiher weisen im Gegensatz zu den Jungtieren am Hinterkopf lange schwarze Federn sowie ein insgesamt helleres Gefieder auf. Ebenfalls ein Fischfresser ist der kleine Eisvogel, der aufgrund seines bunten Federkleides und seines langen Schnabels an Flüssen, Teichen und Seen gut zu erkennen ist.

Neben den Usedom nordwestlich vorgelagerten kleinen Inseln Ruden und Greifswalder Oie, sind vor allem die Achterwasser-Insel Görmitz, die Halbinsel Gnitz und die Peenestrom-Insel Großer Wotig Vogelschutzgebiete. Hier liefern Schilf und Flachwassergebiete geschützte Nistplätze und Nahrung. Allein auf der Großen Wotig leben rund 170 verschiedene Vogelarten, darunter auch vom Aussterben bedrohte Arten, wie der Sandregenpfeifer oder der Austernfischer. Der Leuchtturm auf der Greifswalder Oie scheint auch für Zugvögel ein Orientierungspunkt zu sein, denn im Frühjahr und Herbst machen hier unzählige Schwärme Station.

Bei einer Tour mit der Insel-Safari kann man der Kormorankolonie am Peenemünder Haken einen Besuch abstatten.

An der Südspitze der Halbinsel Gnitz rund um den Weißen Berg haben seltene Uferschwalben ihre Bruthöhlen in die Steilküste gebaut. Die zerlöcherte Steilwand bietet ebenso ein Schauspiel wie die beeindruckenden Landemanöver dieser geschickten Luftartisten.

Vögel (Fortsetzung)

Die 42 regelmäßig besetzten Storchennester begründen Usedoms Ruf als Storcheninsel. Vor allem im Storchendorf Gothen ist es durch Privatinitiative gelungen, mehrere Storchenpaare anzusiedeln. Die Lage abseits größerer Straßen und des geschäftigen Heringsdorfs sichert den Tieren ruhige Nistplätze mit ausreichender Nahrung durch den Gothensee. Rundwege und Informationstafeln geben interessante Einblicke in das Leben dieses selten gewordenen Vogels.

Störche in Morgenitz

Die Ostsee ist beinahe ein Binnengewässer und nur an zwei schmalen Stellen mit der Nordsee verbunden. Das ökologische Gleichgewicht dieses abgeriegelten und relativ kleinen Meeres war im 20. Jahrhundert nachhaltig gestört, was sich besonders negativ auf die Wasserqualität und den Fischreichtum auswirkte. Früher war Usedom berühmt für Heringe – der Name Heringsdorf kommt nicht von ungefähr – heute liefern die einheimischen Gewässer nur einen Bruchteil der auf Usedom konsumierten Heringe (▶ Baedeker Special S. 174/175). Dennoch gehen sie den Usedomer Fischern immer noch am häufigsten ins Netz, wesentlich magerer fällt der Fang bei Schollen, Sprotten, Steinbutt, Flundern, Kabeljau oder Dorsch aus. Besonders sensibel reagieren die Boddengewässer, wie das Oderhaff, auf Überdüngung und Verschmutzung durch Abwässer. Auch Aal, Barsch und Lachs, eigentlich Süßwasserfische gehören zu den typischen, wenn auch inzwischen selteneren heimischen Fischarten. Im Peenestrom und Achterwasser mischen sich Süß- und Salzwasser, bevorzugte Laichgründe liegen hier in geschützten Gewässern. Die Binnenseen sind beliebte Anglertreffpunkte, locken sie doch traditionell mit Hecht, Zander und Plötze. Während früher Fischzucht und -fang dem Adel vorbehalten war, darf heute jeder mit Angelschein sein Glück versuchen.

Fische

Der Gothensee ist auch Schutzgebiet für Fischotter. Besucher werden die wenigen Exemplare aber wahrscheinlich nicht zu Gesicht bekommen, denn sie sind nicht nur sehr scheu, sondern benötigen auch einen ausgesprochen weitläufigen Lebensraum. Der allmählich verlandende Wockninsee ist Heimat einer anderen vom Aussterben bedrohten Tierart: Die Sumpfschildkröte findet hier noch die von ihr zum Leben benötigten Feuchtgebiete.
Eine besondere Attraktion an der Ostseeküste sind Kegelrobben und Seehunde, die jedoch nur gelegentlich zu sehen sind. Nur selten werden Schweinswale gesichtet, sorgen dann aber für großes Aufsehen.

Wassertiere

Pflanzen und Tiere (Fortsetzung)

Der Thurbruch gilt als Paradies für alle Schmetterlingsliebhaber. In diesem weitläufigen sumpfigen Gebiet finden sich zahlreiche seltene Arten in großer Population. In den ausgedehnten Wäldern sind vor allem Rot- und Damwild beheimatet. Nicht umsonst war Usedom jahrhundertelang bevorzugtes Jagdrevier der Pommern-Herzöge sowie späterer Politgrößen.

Bevölkerung

Pommern

Usedom gehört zum Bundesland Mecklenburg-Vorpommern. Fragt man jedoch die Einheimischen, haben sie mit Mecklenburgern so wenig gemein wie etwa mit Saarländern. Die Pommern fühlen sich als eigenes Völkchen. Sie gelten als bodenständig und gemütlich – böse Zungen deuten dies als langsam. Tatsächlich war Pommern ein abgelegener Landstrich, vor allem aus der Sicht der Herrschenden in Berlin oder Stockholm. Früh schon wurde das Land in Vor- und Hinterpommern geteilt, die Oder bildete damals wie heute die Grenze. Gemeinsam blieb den Pommern beiderseits dieser Grenze der landwirtschaftlich geprägte Charakter ihres Landes. Pommern ist und bleibt ein eher dünn besiedeltes Land. Obwohl einem das während der Hochsaison am Strand der Seebäder nicht glaubhaft erscheint, gilt dies auch für Usedom. Ahlbeck ist mit rund 4500 Einwohnern der größte Ort der Insel.

Nach dem Zweiten Weltkrieg

Die Bevölkerung Usedoms bestand vor dem Zweiten Weltkrieg fast ausschließlich aus einheimischen Familien und wenigen Zugezogenen, die irgendwann einmal als Gäste gekommen waren und blieben. In Folge des Krieges wandelte sich die Bevölkerungsstruktur, viele flohen vor der Roten Armee und kehrten gar nicht oder erst wesentlich später wieder. Dafür wurden Flüchtlinge aus dem Osten vorläufig einquartiert, von denen sich einige niederließen. Zu DDR-Zeiten siedelten sich vor allem Künstler gerne auf Usedom an, die Jugend zog es aber der Arbeit wegen häufig aufs Festland: Auf der Insel gab es nur in vereinzelten Bereichen – wie Fischfang, Militär oder Fremdenverkehr – Arbeit. Seit der Wende unterscheidet man zwischen Alt- und Neu-Usedomern: Neben einigen Heimkehrern, die ihren Lebensabend am Ort ihrer Jugend verbringen möchten, kamen Idealisten und Investoren. Die Menschen der Insel wachsen wieder zusammen, auch über die deutschpolnische Grenze hinweg. In den Gymnasien gibt es gemeinsamen Sprachunterricht, deutsche Hausfrauen machen in Polen ihren Wocheneinkauf an Obst und Gemüse, für Polen ist die Ostseetherme ein beliebtes Ausflugsziel geworden. Der gemeinsame Nenner der Usedomer Bevölkerung ist Freundlichkeit, Offenheit und Heimatverbundenheit.

Wirtschaft und Verkehr

Allgemeines (Fortsetzung)

Pommern war immer schon ein relativ armes Land. Landwirtschaft war vielerorts die einzige Erwerbsquelle, doch die meisten Ländereien gehörten Großgrundbesitzern. Auch auf Usedom prägten gro-

Lektüre gefällig? Badegäste am Strand von Ahlbeck ▶

Allgemeines (Fortsetzung)

ße Gutshöfe oder Forste die Wirtschaft – Förster, Pächter und Verwalter bewachten aufmerksam, was Wald und Feld hergaben, so war z.B. das Angeln in den Binnenseen streng verboten. Die Leute arbeiteten auf den Gutshöfen, viele besaßen aber auch ein Boot und trugen durch Fischfang zum Unterhalt der Familie bei. Durch den Ausbau Swinemündes zur Garnisonsstadt kamen neue, wenn auch zuerst bescheidene Verdienstmöglichkeiten nach Usedom. Die hier stationierten Militärs frequentierten nicht nur die Gasthäuser, sondern nahmen auch Dienstleistungen aller Art in Anspruch: So verdienten sich die Swinemünder als Apotheker, Händler, Schneider etc. ihren Lebensunterhalt.

Als gegen Mitte des 19. Jahrhunderts der Bäderboom einsetzte, wurde der Tourismus zum Hauptwirtschaftsfaktor und ist es bis heute geblieben. Abgesehen von der Wolgaster Peenewerft und der Landwirtschaft, die durch den streng geschützten Naturraum jedoch kaum Entfaltungsmöglichkeiten findet und eher der Landschaftspflege dient, ist der Tourismus Usedoms einziger Wirtschaftsfaktor. Während die Arbeitslosigkeit im Kreis Ostvorpommern deutschlandweit im Jahresdurchschnitt zu den höchsten zählt, werden vor allem im Sommer Arbeitskräfte gesucht. Im gesamten Hotellerie- und Gastronomiebereich, aber auch bei Kur- und Wellnessangeboten sind Fach- und Hilfskräfte aus dem nahen Polen gefragt.

Fischer am Kleinen Haff

Tourismus

Jedes Jahr kommen mehr Urlauber auf die Insel, inzwischen sind es etwa 1 Million Touristen. Kein Wunder also, dass weiter kräftig in die touristische Infrastruktur investiert wird. "Modernisierung" lautet seit dem Ende der DDR die Devise. Während einige Investoren auf die Luxussanierung setzen, was sich vor allem in den drei

Kaiserbädern bemerkbar macht, haben auch Privatleute nach und nach ihre Gästezimmer renoviert und westlichem Standard entsprechend umgestaltet. Der Bund, das Land und die Ortsverwaltungen trugen ebenfalls zum viel beschworenen Aufschwung Ost auf Usedom bei: Die Seebrücken wurden saniert, die Promenaden neu gestaltet, die Ortskerne verkehrsberuhigt und zu Flaniermeilen umgebaut. Mit dem Neubau der Wolgaster Brücke und der Modernisierung der UBB sind auch in Sachen Verkehrsanbindung große Fortschritte zu verzeichnen.

Der Trend geht dahin, den ganzjährigen Tourismus zu fördern. Dazu bedarf es wetterunabhängiger Freizeitangebote: Der Neubau der Ostseetherme und der Ausbau des Bades in Zinnowitz zur Bernsteintherme zielen erfolgreich in diese Richtung. Auch die Erschließung der Naturattraktionen durch Wander- und Radwege, Erlebnis- oder Naturlehrpfade sowie ein vielfältiges Kulturangebot steigern die Attraktivität Usedoms.

Tourismus (Fortsetzung)

Die Usedomer Fischer haben das Glück, seit jeher über drei ausgezeichnete Fischgründe zu verfügen: die Ostsee, das Achterwasser und das Haff sowie die Binnenseen. Die Fischerei, die traditionell den Unterhalt der meisten Usedomer Familien sicherte, führt heute aber eher ein Schattendasein. Nur noch wenige Fischer fahren mit ihren kleinen Booten aus, ihr Fang ist bei Einheimischen wie Touristen sehr beliebt. Im großen Stil betreibt aber niemand mehr die Fischerei, eine Fisch verarbeitende Industrie existiert auf Usedom nicht. Der Umwelt- und Naturschutz ist auch für die Fischerei zum begrenzenden Faktor geworden. Dieses Umdenken setzte aber erst ein, nachdem der Fischbestand in der Ostsee wegen starker Verschmutzung und Überfischung spürbar reduziert war. Zwar hat sich die Wasserqualität der Ostsee inzwischen wesentlich verbessert und der Fischbestand regeneriert, gegen die internationale industrielle Hochseefischerei kommt man aber ökonomisch nicht an. So ist nur ein Teil der Fische auf Usedoms Speisekarten aus heimischen Gewässern. Der vor allem durch das besondere Ökosystem des Boddengewässers und der Binnenseen große Artenreichtum macht den Fischfang auf Usedom nicht nur für Fischereifreunde sondern auch für Gourmets interessant.

Fischerei

Wirtschaft

Verkehr

Wer während der Hochsaison vor der Wolgaster oder Zecheriner Brücke im Stau steht, der spürt am eigenen Leib eines der Hauptprobleme der Insel. Die kleinen Orte, die im Sommer ein Vielfaches ihrer Einwohnerzahlen verkraften müssen, leiden an dem Verkehr. Parkplätze sind Mangelware – kein Wunder, dass die Zentren der Orte konsequent für Autos gesperrt sind. Wer meint, mit dem Auto zum Strand fahren zu müssen, kann dies an entlegenen Strandpartien tun; hier findet er Parkplätze. Die ortsnahen Strände sind jedoch gut zu Fuß erreichbar.

Allgemeines

Abgesehen von den Peenebrücken als Nadelöhren, die zu bestimmten Zeiten am Tag geschlossen werden, um dem Schiffsverkehr die Zufahrt zum Achterwasser und Haff zu ermöglichen, ist das Straßennetz Usedoms gut ausgebaut. Von Wolgast kommend führt die

Auto

Tor nach Usedom: Wolgasts "Blaues Wunder"

Wirtschaft

Auto
(Fortsetzung)

B 111 durch alle großen Seebäder und endet an der polnischen Grenze. Von der Zecheriner Brücke über den Ort Usedom erschließt die B 110 den Südosten der Insel. Zwischen diesen beiden Hauptrouten verlaufen mehrere gut ausgebaute Verbindungsstraßen, die auch kleinere Orte anschließen. Von einem Autoausflug nach Polen ist abzuraten. Der vorläufig einzige Grenzübergang bei Ahlbeck ist nur für Fußgänger geöffnet. Die gebührenpflichtigen Parkplätze in Grenznähe sind im Sommer oft belegt.

Usedomer Bäderbahn

Eine Usedomer Institution und echte Alternative zum Auto ist die Usedomer Bäderbahn (UBB). Sie verkehrt von Züssow (Anschluss an die DB-Fernzüge) über Wolgast durchgehend bis Ahlbeck Grenze. In Zinnowitz zweigt die zweite Linie Richtung Peenemünde ab. Die Umsteigezeiten sind aufeinander abgestimmt, so dass keine längeren Wartezeiten entstehen. Der im Volksmund früher ironisch "Ferkelexpress" genannte Zugbetrieb ist mittlerweile privatisiert und fährt seit einigen Jahren schwarze Zahlen ein. Die modernen Züge sind behindertengerecht und bieten Platz für Kinderwagen oder Fahrräder. Im Angebot sind verschiedene Sondertickets, die Schaffner im Zug informieren über die günstigsten Tarife. (Fahrpläne und Infos an jedem Bahnhof und bei den Kurverwaltungen sowie unter ☎ 03 83 78 / 2 71 32). Der einzige Nachteil: Das schöne Hinterland Usedoms ist an die UBB nicht angeschlossen. Von Anklam gibt es aber Busverbindungen, die den Südosten der Insel erschließen.

Bäderlinie

Schiffsverbindungen spielen auf Usedom traditionell eine wichtige Rolle. An frühere prunkvolle Zeiten können die kleinen Häfen aber kaum noch anschließen. Die größte Bedeutung hat die Seebäderlinie, die Usedom mit Rügen und der polnischen Nachbarinsel Wolin verbindet. Die Hauptroute führt über die großen Seebäder, wo die Schiffe der Adlerlinie an den Seebrücken anlegen, bis Świnoujście (Swinemünde). Vom dortigen internationalen Hafen bestehen Fährverbindungen nach Schweden und Dänemark. Von Kamminke verkehren während der Saison Ausflugsboote nach Nowe Warpno (Neuwarp) und Szczecin (Stettin) in Polen. Auch von andern Usedomer Häfen wird Szczecin angefahren. Nach Rügen und auf die kleineren Inseln Ruden und Greifswalder Oie startet man von den Häfen in Karlshagen bzw. Peenemünde.

Bäderlinie (Fortsetzung)

Geschichte

Frühzeit

Eis und Stein

Nachdem in der jüngsten Eiszeit die Insel geformt wurde, kamen in der mittleren Steinzeit die ersten Bewohner. Die frühesten Hinweise menschlicher Existenz fanden sich in der Nähe von Morgenitz und Usedom, größere Siedlungen entstanden aber wohl erst in der Jungsteinzeit. Angehörige der so genannten Trichterbecherkultur trieben zwischen dem 4. und 2. Jahrhundert v.Chr. Ackerbau und Viehzucht. Beeindruckende Zeugnisse ihrer Kultur sind nicht nur in Museen zu bestaunen. Einige der imposanten Megalithgräber haben sich aus dieser Zeit erhalten und geben bis heute Rätsel auf.

Bei Lütow liegt das eindrucksvollste Megalithgrab Usedoms in einem kleinen Eichenhain versteckt.

Bronze und Bernstein
Die strategisch günstige Lage an der Odermündung ermöglichte den Bewohnern Usedoms schon während der Bronzezeit weit reichende Handelsbeziehungen und brachte ihnen Ansehen und Wohlstand. Zeichen dafür sind das bei Zinnowitz entdeckte prunkvolle bronzene Pferdegeschirr sowie die Reste einer Burganlage aus dem 1. Jh. v. Chr., die man in Kamminke freilegte.

Die Römer bezeichneten die Stämme, die damals die Gegend besiedelten, als Goten. Die Oder und ihre Mündung wurde sorgfältig auf allen Karten verzeichnet. Kein Wunder, denn der begehrte Bernstein führte zu einem regen Handel mit dem gesamten römischen Imperium. Die reichen Usedomer Funde wurden über die Bernsteinstraße vor allem in die Mittelmeerländer transportiert, von dort kamen im Gegenzug Waren aller Art in den Norden. Relikte von damaligen Handelsgütern aus Italien, Spanien, ja sogar Griechenland und Nordafrika bewahren die Museen auf. Nach und nach setzten sich jedoch die germanischen Stämme gegen die Römer durch und nahmen das Land im Osten bis zur Zeit der Völkerwanderung in Besitz.

Unruhige Zeiten – wechselnde Herrscher

Ab dem 7. Jahrhundert n. Chr. besiedelten aus dem Osten kommende slawische Stämme das Land. Sie beherrschten bis zum 13. Jahrhundert das gesamte Gebiet zwischen Oder und Elbe und etablierten dort ihre politischen und wirtschaftlichen Strukturen. Der Stamm der Liutizen installierte in den Landstrichen an der Odermündung eine frühdemokratische Form der Selbstverwaltung. Den Inseln Usedom und Wolin mit den dortigen Siedlungen kam große strategische Bedeutung zu, vor allem Wolin entwickelte sich zum bedeutendsten Handelszentrum im südlichen Ostseeraum. Noch heute erinnern zahlreiche Reste von Burgwällen sowie Ortsnamen, die auf -ow, -in, oder -itz enden, an die früheren slawische Bewohner. Um die Wende des ersten Jahrtausends setzten große Umwälzungen ein und führten zu Unruhen: Wikinger, Dänen, Polen und Deutsche stritten sich um den Landstrich an der Odermündung.

Slawen

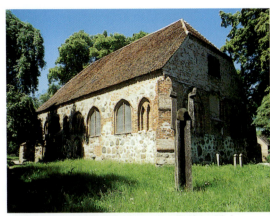

Aus der Zeit der Christianisierung stammt die Lieper Kirche.

Vom Westen ausgehend breitete sich das Christentum nach Osten aus, auch auf Usedom: Ein 5 m hohes Granitkreuz auf dem Schlossberg Usedoms erinnert an den 10. Juni 1128, als der Bamberger Bischof Otto die slawischen Bewohner christianisierte. Bis ins 13. Jahrhundert dauerte die allmähliche Vertreibung der Slawen. Klostergründungen zogen deutsche Einwanderer nach. So kamen Händler und Handwerker aus Niedersachsen und Westfalen in den Osten, rodeten die Wälder und betrieben Ackerbau. Den größten Landbesitz besaß das 1155 zunächst in Grobe gegründete und 1309 nach Pudagla verlegte reiche und mächtige Prämonstratenserkloster.

Seit der Christianisierung gehörte Usedom zum Gebiet der Pommernherzöge, doch erst mit Bogislaw IV. gewann diese Tatsache praktische Bedeutung. Das Haus Pommern teilte sich in zwei Linien, Usedom lag im Herrschaftsbereich der Linie Pommern-Wolgast. Zunächst erhielt 1282 die Residenzstadt Wolgast Lübisches Recht, 1298 auch die Stadt Usedom.

Pommern

Ein schwieriges Bündnis verband Pommern mit Dänemark, das Schutz gewährte, aber auch Ansprüche erhob, wodurch der von der Hanse beherrschte Ostseehandel stark eingeschränkt wurde. 1478 sorgte der starke Pommernherzog Bogislaw X. wieder für Frieden im Land, eine wirtschaftliche Blütezeit folgte. Nach seinem Tod 1523 zerfiel das Land aber wieder in verschiedene Machtbereiche. 1535 traf eine andere einschneidende Veränderung Usedom: Die Re-

Pommern (Fortsetzung)

formation führte zur Auflösung des Kirchenbesitzes und traf auch das Kloster in Pudagla, das bisherige Machtzentrum der Insel. Der Adel gewann zwar an Einfluss, konnte das Machtvakuum jedoch nicht wirklich ausfüllen. Mit der schwachen Regentschaft des Stettiner Pommernherzogs Bogislaw XIV. geriet auch Usedom in die Wirren des Dreißigjährigen Krieges.

Schweden

"Pommernland ist abgebrannt": Diese Zeile aus dem bekannten Kinderlied beschreibt den Zustand des Landes am Ende des verheerenden Dreißigjährigen Krieges. Nachdem kaiserliche Truppen das Land geplündert und verwüstet hatten, erschien der Schwedenkönig Gustav II. Adolf geradezu als Retter, als er am 6. Juni 1630 bei Peenemünde landete. Zwar versorgten sich auch die schwedischen Truppen bei der gebeutelten Bevölkerung mit Nahrung und Material, doch sie brachten zumindest Sicherheit ins Land. Obwohl der Brandenburgische Kurfürst versuchte, aus der Konkursmasse der 1637 ausgestorbenen Linie der Pommernherzöge Kapital zu schlagen, wurde ihm im Zuge des Westfälischen Friedens nur der Teil östlich der Oder zugesprochen. Pommern wurde in Vor- und Hinterpommern aufgeteilt, was sich bis auf den heutigen Tag auswirkt. Die pommersche Herzogswürde ging zusammen mit Vorpommern, das neben der Stadt Stettin auch die Inseln Usedom und Wolin umfasste, an das Königreich Schweden.

Neben dem strategisch wichtigen Landbesitz war jedoch die politische Tragweite dieses Schrittes von besonderer Bedeutung: Schweden erhielt mit dem Herzogstitel auch Sitz und Stimme im deutschen Reichstag. So blieb die Zweiteilung Pommerns und die damit verbundene politische Entwicklung in den folgenden Jahrhunderten ein Unruheherd, der die europäische Politik mitbestimmte. Im Jahre 1675 gewann der brandenburgische Große Kurfürst eine entscheidende Schlacht gegen die Schweden. Ausgewogene Machtverhältnisse spielten aber schon damals eine Rolle, deshalb verweigerte Frankreich die geforderte Abtretung Vorpommerns, was eine Schwächung Schwedens bedeutet hätte. Ein Vierteljahrhundert später sah Brandenburg nach dem Tod des Schwedenkönigs erneut seine Chance. Im Nordischen Krieg fielen 1711 sächsische, russische und polnische Truppen in Usedom ein. Brandenburg im Verbund mit Preußen wartete den Kriegsverlauf ab und kaufte nach der Niederlage Schwedens beim Stockholmer Frieden 1720 für 2 Millionen Taler die Inseln Usedom und Wolin sowie das übrige Land Vorpommerns bis zur Peenemündung.

Preußen

Nach den Verwüstungen und Zerstörungen der vergangenen Kriege brachte die preußische Herrschaft Ruhe ins Land. Friedrich Wilhelm I. etablierte ein straffes Verwaltungssystem und kurbelte die Wirtschaft an. Die größten Bemühungen galten der Schaffung landwirtschaftlich nutzbarer Flächen, wozu Wälder gerodet und durch aufwändige Entwässerungsmaßnahmen Sümpfe trocken gelegt wurden. Handel und Verkehr gewannen an Bedeutung, so rückte bald auch die Swine als Nadelöhr zwischen Oder und Ostsee ins Blickfeld. Fast hundert Jahre dauerte der Ausbau der Region zu einer leistungsfähigen Wasserstraße. Untiefen und die dauernde Versandung gefährdeten die Schifffahrt, erst Großprojekte wie der Bau von Kanälen und der Molen bei Swinemünde sorgten für Abhilfe. Im Jahre 1765 erhielt Swinemünde Stadtrechte, es folgte der Aufstieg zum bedeutenden Ostseehafen Preußens und zur prosperierenden Garnisonsstadt.

Rückschläge brachten der Siebenjährige Krieg sowie die Truppen Napoleons: Wieder waren Einquartierungen, Plünderungen und Zerstörungen an der Tagesordnung. 1815 beim Wiener Kongress wurde die Zugehörigkeit Vorpommerns zu Preußen endgültig bestätigt. Langsam kamen neben der Wirtschaft auch längst überfällige sozioökonomische Reformen in Schwung. Besonders in den landwirtschaftlich strukturierten Gebieten – wie Usedom – besaßen die Junker die größten Ländereien und die Macht. Zahlreiche besitzlose Bauern und Tagelöhner flohen vor Hunger und Hoffnungslosigkeit von der Insel Richtung Amerika. Erst die Umverteilung des landwirtschaftlichen Besitzes, so z.B. 1824 die Aufhebung der Domäne Pudagla, verschaffte vielen Bauern zwar kleine, aber eigene Felder. Neben Swinemünde erlebte auch Wolgast einen Aufschwung als Hafen- und Handelsstadt.

Preußen (Fortsetzung)

Urlaubsinsel Usedom

Was in England schon länger zum guten Ton gehörte, kam in Deutschland erst allmählich in Mode: Die Sommerfrische an der See und mit ihr die Entwicklung von Seebädern. Auf Usedom baute 1820 der Forstmeister Bernhard von Bülow bei Heringsdorf mit dem legendären "Weißen Schloss" das erste Logierhaus. Es war wegweisend für den herrschaftlichen Architektur- und Lebensstil weiterer Gästehäuser. Als der preußische König Friedrich Wilhelm III. 1820 von Bülow besuchte, lobte er die Ruhe des Ortes, und was den Hoheiten gefiel, war sofort "en vogue". 1822 wurde in Swinemünde die erste Seebadeanstalt gegründet und 1824 erlebte die Hafenstadt

Bäderboom

Urlaubsgrüße aus Heringsdorf (1899) – die Postkarte zeigt noch das Bild der alten Kaiser-Wilhelm-Brücke.

Bäderboom (Fortsetzung)

ihre erste Feriensaison. Auch in Heringsdorf wurde investiert: Der damaligen Badesitten entsprechend, baute man Badestege, ein Warmbadehaus sowie mehrere herrschaftliche Gästehäuser. Bald überstieg im Sommer die Zahl der Gäste die der Einheimischen um ein Vielfaches.

Swinemünde blieb lange die bevorzugte Sommerfrische von Adel, Militär und Hochfinanz, doch die Gäste entdeckten auf ihren Ausflügen auch das idyllische Hinterland. Als wirtschaftlichen Coup des Industriellen Delbrück kann man die Gründung der Aktiengesellschaft Seebad Heringsdorf bezeichnen: Delbrück gelang es binnen weniger Jahre, weite Küstenstreifen aufzukaufen, moderne Gästehäuser zu bauen, die Strände und Badeanstalten für den Badebetrieb einzurichten und ein mondänes Publikum anzulocken. Neben dem Kaiserhaus zog es vor allem Adelige nach Heringsdorf. Vom Bäderboom profitierten bald auch die Nachbarorte Bansin und Ahlbeck. Spätestens mit dem Bau der Eisenbahnlinie von Berlin nach Swinemünde 1875 wurde Usedom zur bevorzugten Erholungsinsel der Berliner und Stettiner, weitere Seebäder wie Zinnowitz und Koserow entstanden. Zunehmend kamen auch Bürgerliche, Beamte, Pastoren oder Lehrer als Sommergäste. Neben den Nobelorten Heringsdorf und Bansin avancierte Ahlbeck zum populären Familienbad.

Auch der "blonde Hans" war da: Hans Albers mit der Opernsängerin Claire Dux am Strand von Heringsdorf (um 1923)

Swinemünde baute um die Jahrhundertwende in Strandnähe einen eigenen Stadtteil, Swinemünde-Bad genannt, mit modernen Bade- und Kureinrichtungen. Die Beliebtheit der Urlaubsorte hielt auch während des Ersten Weltkrieges an und überstand sogar die Weltwirtschaftskrise relativ unbeschadet. Großen Anteil daran hatte der 1921 gegründete "Verband Pommerscher Ostseebäder der Inseln Usedom-Wolin", der mit modernem "Marketing" national und international die Werbetrommel für die beiden Inseln rührte. Usedom galt bis in die 1920er-Jahre hinein als "Badewanne Berlins" (▶ Baedeker Special S. 90/91). Die Liste prominenter Gäste umfasste zu dieser Zeit die Größen aus Politik, Wirtschaft, Kunst und Kultur: UfA-Stars wie Lilian Harvey und Willy Fritsch zog es ebenso nach Usedom wie die Schriftsteller Heinrich und Thomas Mann, Kurt Tucholsky, Maxim Gorki und viele andere.

Während der NS-Zeit

"Fern bleibt der Itz von Zinnowitz" – lautete nur eine der Parolen, die 1933 nach der Machtergreifung Adolf Hitlers auf Usedom populär waren. In Anzeigen warb man mit "rein deutschen" Häusern oder "christlichen" Seebädern und machte damit deutlich, dass jüdische Gäste unerwünscht waren. Gerade kleinere Orte wie Bansin versuchten sich durch die deutschnationale Haltung vom mondänen Heringsdorf abzuheben, dem bis dahin bevorzugten Ort der Linksintellektuellen und jüdischen Großbürger. Es dauerte nicht lange, bis auch auf Usedom der Besitz jüdischer Bürger enteignet wurde, darunter viele der schönsten Villen und Hotels. Davon profitierten neben einigen Nazigrößen und -organisationen auch Privatunternehmer. Die NS-Propaganda machte Usedom zu der deutschen Badeinsel; NS-Organisationen wie "Kraft durch Freude" veranstalteten Urlaubs- und Kuraufenthalte oder organisierten Erholungsfahrten für Kinder und Jugendliche.

"Staatstourismus"

Bald entdeckten auch die Militärs Usedoms strategisch günstige Lage. Die vorhandenen Stützpunkte in Swinemünde wurden erweitert, Heer, Luftwaffe und Marine bezogen Stellung. In Swinemünde wurden eine Flak- und Marineschule eingerichtet sowie Hafen und Werft ausgebaut, im Hinterland wurden Fliegerstützpunkte und Munitionslager eingerichtet und an der Küste schwere Artillerie stationiert. Anfangs relativ unbeachtet blieb die Einrichtung der Heeresversuchsanstalt Peenemünde, wo Wernher von Braun (▶ Berühmte Persönlichkeiten) ab 1935 mit großem Aufwand und zahlreichen Wissenschaftlern und Helfern Raketenforschung betrieb (▶ Baedeker Special S. 126/127).
Das Projekt entwickelte sich jedoch zur Chefsache: Die NS-Führung erträumte sich als Resultat der Peenemünder Forschung die Wunderwaffe V2. So wurde der gesamte Nordwesten Usedoms ab Zempin zum Sperrgebiet deklariert und die Bewohner zwangsumgesiedelt. Neben zahlreichen militärischen Anlagen entstanden Kraftwerke, Abschussrampen, Bunker- und Befestigungsanlagen, Betriebsbahnen, Siedlungen für die Forscher und Angestellten sowie Lager für die Zwangsarbeiter. Im Jahre 1942 bombardierten die Briten erstmals das Versuchsgelände. Während der Nordwesten Usedoms immer größere Bedeutung als "kriegswichtige" Anlage erhielt, ging nur wenige Kilometer östlich der Badebetrieb auf dem Rest der Insel bis 1944 – wenn auch eingeschränkt – weiter.

Militärs

Mit der großen Flüchtlingswelle, die die zurückweichende Ostfront vor sich herschob, wurde Swinemünde Hauptanlaufstelle für Flüchtlingsschiffe und -transporte aus dem Osten. Die Militärlazarette und Krankenhäuser der Stadt waren seit 1944 durch verwundete Soldaten überbelegt.
Zur Katastrophe kam es am 12. März 1945, als amerikanische Flugzeuge die überfüllte Stadt bombardierten. Nach Schätzungen verloren in wenigen Stunden 23000 Menschen ihr Leben, die Stadt wurde weitestgehend zerstört. Im April eroberte die Rote Armee das vorpommersche Festland und Rügen, aber auf Usedom kämpften letzte Wehrmachtsposten weiter bis zum 4. Mai. Drei Tage vor dem offiziellen Kriegsende wurden die Inseln Usedom und Wolin von der Roten Armee besetzt.

Kriegsende

DDR-Tourismus

"Stunde Null"

Zur "Stunde Null" war Usedom nahezu unzerstört, doch hoffnungslos überfüllt: In Ahlbeck mit ursprünglich 3000 Einwohnern hielten sich z.B. im Mai 1945 10 000 Menschen auf. Die Flüchtlinge befanden sich hier jedoch in einer Sackgasse, da die Insel von der Außenwelt nahezu abgeschnitten war. Die Rote Armee beanspruchte neben den militärischen Anlagen und Häfen vor allem die Transportmittel sowie die schönsten Hotels und Villen. Die Potsdamer Konferenz legte am 2. August 1945 die polnische Westgrenze fest, die aus strategischen Gründen die Hafenstädte Stettin und Swinemünde umfasste. Im Oktober übernahm die polnische Verwaltung die entsprechenden Gebiete, deren Grenzverlauf im Ahlbecker Forst aufgrund des für Swinemünde lebensnotwendigen Wasserwerks durch eine Ausbuchtung korrigiert wurde. Zum Sitz der ersten kommunistischen Kreisverwaltung Usedoms bestimmten die sowjetischen Besatzer Ahlbeck.

"Aktion Rose"

Die ersten Nachkriegsjahre waren für die Usedomer besonders hart. Die Insel hatte durch die Grenzziehung ihr Hinterland verloren, die Verkehrswege waren abgeschnitten und die Versorgung mit den notwendigsten Gütern lahm gelegt. Die Politik der Sowjetischen Besatzungszone nahm sich aber bald "der deutschen Hungerinsel" an. Den Umschwung brachten ab 1952 erneut die Gäste, die – diesmal staatlich organisiert – auf Usedom Ruhe und Erholung suchten.

Das Hotel "Ahlbecker Hof" wurde zum FDGB-Ferienheim umfunktioniert, ebenso das Hotel "Atlantik" in Heringsdorf, das den Namen "Solidarität" erhielt. Die Kapazitäten konnte der Nachfrage aber nicht genügen. Am Morgen des 9. Februar 1953 startete die "Aktion Rose" mit massiven Hausdurchsuchungen und einer großen Verhaftungswelle. Diese Maßnahme zielte darauf ab, Scheingründe für die Enteignung möglichst vieler Häuser zu finden, die dann in die Hand staatlicher Organe übergingen. Nach dieser Enteignungswelle konnten 1954 schon 250 000 Menschen mit einem Urlaub auf Usedom belohnt werden.

Ferienschecks

Der staatlich organisierte Urlaub war fester Bestandteil der DDR-Wirtschafts- und Sozialpolitik. Eine große Rolle spielten die heiß begehrten Ferienschecks, die man als politisch korrektes Gewerkschaftsmitglied für gute Arbeitsleistungen erhielt. Damit konnten die Familien für einen Spottpreis 14 Tage Urlaub in einem der Ferienheime machen. Zinnowitz wurde zum Seebad der Bergleute deklariert, doch auch andernorts entstanden Betriebsferienhäuser. Auch Ferienlager der FDJ fanden auf Usedom statt und um Peenemünde und Karlshagen herum entstanden zahlreiche Ferienheime für Kinder. Die Bettenkapazität blieb aber der begrenzende Faktor, so dass vom FDGB auch so genannte Außenbetten in Privathäusern finanziert wurden. Ein weiteres Problem stellte unter den Bedingungen der Planwirtschaft die Verpflegung einiger Tausend Gäste dar. In Ahlbeck entstand als zentrale Verpflegungsstelle das Haus der Erholung (HDE, heute Kino), in dem 900 Urlauber dreimal täglich ihre Mahlzeiten einnehmen konnten. Auch für Unterhaltung sorgte der FDGB, mit Wettbewerben, Filmvorführungen, Konzerten und Auftritten der beliebtesten DDR-Stars.

**Beliebtes Urlaubsziel auch zu DDR-Zeiten:
Spaß und Spiel am Strand von Heringsdorf**

Zusätzlich zu den organisierten Urlaubern strömten seit 1954 jährlich unzählige Camper auf die Insel. Die DDR wurde geradezu von einem Campingboom erfaßt, so entstand z. B. östlich von Ückeritz ein Campingplatz mit 16 000 Plätzen, der in seinen Ausmaßen auch heute noch beeindruckend ist. Insgesamt gab es 12 Campingplätze auf Usedom, auf denen sich auch die FKK-Anhänger trafen. Obwohl zunächst streng verboten, etablierte sich der FKK-Trend schnell und wurde durch die Ausschilderung separater Bereiche offiziell akzeptiert. Für viele Ostdeutsche ist Usedom immer noch der schönste Urlaubsort und mit zahlreichen Erinnerungen verbunden.

Ferienschecks
(Fortsetzung)

Usedom nach der Wende

Auch Heringsdorf und Wolgast waren 1989 Schauplätze friedlicher Demonstrationen, die letztlich zum Ende der DDR führten. Noch im selben Jahr wurde der Grenzübergang bei Ahlbeck geöffnet. Mit der Aufbruchstimmung kamen bald auch die ersten Westler, vorwiegend aus Berlin, für die Usedom zum beliebten Kurzurlaubsziel wurde. Die Usedomer erlebten bald aber auch eine Welle von Investoren, die überall günstige Objekte suchten oder ehemaliges Eigentum beanspruchten. Goldgräberstimmung kam auf und so manches Haus und manch schicke Villa wechselten den Besitzer. Am sichtbarsten wurde der Bauboom durch den Neubau der Seebrücke in Heringsdorf, die 1995 eingeweiht wurde. Im selben Jahr nahm die Bäderlinie ihren Betrieb wieder auf, die seitdem die Badeorte per Schiff verbindet.

Heimkehrer und Investoren

Heimkehrer und Investoren (Fortsetzung)

Seit 1990 wird überall auf Usedom renoviert und modernisiert – als Maßstab galt der so genannte Weststandard, mit dem viele Gastgeber warben. Obwohl einige Häuser durch die Modernisierung ihren Charme verloren haben, sind sich die meisten Investoren bewusst: Der weitestgehend einheitliche Stil der Bäderarchitektur sowie die idyllischen Dorfhäuser, die das Erscheinungsbild der Orte bestimmen, sind neben der Natur das Hauptkapital Usedoms. Auf diese Weise wurden größere Bausünden vermieden. Eine Großinvestition stellt der Bau der Ostseetherme dar, die seit 1996 in Betrieb ist. Dafür wurde eine neue Station der Usedomer Bäderbahn eingerichtet. Seit 1995 fährt die UBB als Bahntochter auf eigene Kosten und erwirtschaftet heute – grundlegend modernisiert – schwarze Zahlen. Das attraktive Bahnangebot fügt sich in das Gesamtprogramm ein, mit dem man überall versucht, Usedom als naturnahes Urlaubsparadies zu erhalten. Dabei spielt die Zusammenarbeit mit den polnischen Nachbarn zunehmend eine größere Rolle. An der Odermündung entsteht eine neue Euro-Region, von der alle profitieren: Natur und Wirtschaft, Einheimische und Urlauber.

Berühmte Persönlichkeiten

"Mein Leben für Fortschritt und Forschung" lautet der Titel der Autobiografie eines der größten deutschen Erfinder. Manfred von Ardenne, 1907 geboren, meldete schon im Alter von 15 Jahren sein erstes Patent an, dem noch über 600 weitere folgen sollten: Er hatte die Dreifach-Radioröhre entwickelt, Kernstück des legendären Rundfunkempfängers Loewe-Opta, der sich in rasantem Tempo verkaufte. Der Rundfunk steckte damals noch in den Kinderschuhen, und die Erfindung Ardennes bildete die Grundlage für den Siegeszug des Radios in die deutschen Haushalte.

Ardennes Begabung für Physik, Chemie und Mathematik war so überdurchschnittlich, dass er schon nach wenigen Semestern sein Studium an der Berliner Universität aus Langeweile abbrach. Er bildete sich selbstständig weiter und machte bahnbrechende Erfindungen im Bereich der Radar- und Elektronentechnik. 1928 ermöglichte ihm ein umfangreiches Erbe die Gründung eines eigenen Forschungslabors für Elektronenphysik in Berlin, das er bis 1945 leitete. In dieser Zeit entwickelte er u.a. erste Fernsehröhren und das Elektronenmikroskop, außerdem erarbeitete er Grundlagen des Flugzeugradars und der Atomphysik. Das Naziregime förderte Ardennes Forschungen und erhoffte sich militärisch nutzbare Ergebnisse. 1945 holten ihn die Sowjets in ihren Entwicklungsstab zum Bau der Atombombe. Ardenne verbrachte fast zehn Jahre im Atomforschungszentrum Suchumi in Georgien und erhielt für die Entwicklung der sowjetischen Atombombe gemeinsam mit anderen Forschern 1953 den Stalin-Preis. Das Preisgeld nutzte Ardenne, inzwischen Professor in Dresden, um 1955 ein eigenes Forschungsinstitut zu errichten, dessen privater Charakter einzigartig in der DDR war und das sich international großes Renommee verschaffte. In den Folgejahren machte Ardenne bahnbrechende Erfindungen auf medizinischem Gebiet, vor allem im Bereich der Diagnostik und der Krebsbehandlung.

Seit den 1950er-Jahren verbrachte Manfred von Ardenne seinen Urlaub meist in Heringsdorf. Über alle Wirren der Zeit hatte er sein Teleskop gerettet, das ihn sogar nach Georgien begleitet hatte. In Heringsdorf widmete er sich wieder intensiv der Astronomie und richtete eine Sternwarte ein. Sie ist heute als Volkssternwarte "Manfred von Ardenne" in Heringsdorf jedermann zugänglich. Das Teleskop, ein technisches Meisterwerk des Optikers Schmidt von 1925, ist das einzige seiner Art, das heute noch benutzt wird. Manfred von Ardenne starb am 26. Mai 1997. Seine Erfindungen wirken fort, doch die Sternwarte ist sein persönlichstes Geschenk an die Nachwelt.

Manfred von Ardenne (1907 – 1997) Physiker

Wernher von Braun
(1912 – 1977)
amerik. Raketenkonstrukteur
dt. Herkunft

Für die einen ist er einer der genialsten Visionäre und Techniker, für die anderen ein Kollaborateur, der den Missbrauch seiner Forschungen im Dritten Reich zuließ. Wernher von Braun, 1912 in Wirsitz (Pommern) geboren, entstammt einem nationalkonservativen aristokratischen Elternhaus. Von Braun war zunächst kein guter Schüler, doch begeistert von der Raumfahrt – erst als er die komplizierten Formeln in einem Buch über Raketentechnik verstehen wollte, widmete er sich mit aller Energie der Mathematik. Seit 1930 studierte er an der Berliner Technischen Universität, verbrachte aber die meiste Zeit auf dem Raketenflugplatz in Kummersdorf bei Berlin. Hier bastelte er mit den Raketenpionieren Oberth und Nebel an Antriebssystemen und Modellraketen, doch es mangelte den Forschern vor allem an den nötigen Finanzen.

Dies änderte sich nach der Machtergreifung Hitlers: Sowohl Heer als auch Luftwaffe versprachen sich von der Raketenforschung hochmoderne Waffen, und so flossen bald Millionen in den Aufbau einer Versuchsanstalt. Wernher von Braun hatte 1935 das abgelegene Peenemünde (▶ Baedeker Special S. 126/127) als geeigneten Ort vorgeschlagen. Nach ersten Erfolgen wurde der erst 25-Jährige 1937 Leiter der dortigen Versuchsanstalt. Hitler zeigte sich bei seinem Besuch 1939 von den riesigen Fabrikations- und Montagehallen beeindruckt und sicherte große Geld- und Materialmengen zu. Seit 1943 galten die Peenemünder Raketen als Vergeltungswaffen und sollten den Krieg entscheiden. Die Massenproduktion wurde nach Thüringen in das Lager Mittelbau-Dora verlagert. Dort verloren in den unterirdischen Stollen bis zum Kriegsende Tausende KZ-Häftlinge beim Bau von Hitlers Wunderwaffe ihr Leben.

Nach dem Krieg wechselte Wernher von Braun problemlos zur ehemals feindlichen Seite. Mitsamt seinen Forschungsunterlagen, Raketenteilen und vielen Mitarbeitern begab er sich nun in die Hand der Amerikaner. Die USA waren an der deutschen Raketenforschung stark interessiert und schon im Spätsommer 1945 nahm von Braun mit 126 deutschen Mitarbeitern in Texas die Arbeit wieder auf. Im amerikanisch-sowjetischen "Wettlauf zum Mond" spielte Wernher von Braun, der 1955 die US-Staatsbürgerschaft erhielt, eine wichtige Rolle: Seine Raketen transportierten Satelliten in den Weltraum und wurden Prototypen für die Mittelstreckenraketen. In den 1960er-Jahren war er als NASA-Mitarbeiter maßgeblich an der Entwicklung der US-Raumschiffe und der Raumstation "Skylab" beteiligt. Als im darauf folgenden Jahrzehnt die Weltraumforschung für die USA an Bedeutung verlor, zog sich von Braun aus der NASA zurück. Am 16. Juni 1977 erlag Wernher von Braun einem Krebsleiden. Er war ein Charismatiker, der trotz wechselnder Zeitläufte seinen Kindheitstraum – Raumfahrt und Raketentechnik – Schritt für Schritt verwirklichte.

Franka Dietzsch
(geb. 1968)
Sportlerin

Sie ist eine Frau der Extreme: ihr Kampfeswille, ihre Liste an Auszeichnungen, ihre Schuhgröße – alles mehr als außergewöhnlich. Franka Dietzsch wurde 1997 und 1998 Deutsche Meisterin, 1998 Europa-Meisterin und 1999 sogar Weltmeisterin im Diskuswerfen. Doch nicht nur die äußere Erscheinung der 1,83 m großen blonden Hünin ist beeindruckend, sondern vor allem ihr Durchhaltewille. Mehrere Jahre versuchte sie vergeblich, ihr selbst gestecktes Ziel von 70 m zu erreichen, die sie jedoch immer um nur wenige Zentimeter verfehlte. Als eine Meniskus-Operation anstand, schien ihre

Karriere schon beendet, doch nur wenige Wochen nach dem Eingriff meldete sie sich mit beeindruckenden Ergebnissen im Wettkampfgeschehen zurück.

Franka Dietzsch (Fortsetzung)

Franka Dietzsch wurde 1968 in Wolgast geboren und verbrachte ihre Kindheit auf Usedom. Beim Verein ASG Koserow fand sie ihre erste sportliche Heimat, hier wurde ihr Talent erkannt und gefördert. Mit 18 holte sie sich bei der Junioren-WM die Silbermedaille und gehörte seitdem zu den sportlichen Hoffnungsträgern der DDR. In den 1990er-Jahren stand sie bei fast allen Meisterschaften auf dem Treppchen, gewann Bronze, Silber oder sogar Gold. Nur bei den Olympischen Spielen 1996 in Atlanta verpasste sie knapp die Bronzemedaille und musste sich mit dem undankbaren vierten Platz zufrieden geben. Auch im Jahr 2000 in Sydney gelang es ihr nicht, ihre Medaillensammlung um olympisches Edelmetall zu ergänzen. Heute lebt die Ausnahmeathletin in Neubrandenburg. Dort wird sei beim SC Neubrandenburg gemeinsam mit der Kugelstoßerin Astrid Kumbernuss trainiert. Neben ihren Wurfweiten interessieren Franka Dietzsch aber auch andere Zahlen: Als gelernte Industriekauffrau arbeitet sie bei der Neubrandenburger Sparkasse.

Lyonel Feininger ▶ Baedeker Special S. 75

Jeder kennt ihn aus dem Lesebuch, in vielen deutschen Bücherschränken stehen seine Werke – Theodor Fontane gilt als einer der größten deutschen Romanciers. In Brandenburg findet man allerorten Verweise auf Fontanes "Wanderungen durch die Mark Brandenburg" und auch auf Usedom stolpert man hier und dort über den "preußischsten der Realisten". Kein Wunder, denn Theodor Fontane, 1819 in Neuruppin geboren, hat seine Kindheit in Swinemünde verbracht. Im Jahre 1827 kaufte der Vater, von Beruf Apotheker, die dortige Adler-Apotheke und bezog mit seiner Familie das stattliche Haus. Für den ältesten Sohn, den siebenjährigen Theodor, begann eine erlebnisreiche Zeit, die er als 75-Jähriger in "Meine Kinderjahre. Autobiographischer Roman" liebevoll beschreibt. Vor allem die Schilderungen der Spiele in der näheren und weiteren Umgebung, zwischen Bollwerk und Strand, Torfmoor und Achterwasser, doch auch Feste und Feiern sowie die Bewohner der Stadt zeichnen ein lebendiges Bild der damaligen Zeit. Neben der Mutter wird "die gute Schröder" zur wichtigsten Bezugsperson: Als Wirtschafterin kam die Schwester des Oberförsters Schröder aus Pudagla, der die Aufforstung des Streckelsberges mit Buchen veranlasste, ins Swinemünder Apothekerhaus.

Theodor Fontane (1819 – 1898) Schriftsteller

Die unbeschwerten Kindertage endeten für den jungen Theodor 1832, als er zunächst auf das Gymnasium nach Neuruppin und ein Jahr später auf die Gewerbeschule nach Berlin geschickt wurde. Trotz weiter Reisen blieb er der Hauptstadt Preußens bis zu seinem Tod treu. Dort begann er 1836 eine Apothekerlehre, veröffentlichte aber gleichzeitig erste Gedichte in Zeitschriften. 1847 erhielt er die Approbation zum Apotheker, schlug sich jedoch lieber als Publizist durch. Er reiste mehrmals nach England, wo er 1855 – 1859 als Berichterstatter für deutsche Zeitungen tätig war. Anschließend durchstreifte er die Mark Brandenburg und veröffentlichte seine Landesbeschreibungen in mehreren Bänden. In den Jahren 1870 bis 1890 arbeitete Fontane hauptsächlich als Theaterkritiker für die an-

Theodor Fontane
(Fortsetzung)

gesehene "Vossische Zeitung". Erst im fortgeschrittenen Alter begann der Schriftsteller Romane und Erzählungen zu verfassen, die seit 1878 erscheinen: "Irrungen, Wirrungen", "Der Stechlin" und "Effi Briest", um nur einige der bekannten Titel zu nennen.

1863 kehrte Fontane nochmals an die Schauplätze seiner Kindheit zurück. Er bereiste Usedom, hielt sich einige Tage in Swinemünde und Heringsdorf auf und unternahm Ausflüge in das Hinterland. Jahre später verarbeitete er die alten und neuen Eindrücke in "Effi Briest": Kessin, der Hauptschauplatz des Romans, trägt deutlich Züge von Swinemünde. Zur gleichen Zeit setzte er der Stadt und der Usedomer Landschaft in "Meine Kinderjahre" ein Denkmal. Nur wenige Jahre blieben Fontane, um seine literarischen Erfolge zu genießen. Am 20. September 1898 starb er im Alter von 77 Jahren in Berlin.

Otto Niemeyer-Holstein
(1896–1984)
Maler

Für seine Familie war er schlicht der "Käpten", für die Usedomer Künstler der Mittelpunkt bei gemeinsamen Malausflügen und Gesprächen, für seine Schüler der Mentor, doch er selbst sah sich stets als Suchenden. Ruhe und die zum Malen notwendige Atmosphäre fand der Maler Otto Niemeyer-Holstein auf Usedom. Als begeisterter Segler durchstreifte er mit seinem Boot "Lütten" die Ostseeküste und die Odermündung und fand am Achterwasser zwischen Koserow und Zempin ein Stück Brachland, das er 1933 kaufte. Hier entstand sein Gesamtkunstwerk "Lüttenort".

1896 kam Otto Niemeyer als fünftes Kind eines angesehenen Kieler Professors für Völkerrecht auf die Welt. Er besuchte in Kiel die Schule und meldete sich als Abiturient 1914 als Kriegsfreiwilliger. Schon ein Jahr später erlitt er im Trommelfeuer vor Warschau einen schweren psychischen Schock und wurde als Invalide entlassen. In den Schweizer Bergen, wohin er zur Erholung geschickt wurde, therapierte er sich selbst durch Zeichnen und Malen. Er fand Kontakt zu anderen Künstlern und begann seine Bilder mit Otto Niemeyer-Holstein, kurz OHN, zu signieren. 1918 zog es ihn ins Tessin zur berühmten Künstlerkolonie auf dem "Monte Verità", wo er Alexej von Jawlensky und Marianne von Werefkin kennen lernte. 1919 stellte er erstmals eigene Werke aus. Es folgten unruhige Jahre mit Reisen und unterschiedlichen Betätigungen an verschiedenen Wohnorten. 1925 zog er nach Berlin, wurde Schüler von Willy Jaekkel und Arthur Segal, die ihn 1930 mit seinen späteren Malerfreunden Otto Manigk und Herbert Wegehaupt (▶ Baedeker Special S. 50/51) bekannt machten.

Der Kern der Usedomer Künstlergruppe fand zwar in Berlin zusammen, Usedom blieb jedoch Ort der Inspiration. Otto Manigk wohnte seit 1932 in Ückeritz und Otto Niemeyer-Holstein ließ 1933 mit einem ausrangierten Berliner S-Bahnwagen seine "Keimzelle" nach Usedom bringen. Die Abgelegenheit Lüttenorts diente bis 1945 nicht nur der jüdischen Schwiegermutter Niemeyer-Holsteins als Versteck, auch der Maler selbst entzog sich hier den politischen Wirren. Lüttenort wurde ausgebaut, ein Garten angelegt, doch nur wenige Werke entstanden. Nach dem Krieg waren seine Bilder in mehreren Ausstellungen zu sehen, doch 1953 geriet der Künstler zwischen die Fronten des kulturideologischen "Kunststreites" in der DDR. Seitdem lebte der Maler relativ zurückgezogen auf Usedom, seine Werke waren jedoch in zahlreichen Ausstellungen in Ost und West zu sehen. Seit dem 65. Geburtstag wurde er auch offiziell geehrt: Werkschauen, Monografien, ein Professorentitel und der 1974 verliehene Nationalpreis für Kunst zeugen davon. Von dem Preisgeld kaufte Niemeyer-Holstein die Benzer Windmühle, die er aufwändig restaurieren und darin eine Künstlerwohnung einrichten ließ. Nach seinem Tod am 20. Februar 1984 wurde er auf dem Benzer Friedhof beigesetzt. "Lüttenort soll ein lütter Ort bleiben" lautet sein Vermächtnis. Und so kann man hier auch weiterhin dem Maler Otto Niemeyer-Holstein nachspüren.

Otto Niemeyer-Holstein (Fortsetzung)

Otto Lilienthal ▶ Baedeker Special S. 65

"Die Hülsenbeck'schen Kinder" gehören zu den bekanntesten Gemälden der deutschen Romantik. Wie der drei Jahre jüngere Caspar David Friedrich aus dem benachbarten Greifswald blieb auch der 1777 in Wolgast geborene Philipp Otto Runge seiner Heimat eng verbunden. Sein Elternhaus in der Kronwiekstraße 45, das heute ein Museum beherbergt, seine Eltern und zehn Geschwister bildeten seinen Lebensmittelpunkt. Davon zeugt auch sein Werk, das neben allegorischen Szenen, vor allem eindrückliche Porträts umfasst, unter denen die Kinderbildnisse zu den schönsten der Romantik zählen.

Philipp Otto Runge (1777 – 1810) Maler

Er selber litt schon als Kind unter einer schwachen Gesundheit und musste oft das Haus hüten. So fand er viel Zeit, sich im Zeichnen zu üben, sein künstlerisches Talent zeigte sich aber vor allem in damals populären Scherenschnitten. Sowohl seine charakteristischen Profilporträts, als auch die exakten Pflanzen- und Tierschnitte erfreuten sich im Bekanntenkreis großer Beliebtheit.
Im Alter von 18 Jahren verließ Runge Wolgast, um in Hamburg in der Handelsfirma seines Bruders Daniel den Beruf des Kaufmanns zu erlernen. Im Kreis der Hamburger Freunde traf Runge Matthias Claudius, Klopstock und den Verleger Perthes. In dieser Zeit reifte auch sein Entschluss, Künstler zu werden, was ihn 1799 für anderthalb Jahre nach Kopenhagen an die Kunstakademie führte. Von dort ging er 1801 nach Dresden, wo er im Dichter Ludwig Tieck seinen engsten Freund und mit Pauline Bassenge seine spätere Frau fand. 1803 begann Runge mit seinem Hauptwerk, dem vierteiligen Zyklus "Die Zeiten", mit dem er sich bis zu seinem frühen Tod beschäftigte. 1804 heiratete er Pauline und zog mit ihr nach Hamburg. Dort entstanden zahlreiche Werke, auch Kinderbildnisse des 1805 geborenen Sohnes Sigismund. 1806 verbrachte Runge die stürmischen Zeiten des Napoleonischen Kriegs bei seinen Eltern in Wolgast. Angeregt durch seinen Freund Tieck, schrieb Runge zwei Märchen seiner Heimat in plattdeutscher Fassung nieder: "Vom Fischer un syner Fru" sowie "Von dem Machandelboom". Beide Märchen wurden von den Brüdern Grimm in ihre weltberühmte Sammlung deutscher Kinder- und Hausmärchen aufgenommen und sind auch heute noch in zahllosen Kinderzimmern zu finden. Die unruhigen Jahre 1807 – 1809 brachten neben der Geburt einer Tochter und eines Sohnes wiederholt Krankheiten sowie die intensive Arbeit an der kunsttheoretischen Schrift "Farbkugel", die 1810 im Perthes-Verlag erschien und auch Goethes

Philipp Otto Runge
(Fortsetzung)

Farbenlehre beeinflusste. Kurze Zeit später erkrankte Runge an Tuberkulose, an der er am 2. Dezember 1810 starb, einen Tag vor der Geburt seines vierten Kindes. Der Sohn wurde nach seinem Vater Philipp Otto genannt.

Hans Werner Richter
(1908 – 1993)
Schriftsteller

Die Werke des Begründers der "Gruppe 47", des bedeutendsten Literaturzirkels der Nachkriegszeit in der Bundesrepublik, verschwinden allmählich aus dem Buchhandel – Hans Werner Richter wird zu einem Fall für Germanisten. Doch in seinem Heimatort Bansin kann man heute noch auf seinen Spuren wandeln. Im ehemaligen Feuerwehrhaus ist nicht nur die Bücherei untergebracht, die auch seine Werke für Einheimische und Gäste bereithält. Hier befindet sich auch ein Museum, das viele Kunstwerke aus dem Privatbesitz des Autors zeigt und – als Prunkstück – das originalgetreu erhaltene Arbeitszimmer.

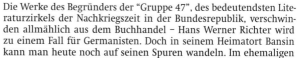

Am eindrücklichsten geben jedoch die Romane und Erzählungen Auskunft über sein Leben: 1908 kam er als Spross einer vielköpfigen Fischerfamilie bei Bansin auf die Welt. Seine Bansiner Geschichten "Blinder Alarm" berichten liebevoll-ironisch von seiner Kinderwelt und vom Alltag der "kleinen Leute". Im Alter von 16 Jahren begann Hans Werner Richter in Swinemünde eine Buchhändlerlehre, nach deren Ende er 1928 in Berlin als Buchhändler arbeitete. Seine Jugendzeit beschreibt er in "Spuren im Sand", das 1953 erschien. In Berlin trat er der KPD bei, aus der er als trotzkistischer Abweichler 1932 ausgeschlossen wurde. Auch war er in das Visier der Nazis geraten, konnte sich aber bis 1940 als Buchhändler und Verlagsmitarbeiter halten. Dann wurde er einberufen und geriet 1943 in amerikanische Kriegsgefangenschaft. Der Roman "Die Geschlagenen" gibt Zeugnis von dieser Zeit. Nach seiner Heimkehr aus den USA 1946 veröffentlichte er gemeinsam mit Alfred Andersch u.a. die Zeitschrift "Der Ruf". Aus dem Umfeld dieser Zeitschrift entstand die legendäre "Gruppe 47": Autoren, Kritiker, Verleger und Lektoren diskutierten bei den von Hans Werner Richter initiierten Treffen die sozialen und politischen Aufgaben von Literatur und trugen damit wesentlich zur kulturellen Nachkriegsentwicklung der Bundesrepublik bei. Aus dieser Zeit stammten Richters freundschaftliche Verbindungen, u.a. zu Günter Grass. Später gründete er mit seiner Frau einen Reiterhof als Erholungsheim für Kinder, erhielt mehrere Ehrendoktorwürden und verfasste neben Romanen und Essays auch erfolgreiche Kinderbücher.

Seiner Usedomer Heimat blieb er vor allem mit "Deutschland, deine Pommern" treu, doch auch in seinem letzten Buch "Reisen durch meine Zeit" berichtet er von Usedom und einer Lesung in der Benzer Kirche. Nicht weit davon, auf dem Bansiner Friedhof, liegt Hans Werner Richter begraben, der am 23. März 1993 in München verstarb.

Die zwei Leben der Carola Stern lassen sich erst im Alter vereinen – **Carola Stern**
in ihrer Autobiografie "Doppelleben" beschreibt sie ihre persönli- **(geb. 1925)**
chen Um- und Irrwege. Die Ostexpertin der 70er-Jahre, berüchtigte **Publizistin**
linke WDR-Journalistin und Mitbegründerin der
deutschen Sektion von "Amnesty International" wurde als Erika Assmus 1925 in Ahlbeck geboren. Der Vater starb noch vor ihrer Geburt. Bald wuchs sie in na-
tionalsozialistische Jugendorganisationen hinein
und wurde eine begeisterte Jungmädelführerin, deren Welt mit der Zerstörung der Nachbarstadt Swinemünde zusammenbrach. Wenig später flüchtete
sie mit der Mutter vor der Roten Armee, arbeitete dann
aber als Bibliothekarin beim sowjetischen Raketen-
forschungsinstitut im Harz, wo einige der Usedomer
Raketenforscher eingesetzt wurden. Später besuchte
sie das Lehrerseminar, anschließend die SED-Partei-
schule und schien auf dem besten Weg zu sein, eine
linientreue Politfunktionärin zu werden. Zu diesem
Zeitpunkt hatte sie jedoch schon der amerikanische
Geheimdienst angeworben, den sie drei Jahre mit ver-
gleichsweise belanglosen Informationen versorgte
und dafür Lebensmittel und Medikamente für ihre kranke Mutter
erhielt. Unmittelbar vor der Säuberungswelle von 1951 wechselte
sie nach Westberlin, wo ihr ungewohnte Freiheit nach ihren Erfah-
rungen sowohl mit dem nationalsozialistischen wie mit dem kommunistischen System zunächst schwer fiel.
Bis 1960 dauert die Phase der Orientierung, sie studierte, reiste,
schrieb Artikel und Analysen, die unter dem Pseudonym Carola
Stern erschienen. Dann arbeitete sie zehn Jahre als politische Lekto-
rin beim Verlag Kiepenheuer & Witsch in Köln, bevor sie zum WDR
wechselte. Internationale Menschenrechte, die Ostpolitik der SPD,
Entspannungs- und Innenpolitik waren ihre Hauptthemen – sie
setzte sich als Frau in der Männerdomäne des politischen Journalis-
mus bald durch. Willy Brandt, Heinrich Böll und Günter Grass zähl-
ten zu ihren persönlichen Freunden. Mit 60 zog sie sich aus der
Medienwelt zurück und verfasste mit Erfolg biografische Bücher
über Dorothea Schlegel, Rahel Varnhagen, Bertolt Brecht und He-
lene Weigel, Fritzi Massary, über ihren Mann, einen verfolgten
Kommunisten, aber auch über sich selbst.
In "Doppelleben" beschreibt sie, wie sie ihren Lebensweg nun ange-
nommen hat, wie sie zwischen Berlin und der Landschaft ihrer
Kindheit auf Usedom pendelt und nun sowohl Erika Assmus, als
auch Carola Stern sein kann.

Kunst und Kultur

Architektur

Allgemeines

Die Architektur auf Usedom hat vorwiegend dörflichen oder kleinstädtischen Charakter. Nur Swinemünde besaß als Hafen- und Garnisonsstadt entsprechende Stadt- und Bürgerhäuser sowie größere Repräsentations-, Verwaltungs- und Nutzbauten. Die nach den Zerstörungen des Zweiten Weltkrieges entstandenen Wohnblocks und Zweckbauten wirken schlicht und wenig attraktiv. Im Gegensatz dazu ist der Eindruck der unzerstörten Orte, wie ihn Usedom-Stadt oder die Seebäder bieten, ausgesprochen erfreulich. Die abgelegene Lage der Insel hatte zur Folge, dass bis zum 19. Jahrhundert nur wenige repräsentative Herrschaftshäuser entstanden, die heute nur noch als Ruinen bestehen. In Pudagla und Usedom standen zwei Schlösser der Pommernherzöge, von denen nur noch in Pudagla einige Reste erhalten sind. In Mellenthin und Stolpe befanden sich kleinere Adelsschlösser, doch auch diese sind heute weit gehend verfallen und werden zur Zeit restauriert.

Backsteingotik

Im Mittelater wurde in Nordeuropa vor allem mit Backstein gebaut. Die Vorteile dieses Baumaterials bei Herstellung, Transport, Verarbeitung und die niedrigen Kosten veranlassten die Mönche, ihre Kirchen und Klöster auch auf Usedom aus Backstein zu errichten. Auch städtische Bauten wie Stadtbefestigungen und Bürgerhäuser wurden aus dem gleichen Material gefertigt. Doch im Gegensatz zu den prunkvollen und reich verzierten Häusern und Kirchen der für ihre Backsteingotik berühmten Hansestädte Lübeck, Stralsund oder Danzig fielen die Usedomer Backsteinbauten wesentlich bescheidener aus. Schöne Beispiele für Backsteinarchitektur sind u.a. das Anklamer Tor und die Marienkirche in Usedom. Bei den meisten mittelalterlichen Dorfkirchen, z.B. in Benz, Koserow oder Mellenthin, wurden aus Kostengründen die unteren Teile aus Feldsteinen errichtet. Für die mit Arkaden oder Blendbogen verzierten Türme oder Giebel verwandte man dann die eleganteren Backsteine. Die Mellenthiner Kirche ist auch

Aus Feldsteinen und Backstein errichtet: die Kirche in Mellenthin

wegen ihrer Innenausstattung hervorzuheben: In schönem Barock sind sowohl Kanzel als auch Empore aus Holz gestaltet und mit farbenfrohen Malereien verziert. Ein kunsthistorisches Juwel sind die mittelalterlichen Wandmalereien im Gewölbe, die jedoch nur durch aufwändige Restaurierungen in jüngster Zeit vor dem Untergang gerettet werden konnten. Die idyllisch gelegene Dorfkirche in Benz geriet zu DDR-Zeiten durch die Initiative des Pfarrers zu einer Art inoffiziellem Kulturzentrum: Hans-Werner Richter beschreibt in seiner Erzählung "Bruder Martin" eindrücklich eine Lesung, die er dort hielt. In Sichtweite der Kirche steht die alte Windmühle, die der Maler Niemeyer-Holstein aufkaufte und aufwändig in Stand setzte, um dort u.a. Künstlern einen Malaufenthalt zu ermöglichen. Auf Wunsch des Malers liegt sein Grab, das mit einer Skulptur seines Bildhauer-Freundes Waldemar Grzimek geschmückt ist, gleich bei "seiner Holländermühle" auf dem Benzer Friedhof.

Backsteingotik (Fortsetzung)

Was man andernorts nur noch in Heimatmuseen bestaunen kann, ist auf Usedom noch für viele Häuser und Dörfer typisch. Reetdächer verleihen nicht nur alten urigen Bauernhäusern einen besonderen Charme, sondern zieren zunehmend auch moderne Einfamilien- oder Ferienhäuser. Reet ist der Ökobaustoff schlechthin: Das Schilfrohr wächst vor Ort entlang des Achterwassers, verfügt über hervorragende Klimaeigenschaften, wirkt stark isolierend und hält zwei Generationen, also deutlich länger als die üblichen Dachziegel. Doch ein Dach mit Rohr zu decken, erfordert große Handwerkskunst, die heute nur noch wenige beherrschen. Zuerst muss das Rohr, das in harten Wintern besonders hohe Qualitäten erreicht, sorgfältig nach Länge und Stärke sortiert werden. Auf den offenen Dachstuhl wird zunächst die "Streulage" aus langen und groben Halmen aufgebracht. Anschließend werden die Bündel einzeln an den Dachlatten befestigt. Dazu dienen zwei überdimensionale Ahlen als Näh- und Häkelnadel: Mit der an der Spitze gebogenen Nähnadel wird der Bindedraht durch die Streulage hindurch gestochen. Die zweite Ahle, mit einem Haken an der Spitze, zieht wie eine Häkelnadel den Bindedraht um die Dachlatte herum wieder nach außen, wo er verknotet wird. Für ein durchschnittliches Reetdach müssen auf diese Art rund 10 000 Reetbündel festgenäht werden. Zum Schluss werden die Bündel geklopft, wodurch das Dach glatt und fest wird. Ein besonders kunstvoller und stabiler Dachfirst sowie das Beschneiden der Kanten geben dem Reetdach den letzten Schliff. Auf Usedom sind schöne rohrgedeckte Häuser vor allem in den Dörfern des Hinterlandes und rund ums Achterwasser zu sehen, z.B. in Kamminke oder im Lieper Winkel. In den Seebädern sind sie selten, doch hat beispielsweise der Künst-

Rohrgedeckte Häuser

Rohrdächer haben rund ums Achterwasser wieder Konjunktur – wie hier in Loddin.

ler Rolf Werner sein Haus in Bansin, das heute als Gedenkatelier zu besichtigen ist, stilecht mit Rohr decken lassen.

Rohrgedeckte Häuser (Fts.)

"Erlaubt ist, was gefällt": Dieses Motto scheint die Bäderarchitektur Usedoms zu charakterisieren. Mit der neuen Bademode und dem Bäderboom entstanden im 19. Jahrhundert binnen weniger Jahre ganze Straßenzüge mit schicken Villen und herrschaftlichen Häusern. Das in der englischen Oberschicht weit verbreitete Seebäderwesen hatte auch architektonische Vorbildfunktion. Mondäne Bäderbauten, Seepromenaden und Musikpavillons entstanden in den meisten deutschen Badeorten. Da die alten Dorfkerne häufig von der See abgewandt lagen, man jedoch schon damals Seeblick und Strandnähe bevorzugte, reihte sich entlang der Strände bald ein schicker Neubau an den anderen. Auch die Seebrücken waren Ausdruck dieses Baubooms, doch von den ursprünglichen Exemplaren ist leider kaum noch etwas erhalten. Nur alte Aufnahmen zeigen noch, wie z.B. die Seebrücke in Heringsdorf mit ihren Türmchen und Aufbauten vor ihrer Zerstörung einmal aussah (Abb. S. 31). Die einzig erhaltene Original-Seebrücke – in Ahlbeck – stellt eher ein bescheidenes Beispiel ihrer Art dar. Dem architektonischen Stilempfinden der Zeit vom 19. Jahrhunderts bis zum Ersten Weltkrieg entsprachen vor allem prunkvolle Bauten, die Stilelemente aus verschiedenen Regionen oder vergangenen Zeiten adaptierten. Doch vor allem repräsentativ sollten die meist in strahlendem Weiß gehaltenen Häuser sein, denn die Bauherren wollten mit ihrer privaten Sommervilla den eigenen Reichtum zum Ausdruck bringen, oder mit prachtvollen Sommerhäusern vornehme und zahlungskräftige Gäste anziehen.

Bäderarchitektur

Dem damaligen Geschmack entsprach jedoch meist nicht ein Stilgewirr "à la Neuschwanstein", sondern Anleihen bei einem bestimmter Baustil. Als erster Bau der Usedomer Bäderarchitektur gilt das "Weiße Schloss" in Heringsdorf. Ganz im neoklassizistischen Schinkel-Stil gehalten, diente es jahrelang der kaiserlichen Familie als Feriendomizil. Die weißen Säulen und attischen Giebel wurden zum Vorbild für andere Bauten, wie sie heute noch z.B. an der Heringsdorfer Strandpromenade zu sehen sind. Die "Villa Oechsler" ist mit einem Giebelmosaik aus feinstem Murano-Glas geschmückt und die "Villa Oppenheim" präsentiert sich als Variation einer Palladio-Villa mit großzügiger Außentreppe. Dagegen wirkt die "Villa Diana", in einen schönen Park eingebettet, eher klassizistisch schlicht. Verspielter präsentieren sich die Häuser der Heringsdorfer Delbrückstraße oder an den Promenaden von Ahlbeck und Bansin. Hier sind Balkone, Erker, Türmchen und Säulen in unzähligen Variationen zu sehen, Skulpturen und Figuren, Ornamente, Friese und Schmuckelemente aus Stuck sowie Schmiedeeisen verweisen auf ihre Entstehung in der Gründerzeit. So manche Fassade, mancher Eingang und manche Loggia zeigen Anleihen bei Renaissance oder Gotik, anderswo sieht man reiche Jugendstil-Verzierungen, vor allem bei den bunten Glasfenstern. Eine intimere Form von Bäderarchitektur als die Prachtbauten der Bansiner Bergstraße oder der Heringsdorfer Delbrückstraße lässt sich in Ahlbeck zwischen Dünenstraße und Kaiserstraße bewundern. Hier befinden sich filigrane Holzkonstruktionen an Balkonen, man sieht elegant

◄ **Verspielte Bäderarchitektur an der Strandpromenade (Ahlbecker Hof)**

Architektur, Bäderarchitektur (Fortsetzung)

verglaste Wintergärten oder verspielte Simse und Friese. Die kleineren Villen wirken gemütlicher als die Pracht so mancher Strandpaläste. Einige Bauherren verwirklichten ihre Reiseträume beim Bau ihres Ferienhauses: Die "Villa Vineta" an der Bansiner Promenade präsentiert sich im Stil skandinavischer Holzhäuser, die Heringsdorfer Jugendherberge ist im Stil englischer Fachwerkhäuser errichteten Gebäude untergebracht, manche Konstruktionen zeugen von der Schweiz-Begeisterung ihres Erbauers, andernorts wirkt der Fliesenschmuck fast maurisch. Zwischen Bansin, Heringsdorf und Ahlbeck kann man kilometerweit entlang schönster Bäderarchitektur spazieren und das Auge nie müde, neue Details zu entdecken. Den Abschluss dieser architekturhistorischen Tour bildet mit dem zinnengeschmückten Hotel Kastel in Ahlbeck ein "Traumschloss" der Bäderarchitektur.

Literatur und Film

Die Bernsteinhexe

Wer hätte das gedacht? Von Usedom ging einer der erfolgreichsten Bestseller und zugleich einer der größten literarischen Skandale des 19. Jahrhunderts aus. "Die Bernsteinhexe" erzählt die Geschichte der Koserower Pfarrerstochter Maria Schweidler, die während des Dreißigjährigen Krieges auf Grund von Missgunst und Intrigen als Hexe bezichtigt wird und auf dem Scheiterhaufen hingerichtet werden soll. Diese packende Geschichte im Stil einer alten Chronik sollte laut Vorwort vom Vater der "Bernsteinhexe", dem Koserower Pfarrer Schweidler, aufgeschrieben worden sein. Über hundert Jahre später berichtet sein Amtsnachfolger, Johann Wilhelm Meinhold, wie er die Niederschrift in einem alten Buch in der Kirche entdeckt habe. Liebe, Tod und Abenteuer – Zutaten, aus denen auch heute noch Bestseller gestrickt werden – sowie die vermeintliche Authentizität verhalfen dem Buch schnell zu großem Ruhm. Als Meinhold jedoch zugab, dass nicht der Vater Maria Schweidlers, sondern er selber der Verfasser sei, war der Skandal perfekt. Schimpf und Schande stürzten über ihn herein, was den Erfolg des Buches jedoch nicht minderte.

> **Baedeker TIPP** **Prall gefüllt und reich bebildert ...**
>
> ... ist das Lesebuch "Usedom" von Renate Seydel (Ullstein Verlag). Es stimmt mit Unterhaltsamem und Wissenswertem, Amüsantem und Nachdenklichem auf die Insel ein. Märchen und Sagen finden sich hier ebenso wie Porträts berühmter Gäste, Amüsantes zur Entwicklung des Badewesens oder Liebevoll-Ironisches über die Insulaner – Urlaubslektüre im besten Sinne.

Schriftstellernde Gäste auf Usedom

Andere literarische Werke, die in Verbindung mit Usedom stehen, spiegeln jedoch eher das Bild der Urlaubsinsel wider. Einige Schriftsteller – wie Heinrich Mann oder auch sein berühmter Bruder Thomas – verbrachten hier ihre Sommerferien. Heinrich Mann berichtet in seinem biografischen Werk "Ein Zeitalter wird besichtigt" von seinen Heringsdorfer Aufenthalten in den Jahren 1923, 1928 und 1929.

Legendär ist der Erholungsurlaub Maxim Gorkis 1922, allerdings war der ungewöhnlich kalte Sommer der Heilung seines Lungenleidens nicht sonderlich förderlich. In der Villa Irmgard, die er damals bewohnte, kann man die mit dem ursprünglichen Mobiliar eingerichteten Zimmer besichtigen. Das Maxim-Gorki-Museum informiert auch über andere Berühmtheiten, die Usedom besuchten, wie Victor Klemperer, der hier einige Sommer verbrachte, die er in seinem "Curriculum Vitae" beschreibt. Mit brillanter Ironie karikiert Kurt Tucholsky in "Saisonbeginn an der Ostsee" das Treiben am Heringsdorfer Strand. Diese Glosse entstand nach seinen Usedom-Aufenthalten in den Jahren 1920 und 1921.

Schriftstellernde Gäste auf Usedom (Fortsetzung)

Doch nicht nur Gäste, auch Einheimische trugen zum literarischen Ruhm der Insel bei. Hans Werner Richter beschreibt in seinen Bansiner Geschichten "Blinder Alarm" und "Deutschland, deine Pommern" die Menschen und das Land seiner Kindheit. Ein anderes Buch, der Roman "Spuren im Sand" trägt stark autobiografische Züge. Der Cousin Hans Werner Richters, Egon Richter, verfasste mehrere interessante Bücher über Usedom und Pommern, die dem Besucher fundiertes Hintergrundwissen vermitteln. Die in Ahlbeck geborene Carola Stern hat in zwei selbstkritischen Büchern auch ihre Usedomer Kindheit beschrieben. Der berühmteste Autor mit Verbindung zur Insel ist jedoch Theodor Fontane. In seinem autobiografischen Roman "Meine Kinderjahre" beschreibt er warmherzig und detailliert die Swinemünder Kinderwelt. Sein Vater hatte 1827 die dortige Apotheke gekauft. Bis 1832, dem Jahr als der junge Fontane auf eine höhere Schule geschickt wurde, lebte er in der Garnisonsstadt an der Swine. 1863 frischte Theodor Fontane sein Usedom-Bild während einer Sommerreise auf. Er besuchte auch Orte im Hinterland, die sich in seinem späteren Roman "Effi Briest" widerspiegeln. Auch der Hauptschauplatz des Romans, Kessin, trägt zweifelsfrei Züge der Stadt Swinemünde (Richter, Stern, Fontane ▶ Berühmte Persönlichkeiten).

Einheimische Autoren

Kein Wunder also, dass auch eine Verfilmung dieses Romans an Usedomer Schauplätzen gedreht wurde. In der DEFA-Produktion von 1968–1970 (Regie: Wolfgang Luderer) wandelt die junge Angelica Domröse als Hauptdarstellerin durch Wolgaster Gassen und reitet durch die idyllische Insellandschaft zu einem geheimen Rendezvous an der Benzer Windmühle. Das historische Vorbild der Effi Briest war übrigens Elisabeth von Ardenne, die Großmutter des Erfinders Manfred von Ardenne (▶ Berühmte Persönlichkeiten), die Theodor Fontane persönlich kannte.

Usedom als Filmkulisse

Etwa zur selben Zeit entstand auf Usedom unter der Regie von Heiner Carow ein weiterer DEFA-Film, der aber aus politischen Gründen nicht fertig gestellt wurde und für 20 Jahre in den Archiven verschwand. "Die Russen kommen" basiert auf der Erzählung "Die Anzeige" des Usedomer Autors Egon Richter und handelt von der Orientierungssuche eines Sechzehnjährigen zwischen Nazi-Ideologie und russischer Gefangenschaft bei Kriegsende.

Wer schon einmal auf Usedom war, der wird in der Schlussszene des Films "Pappa Ante Portas" die Ahlbecker Seebrücke erkennen. Loriot, mit bürgerlichem Namen Vicco von Bülow, kam für seinen Film 1991 an die Wirkungsstätte seines Vorfahren, des Forstmeisters Georg von Bülow, der 1820 in Ahlbeck und Heringsdorf den Seebäderbetrieb begründete. Für die Dreharbeiten ließ er dem Pavillon einen frischen Anstrich verpassen – eine Investition, die das historische Bauwerk wieder ins rechte Licht setzte.

Baedeker SPECIAL

Künstlerinsel

Der letzte Wunsch des Malers Otto Niemeyer-Holstein war es, mit dem Blick Richtung Meer begraben zu werden, "zur Ostsee, meiner großen Geliebten, die mich täglich gefordert und nie enttäuscht hat". Für ihn und viele andere Künstler wurden das Licht und die Farben Usedoms zur Inspiration, die Landschaft und Ruhe zum Ausgangspunkt ihrer Schaffenskraft.

Der berühmteste Maler der Region ist **Caspar David Friedrich** (1774 bis 1840), der die Motive zu seinen inhaltlich dichten Kompositionen zwar vorwiegend auf seiner Heimatinsel Rügen fand, doch auch die Nachbarinsel Usedom bereiste. Sein Zeitgenosse **Philipp Otto Runge** (1777–1810, ▶ Berühmte Persönlichkeiten) unternahm von seinem Elternhaus in Wolgast zahlreiche Ausflüge nach Usedom, wo er neben Motiven zum Malen auch Inspirationen zur Umsetzung seiner komplexen romantischen Formensprache suchte.

Otto Niemeyer-Holstein

Im 20. Jahrhundert entdeckten einige Künstler die Insel als Domizil: Allen voran fand **Otto Niemeyer-Holstein** (1896 bis 1984, Berühmte Persönlichkeiten) auf einer seiner Bootstouren 1932 die Schmalstelle zwischen Zempin und Koserow als sein persönliches Paradies: Lüttenort, benannt nach seinem Segelboot "Lütten". "Hier auf der Insel bleibe ich – für immer", und so ließ er aus Berlin unter großen Schwierigkeiten einen ausrangierten S-Bahn-Waggon als provisorische Unterkunft herbeischaffen, die "Keimzelle" eines eigenwilligen, über viele Jahre gewachsenen Ensembles aus Wohnhaus, Garten und Atelier. Ab 1938 wurde Lüttenort der ständige Wohnsitz der Familie, die ins Visier der Nazis geraten war. Auch heute noch ist der S-Bahn-Wagen Mittelpunkt des Gesamtkunstwerks Lüttenort, das nach dem Tod des Künstlers der Öffentlichkeit zugänglich gemacht und durch den Bau der Neuen Galerie erweitert wurde. Hier haben einige Werke des bis ins hohe Alter aktiven Malers ihren Platz gefunden. Besonders stimmungsvoll ist der Garten. Niemeyer-Holstein fand für Pflanzen und Skulpturen befreundeter Künstler genau den richtigen Platz: Je nach Jahres- oder Tageszeit setzt die Natur die Kunst wie in einem Open-Air-Museum ins "rechte Licht".

Usedomer Künstlergruppe

Otto Niemeyer-Holstein fand bald Kontakt zu anderen Usedomer Künstlern, so zu **Otto Manigk** (1902–1972), der seit 1932 seinen zweiten Wohnsitz in Ückeritz hatte, sowie dessen Freund **Herbert Wegehaupt** (1905–1959), der sich ebenfalls in Ückeritz niederließ. Diese drei Maler bildeten den Kern einer losen Künstlergruppe, zu der bald **Karen Schacht** (1900-1988) hinzukam. Die freundschaftlich verbundenen Künstlerfamilien trafen sich zu Atelierbesuchen, Musikabenden oder Malausflügen mit Niemeyer-Holsteins Segelboot.
Nach dem Zweiten Weltkrieg traten verschiedene andere Künstler mit der Usedomer Gruppe in Kontakt, so der Wandmaler **Manfred Kandt** (1922 bis 1992), der mit seiner Frau **Susanne Kandt-Horn** (geb. 1914), ebenfalls eine

Otto Niemeyer-Holstein, Rosel Kühn und Otto Manigk beim Musizieren: "Das Konzert" von Hans Jüchsner (1894–1977)

Malerin, 1952 ein Haus in der Nachbarschaft von Otto Manigk bezog. **Rolf Werner**, dessen Atelier in Bansin von seiner Witwe liebevoll erhalten und der Öffentlichkeit zugänglich gemacht wird, kam 1953 nach Usedom und war, obwohl er künstlerisch andere Wege beschritt, mit der Usedomer Gruppe freundschaftlich verbunden. Als Schülerin der Gruppe, vor allem jedoch Otto Niemeyer-Holsteins, kann seit 1952 **Rosa Kühn** (geb. 1928) bezeichnet werden, die sich in Zempin niederließ, bezeichnet werden. Einige Jahre später, 1956, fand **Vera Kopetz** (geb. 1910) bei Otto Niemeyer-Holstein und seinen Malerkollegen Anregung und Ausbildung.

Die Söhne

In der offenen Atmosphäre der Usedomer Künstlerzentren Ückeritz und Lüttenort fand auch die folgende Generation Wege zum kreativen Schaffen. Die Söhne von Otto Manigk und Herbert Wegehaupt, **Oskar Manigk** (geb. 1934) und **Matthias Wegehaupt** (geb. 1938), u.a. durch ihre Väter und Niemeyer-Holstein ausgebildet, wurden bedeutende Künstler. Sie bildeten Anlaufstellen für viele jüngere Künstler, die es nach Usedom zog. Als Freunde von Matthias Wegehaupt besuchten beispielsweise auch Wolf Biermann und seine damalige Frau Eva-Maria Hagen die Usedomer Künstler. In den 1970er- und 1980er-Jahren suchten mehrere Künstler auf Usedom – abseits der Politik – Freiräume und Inspiration für ihr Wirken. Die Insel brachte zwar zahlreiche Kunstwerke hervor, doch nur wenige Künstler. Ein Beispiel ist **Sabine Curio** (geb. 1950 in Ahlbeck), die – ähnlich wie Otto Niemeyer-Holstein – in ihren Werken versucht, das einzigartige Licht der Insellandschaft zu thematisieren. Auf Usedom ist nie eine Künstlerkolonie im klassischen Sinn entstanden, allerdings half die Insel zahlreichen Künstlern ihren Weg zu gehen, hier fanden sie Motive und Inspirationen – und nicht zuletzt den Austausch mit Kollegen, die auf ihre Weise Ähnliches suchten. Vor diesem Hintergrund war und ist Usedom eine Künstlerinsel.

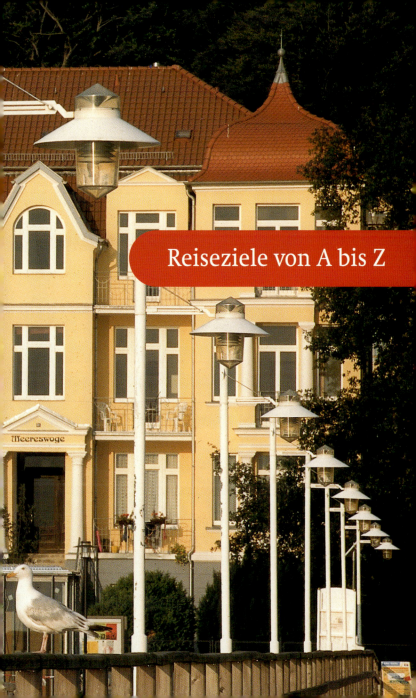

Reiseziele von A bis Z

Ausflugsmöglichkeiten

Will man seinen Aufenthalt auf Usedom etwas abwechslungsreicher gestalten, bieten sich Ausflugsfahrten auf das Festland, ins Nachbarland Polen oder auf eine der umliegenden Inseln an. Auf diese Weise kann man auch Rügen, die Greifswalder Oie oder den

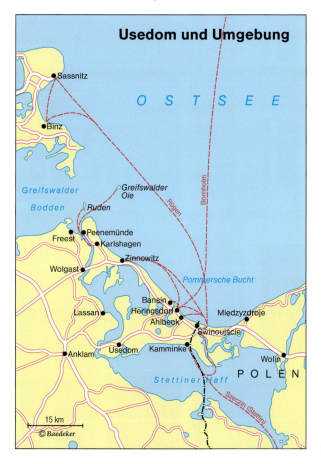

Ruden kennen lernen, außerdem hat man die Möglichkeit, die dänische Insel Bornholm zu besuchen.

Allgemeines (Fortsetzung)

Die Insel Usedom hat viele Gesichter zu bieten: elegante Seebäder mit lebhaften Promenaden, verträumte Fischerdörfer, romantische Buchten und viel Grün, ob Wald oder Wiesen. Typisch für die Kaiserbäder Ahlbeck, Heringsdorf und Bansin – aber auch für Zinnowitz – ist die verspielte Bäderarchitektur. An der Wende vom 19. zum 20. Jahrhundert entstanden in diesem Stilmix viele Villen wie auch Seebrücken, die den Schiffsverkehr erleichtern sollten. Ahlbeck war damals ein beliebtes Ausflugsziel der Berliner, was zum Beinamen "Badewanne Berlins" führte. Heute gilt die Ahlbecker Seebrücke mit ihren vier grünen Türmchen wieder als Wahrzeichen Usedoms. Die längste Seebrücke Deutschlands ist die Heringsdorfer mit einer Länge von 508 m. Die interessante Architektur, eine Ladenpassage mit Wachsfigurenkabinett, Muschelmuseum und Kino machen den Besuch garantiert zu einem besonderen Erlebnis. Etwas schlichter hingegen fallen die Seestege von Bansin, Koserow und Zinnowitz aus. Bei einer Seebrückenfahrt verschafft man sich den besten Überblick über die Orte und ihren jeweils eigenen Charakter. Vor Koserow soll übrigens einst die legendäre Stadt Vineta im Meer versunken sein, zudem heißt es, Klaus Störtebeker habe am Streckelsberg einen Unterschlupf gehabt.

Für Raketeninteressierte bietet sich ein Besuch im Historisch-Technischen Informationszentrum in Peenemünde an. Noch heute gilt der kleine Ort im Norden der Insel als "Wiege der Weltraumfahrt", doch es muss auch betont werden, dass die erste, von den Nazis V2 genannte Großrakete eine der todbringendsten Waffen im Zweiten Weltkrieg war. Beide Seiten werden im Museum beleuchtet, das als eines der meistbesuchten in Deutschland gilt.

Die idyllische Seite Usedoms lernt man hingegen im Hinterland kennen, an den Binnenseen und am Achterwasser. Landschaftlich besonders schön ist der Gnitz mit dem Naturschutzgebiet an seiner Südspitze und der Lieper Winkel. Von den Häfen Rankwitz und Stagnieß bei Ückeritz kann man mit dem Boot Achterwasserfahrten unternehmen und die Landschaft ganz in Ruhe auf sich wirken lassen.

Usedom

Ausflugsmöglichkeiten

Baedeker TIPP ▶ Unbekannte Ecken

Ohne Gummistiefel geht bei der Peenetour gar nichts und auch für die anderen lohnenden Touren sollte man sich auf einiges gefasst machen. Eine völlig andere Art von Inselreise zu den abgelegensten Winkeln kann man in Kleingruppen unternehmen: Mit Jeep oder Mountainbike auf einsamen Pisten, per Kajak oder Segelboot auf stillen Gewässern, per Flugzeug oder Fallschirm in der Luft und mit Pferden oder per pedes querfeldein. Landschaft und Natur pur, Pflanzen und Tiere aus nächster Nähe, das sind die Hauptattraktionen der gut organisierten Ganztagestouren. Doch auch für das leibliche Wohl ist gesorgt: Tagsüber lockt ein uriges Picknick und als krönender Abschluss ein knisterndes Lagerfeuer. Informationen unter ☎ (0 38 79) 20125 oder www.insel-safari.de.

Ausflug zu den Inseln Greifswalder Oie, Ruden und Rügen	Wer meint, auf Usedom schon alles gesehen zu haben, sollte mit einem Fahrgastschiff zu den Inseln Greifswalder Oie, Ruden oder nach Rügen aufbrechen und einen Ausflug auf dem Land unternehmen. Jahrzehntelang waren die Greifswalder Oie und der Ruden militärisches Sperrgebiet, Urlauber konnten die Inseln lediglich vom Festland aus mit dem Fernglas erspähen. Mittlerweile werden Ausflugsfahrten (Aufenthalt: 1–2 Std.) dorthin angeboten, doch da die Schönheit der unter Naturschutz stehenden Inseln nicht gefährdet werden soll, sind die Besucher dazu angehalten, die markierten Rundwege nicht zu verlassen. Die Schiffe nach Rügen legen meist in Göhren, Sellin und Binz an. Zwar ist der Aufenthalt recht kurz, doch es reicht allemal, um eine Fahrt mit dem "Rasenden Roland" in den Nachbarort zu unternehmen. Vielleicht wird man bei solch einem Kurzbesuch auch neugieriger – und man besucht beim nächsten Mal die Kreidefelsen, das Jagdschloss Granitz oder eine andere Sehenswürdigkeit Rügens.
Tour auf dem Festland	Bereits bei der Anreise nach Usedom kommt man auf dem Festland durch eines der "Tore" zur Insel: Anklam oder Wolgast. Es lohnt sich, die beiden netten Städte und ihre ländliche Umgebung bei einer Tour besser kennen zu lernen. In Anklam, der "Lilienthal-Stadt" sollte man das dem Erfinder gewidmete Museum, wo dem Besucher dessen Innovationen und sein "Traum vom Fliegen" näher gebracht werden, besuchen. Nordöstlich am Peenestrom liegt das nette Städtchen Lassan mit seinen kleinen Häusern und kopfsteingepflasterten Straßen. Interessantes über den Ort erfährt man in der zu einem Museum umfunktionierten einstigen Wassermühle. In Hafennähe entstand ein jederzeit zugängliches Freilicht-Fischereimuseum. Weiter über Land geht es nach Wolgast, wo vor allem der Blick von der St.-Petri-Kirche besticht. Bei einem Spaziergang erkundet man die Gegend um den Marktplatz und den Museumshafen. Weiter in nördlicher Richtung geht es nach Kröslin, einem verschlafenen Ort, der allerdings über eine große, moderne Marina verfügt. Im Inneren der Backsteinkirche schmückt ein ca. 4 x 3 m großer Fischerteppich den Altarraum. Als Wiege dieser Fischerteppiche gilt das benachbarte Freest. Einige schöne Exemplare kann man in der Heimatstube ansehen und auch käuflich erwerben, zudem erfährt man dort Interessantes über die Geschichte des Fischfangs in dieser Gegend. Nicht versäumen sollte man einen Besuch des Hafens mit seinen hübschen Fischerhäuschen: Hier und in der Fischräucherei Thurow bekommt man frischen und geräucherten Fisch! Wenn man mit dem Fahrrad unterwegs ist, kann man von Freest oder Kröslin mit der Fähre nach Peenemünde übersetzen; ansonsten führt der Weg zurück nach Usedom über Wolgast.
Polen	Ein Tagesausflug in den polnischen Teil der Insel – bei dem die Vorlage eines gültigen Personalausweises genügt – ist für viele Urlauber Usedoms obligatorisch. Nicht wenige quartieren sich gar in Swinemünde oder in Misdroy auf der Nachbarinsel Wolin ein und entdecken von dort aus den deutschen Teil Usedoms. Die meisten besuchen erst einmal den Grenzmarkt beim Grenzübergang Ahlbeck/Swinemünde und suchen nach Schnäppchen und Souvenirs. Zu Fuß, mit dem Bus, Taxi oder mit der Kutsche kann man von dort einen Ausflug in den für Polen bedeutenden Hafen-, Kur- und Fe-

rienort machen. Am besten erkundet man bei einem Spaziergang das einstige Kurviertel und die umliegenden Straßen. Wer Bilder vom historischen Swinemünde, dem einstmals bedeutendsten Seebad auf Usedom, sehen möchte, sollte das Museum für Hochseefischerei im alten Rathaus aufsuchen.

Polen (Fortsetzung)

Interessant ist auch ein Ausflug in den Woliner Nationalpark, zum Türkissee und in das Seebad Misdroy. Der Weg dorthin führt wieder nach Swinemünde. Mit der kleinen Fähre im Stadtzentrum setzt man über zur anderen Uferseite, von wo man mit dem Bus in das schöne Waldgebiet gelangt. Nach einem Spaziergang zum Türkissee fährt man dann nach Misdroy, einem der beliebtesten polnischen Ostseebäder. Wie auch in Swinemünde wurde hier schon vieles renoviert und modernisiert, um an den einstigen Glanz wieder anzuknüpfen und auch ausländische Urlauber anzuziehen.

Sehr interessant ist es, in Misdroy spazieren zu gehen und die Gegend um Seepromenade und Kurpark näher kennen zu lernen.

Auch vom Hafen Kamminke am Oderhaff gehen Fahrten ins Nachbarland Polen ab: die "Kaiserfahrt" über den 1875–1880 erbauten Kaiserkanal nach Swinemünde oder ein Ausflug nach Stettin inklusive Stadtrundfahrt, bei der man ihre tausendjährige Geschichte und ihre Hauptsehenswürdigkeiten kennen lernen kann. Zudem kann man auch auf einer der Duty-free-Einkaufsfahrten in den kleinen polnischen Hafen Ziegenort quer über das Haff teilnehmen.

Lust auf Bornholm? Von Heringsdorf und Zinnowitz starten auch Ausflüge auf die 587 km² große Felseninsel Bornholm. Hier kann man nicht nur Sonne und Sand, sondern auch die einzigartige Natur genießen; außerdem wird eine Rundfahrt angeboten, die u.a. zu der größten Burgruine Nordeuropas (Hammershus Ruine) und einer der vier Rundkirchen auf Bornholm führt.

Insel Bornholm/ DK

Reiseziele von A bis Z

Ahlbeck — L 13 / 14

Einwohner: 4000

**Jüngstes der großen Seebäder Usedoms

Ahlbeck ist das jüngste der großen Seebäder Usedoms und stand lange im Schatten der mondäneren Nachbarorte Swinemünde, Heringsdorf und Bansin. Eine fast 12 km lange Promenade verbindet die drei Kaiserbäder Ahlbeck, Heringsdorf und Bansin. Der Ort wird im Osten vom Ahlbecker Forst begrenzt, der unmittelbar entlang der polnischen Grenze verläuft. Im Westen geht Ahlbeck nahtlos in den Ort Heringsdorf über. Die Nahtstelle bildet heute die Ostseetherme, ein modernes Thermalbad, das auch in der Nebensaison zur Attraktivität der Kaiserbäder beiträgt. Am 3. Juli-Wochenende lädt Ahlbeck jedes Jahr zum Sommerfest ein, ein riesiger Spaß für große und kleine Kinder ist – wenn das Wetter mitmacht – das Drachenfestival (Abb. S. 158/159) Mitte September.

Ahlbeck verdankt seinen Namen einem Bach mit großem Aalreichtum, der hier in die Ostsee mündete – kein Wunder also, dass auch heute noch der Aal, gemeinsam mit dem pommerschen Greif, das Stadtwappen ziert. An diesem Bach stand eine Mühle, die zum Mittelpunkt einer wachsenden Siedlung wurde. Aus dem Jahre 1771 ist ein Fischerdorf mit etwa 400 Einwohnern aktenkundig, das Mitte des 19. Jahrhunderts zunehmend zum Ausflugsziel wurde. Im benachbarten Swinemünde hatte 1821 der Badebetrieb begonnen, und während der Saison besuchte mancher Gast auch den idyllischen Fischerort. 1852 boten die Ahlbecker erstmals Ferienbetten an und bereits um 1870 kamen in der Saison auf jeden der 800 Einwohner zwei Sommerfrischler.

In den Folgejahren avancierte Ahlbeck zum beliebtesten Seebad der Insel: 1908 kamen bereits jährlich 20 000 Kurgäste. Während Heringsdorf und Bansin stolz auf ihr mondänes, adeliges und großbürgerliches Publikum waren, entwickelte sich Ahlbeck zum bürgerlichen Familienbad, dessen Beliebtheit bis zum Zweiten Weltkrieg anhielt. Nach 1950 wurde in Ahlbeck die touristische Infrastruktur systematisch ausgebaut und zudem eine zentrale Verpflegungsstelle für die Urlauber eingerichtet.

Auch nach der Wende blieb der Ansturm der Gäste ungebrochen: Ahlbeck ist nicht nur das beliebteste, sondern auch das größte Seebad Usedoms.

Sehenswertes in Ahlbeck und Umgebung

*Historische Uhr

Wahrzeichen Ahlbecks, zentraler Treffpunkt und Ausgangspunkt für Ortsrundgänge ist die im Jugendstil gehaltene Uhr an der

Strandpromenade. 1911 wurde sie von einem Kurgast gestiftet und vor der Seebrücke aufgestellt. Sowohl der ungewöhnliche dreiseitige Uhrkasten als auch die Ornamente und Verzierungen machen die Ahlbecker Uhr zu einer Rarität. Nachdem sie lange defekt war, zeigt sie jetzt wieder die richtige Uhrzeit an.

Historische Uhr (Fortsetzung)

Die Ahlbecker Seebrücke ist die älteste original erhaltene Seebrücke auf Usedom, ihre Holzkonstruktion hat bisher allen Sturmfluten widerstanden. Die vier verspielten Türmchen des Pavillons bekrönen Wetterfähnchen mit den entscheidenden Daten zur Geschichte der Seebrücke: Im Jahre 1898 fertig gestellt, musste das Bauwerk 1970 grundsaniert werden, schließlich erneuerte man 1993 noch den 280 m langen Seesteg, der durch Eisgang eingestürzt war. Auch heutzutage verursachen Sturmfluten immer wieder große Schäden an dem historischen Bauwerk. Es muss dann wegen Reparaturarbeiten für Spaziergänger und als Bootsanleger gesperrt werden. Der schmucke Pavillon beherbergt ein Café-Restaurant mit herrlichem Meerblick und Aussicht auf den Strand.

**Seebrücke

Rund um die historische Uhr und die Seebrücke liegen die Highlights der Ahlbecker Strandpromenade. Ein paar Schritte nördlich befindet sich die Konzertmuschel, umgeben von einer schönen Anlage mit weißen Bänken, Springbrunnen und Blumenanlagen. Pavillons bieten allerlei Urlaubsutensilien: Postkarten und Souvenirs, Strandspielzeug und Badebedarf, sogar ein Spezialgeschäft für Drachen hat sich hier etabliert. Rund um den Ortsplatz, der am Ende der Seestraße liegt, sorgen verschiedene Eis- und Imbiss-Stände für

*Promenade/ Dünenstraße

Ahlbeck

Blick auf die Strandpromenade, die die Kaiserbäder Ahlbeck, Heringsdorf und Bansin miteinander verbindet.

Promenade/ Dünenstraße (Fortsetzung)	das leibliche Wohl, ebenso eine Milchbar mit einem breiten Angebot an deftigen und süßen Speisen. Bei einem Spaziergang entlang der Dünenstraße lassen sich schöne Gründerzeit-Bauten bewundern, die noble Hotels und Pensionen beherbergen. Das repräsentativste ist der "Ahlbecker Hof", ein traditionsreiches Haus und einziges Fünf-Sterne-Hotel im Ort (▶ Hotels, Abb. S. 46). Schlendert man weiter in östliche Richtung, stößt man auf nicht minder anziehende Häuser mit so malerischen Namen wie "Villa am Meer", "Ostseeresidenz", "Seedüwel", "Seeperle" oder "Inselparadies". Den Schlusspunkt dieser Prachtmeile der Bäderarchitektur bildet das burgähnliche Hotel "Kastel". Hier geht die Strandpromenade in einen Waldweg über, der nach etwa 2,5 km die polnische Grenze erreicht. Der schöne Strand parallel des Weges ist bei weitem nicht so bevölkert wie in Nähe der Seebrücke.
Kurverwaltung, Information	Die Kurverwaltung befindet sich ebenfalls in der Dünenstraße, in unmittelbarer Nachbarschaft zum Ahlbecker Hof. Es liegt vielfältiges Informationsmaterial und der Veranstaltungskalender aus, Tagesgäste können hier die Kurtaxe entrichten, auch Zimmerreservierungen werden vorgenommen.
Haus der Erholung (HDE), Kino	An der Ecke Dünen-/Schulzenstraße liegt das Haus der Erholung, kurz HDE. Gebaut wurde es in den 1960er-Jahren, im Rahmen des organisierten DDR-Tourismus. Hier war auch die zentrale Verpflegungsstelle untergebracht, die 900 Gäste täglich mit drei Mahlzeiten versorgte. Heute sind die großen Fenster zur Seeseite mit Verdunklungsfolie beklebt, HDE steht nun für Haus der Erlebnisse und beherbergt ein Kino.
Rathaus, Heimatstube	In einem kleinen Park zwischen Kirchen- und Kurparkstraße steht das Ahlbecker Rathaus. Es ist nicht nur Sitz der Gemeindeverwaltung, sondern auch Veranstaltungsort, z.B. für Diavorträge über Natur, Kultur und Geschichte der Insel. Auch das Museum Heimatstube ist hier untergebracht (geöffnet: Mo.–Do. 9^{00}–12^{00}, Di. 14^{00} bis 17^{00} Uhr). Es zeigt interessante Objekte, u.a. ein Modell der Seebrücke, und gibt durch oft kuriose Ausstellungsstücke Einblick in die Entwicklung des Bäderwesens auf Usedom. Ein Notenblatt erinnert z.B. an den Foxtrott "Das sind die Nächte von Swinemünde" und ein Bild an den Schneidermeister Eglinski, der, als er im März 1913 zum 33. Mal Vater wurde, auf Einladung des Kaisers nach Berlin reiste.
Kirche, Kurpark	Nur wenige Schritte sind es vom Rathaus zur Kirche. In dem schlichten Backsteinbau werden sowohl evangelische wie katholische Gottesdienste abgehalten. Direkt hinter der Kirche mündet die Wilhelmstraße in die Lindenstraße. An dieser Hauptdurchgangsstraße wurde der kleine, eher unscheinbare Kurpark angelegt.
Bahnhof (Eisenbahnmuseum)	Folgt man der Lindenstraße in östlicher Richtung, kommt man bald an den Bahnhof. Vor dem Bahnhofsgebäude aus den 80er-Jahren des 19. Jahrunderts liegt eine Gedenkstätte für die im Zweiten Weltkrieg gefallenen Sowjetsoldaten. Der Bahnhof beherbergt das Eisenbahnmuseum (geöffnet: Mi.–Fr. 7^{15}–18^{00}, Sa.–So. 8^{15}–18^{00} Uhr). Hauptattraktion ist ein Stellwerk von 1907, das, nachdem es in den 90er-Jahren noch in Betrieb war, mittlerweile ausgemustert

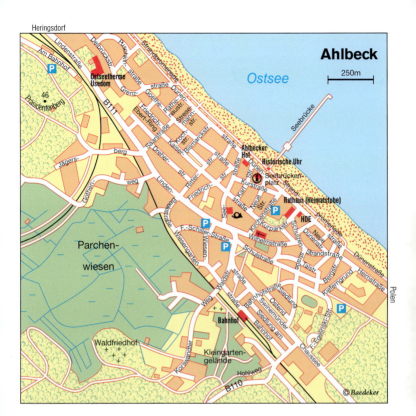

wurde. Neben Eisenbahner-Uniformen, Signalen und Anzeigetafeln sind für große und kleine Eisenbahnfans vor allem die historischen Waggons interessant. Sie stehen außerhalb des Gebäudes auf einem Abstellgleis. Prunkstück ist der Nachbau eines Gefolgewagens aus dem Hofzug Kaiser Wilhelms II. von 1907.	Bahnhof (Fortsetzung)
Mit attraktiver Bäderarchitektur präsentiert sich die Seestraße. Sie ist Einkaufsstraße für Einheimische und Touristen: Neben der Post, einem Super- und Drogeriemarkt, Bäckerei und Metzgerei wartet auch ein Fischgeschäft mit seinem reichhaltigen Angebot für Topf und Pfanne sowie Fisch-Imbissen auf. Boutiquen, kleine Schmuck- und Andenkenläden sowie eine gut sortierte Buchhandlung sorgen dafür, dass so gut wie keine Urlauberwünsche unbefriedigt bleiben. An der Ecke Seestraße/Friedrichstraße steht das Hotel-Restaurant Meereswelle, dessen Terrasse zu einer Kaffeepause einlädt. Von hier aus kann man wunderbar die Flaniermeile beobachten.	Seestraße
Viele hervorragende Beispiele der Bäderarchitektur liegen abseits der Promenade bzw. der Dünenstraße. Ein Rundgang könnte an der Ecke Dünen-/Bismarckstraße beim Hotel "Auguste-Viktoria" beginnen. Entlang der Bismarck- und Goethestraße kann man viele grö-	**Bäderarchitektur

Bäderarchitektur zwischen Bismarck- und Kirchenstraße (Fortsetzung)

ßere und kleinere Villen mit Türmchen und Erkern, Glasveranden und Balkonen bewundern, z.B. die "Villa Bismarckhöhe" oder "Schloss Hohenzollern". Ein besonderer Prachtbau liegt in der Kaiserstraße: die "Villa Chrissi". Hier zeigen sich einige Häuser noch nicht luxussaniert und belegen damit oft mehr den ursprünglichen Charme des volkstümlichen Seebades als die "Paläste im Kleinformat". Am Ende der Kaiserstraße bietet das "Haus Frohsinn" neben wenigen Gästezimmern eine gute ortstypische Küche zu erschwinglichen Preisen (▶ Restaurants). Die Karl-, Kur- und Neue Straße charakterisieren hübsche ein- und zweistöckige Gründerzeithäuser, die mit viel Liebe zum Detail renoviert wurden.

Ostseetherme

An der Grenze zu Heringsdorf liegt an der Lindenstraße die Ostseetherme, ein subtropisches Badeparadies mit Kurmittelhaus und Gesundheitsstudio. Der von außen futuristisch anmutende Bau ist auch mit der Bäderbahn bequem zu erreichen: Die Station Ahlbeck-Ostseetherme wurde eigens für Besucher des Bades eingerichtet. Neben der Ostseetherme lockt ein weiß leuchtender Aussichtsturm. Man kann ihn sowohl zu Fuß als auch mit einem Lift erklimmen. Von oben bietet sich ein herrlicher Rundblick auf Ahlbeck und Heringsdorf mit dem gesamten Hinterland wie auch auf die Küste – bei gutem Wetter kann man bis zur polnischen Grenze mit Swinemünde und der Odermündung sehen.

Baedeker TIPP) Nicht nur bei schlechtem Wetter...

... ist das moderne Jod-Sole-Thermalbad einen Ausflug wert. Die Ostseetherme bietet neben Kuranwendungen auch Badespaß für die ganze Familie. Speziell für Kinder ist ein Babybad und ein Wasserspielgarten eingerichtet, an der Grottenrutsche und den Warmbecken erfreuen sich Groß und Klein. Wunderbar entspannend sind Luftsprudelbecken sowie Massagedüsen und Saunafreunde haben die Wahl zwischen verschiedenen Angeboten: Römisches Dampfbad, Biosauna oder die klassische finnische Variante. Zwei Außenbecken, Solarien, ein Billardbereich und die Bikini-Bar mit Säften und Salaten runden das Angebot ab (geöffnet: Mo., Di., Mi., Sa. 10:00–21:00, Do. 11:00–21:00, Fr. 10:00–22:00, So. 10:00–20:00 Uhr).

Wanderung durch den Ahlbecker Forst

Wer die Umgebung zu Fuß oder mit dem Fahrrad erkunden will, sollte den mit einem gelben Kreuz markierten, 7,5 km langen Wanderweg durch den Ahlbecker Forst wählen. Er beginnt am Bahnhof Ahlbeck, führt dann in westlicher Richtung um den Brandhorst herum, entlang der Parchwiesen, durch die Gemeinde Korswandt zum Wolgastsee. Hier ist der richtige Ort, um eine Pause einzulegen, im "Idyll am Wolgastsee" (▶ Korswandt) kann man gut zu Mittag essen oder Kaffee und Kuchen genießen. Wer an diesem schönen Fleckchen länger verweilen will, kann in den Sommermonaten im See baden, rudern oder Tretboot fahren. Über den Zirowberg geht es dann zurück nach Ahlbeck. Der Aufstieg auf den 59 m hohen Berg ist zwar etwas steil, doch die Mühe wird mit einer wunderbaren Aussicht belohnt.

Anklam

jenseits A 17

Einwohner: 16 000

Auf dem Weg nach Usedom kommt man, wenn man die östliche Route wählt, durch Anklam, eine Kleinstadt am Südufer der Peene, die weiter nordwärts in die Ostsee mündet. Anklam ist der Geburtsort des Luftfahrtpioniers Otto Lilienthal (▶ Baedeker Special S. 65). Das Museum, das die Stadt ihm zu Ehren eingerichtet hat, ist die Hauptattraktion Anklams.

*"Lilienthal-Stadt"

Sehenswertes in Anklam

Da die einstige Handels- und Hansestadt im Zweiten Weltkrieg zu großen Teilen zerstört wurde, ist vom historischen Anklam nur wenig übrig geblieben. Von der ehemaligen Stadtbefestigung sind einige Mauerreste und drei Türme erhalten: der zinnenbekrönte Hohe Stein von 1458 an der B 109 Richtung Pasewalk (außerhalb von Anklam), der 20 m hohe, ebenfalls runde Pulverturm und das 32 m hohe, wohl um 1450 erbaute Steintor in der Schulstraße mit schlichter Blendgliederung und Staffelgiebel.
Heute ist in diesem einfachen Torhaus das Heimatmuseum der Stadt untergebracht, das auf fünf Etagen Funde und Zeugnisse zur Geschichte der Region von der Frühzeit bis 1949 zeigt. Stolz ist man v.a. auf die rund 3000 Münzen aus der Zeit des Dreißigjährigen Krieges, die 1995 in Anklam gefunden und nun in die Dauerausstellung integriert wurden. Man nimmt an, dass es sich um die Zunftkasse der einheimischen Wollweber handelt, die diese vor Plünderern versteckt hatten. Von der oberen Etage im Steintor genießt man einen schönen Blick über die Stadt und hinüber ins Peenetal (geöffnet: Mai–Sept. Di.–Fr. 10⁰⁰–17⁰⁰, Sa./So. 14⁰⁰–17⁰⁰, Okt.–April nur bis 16⁰⁰, So. 14⁰⁰–17⁰⁰ Uhr).

Stadtbefestigung, Museum im Steintor

Anklam besitzt zwei große Kirchen: die schwer beschädigte Nikolaikirche und die Marienkirche, die den Zweiten Weltkrieg fast unbeschadet überstand. Die ältesten Teile dieser dreischiffigen Basilika stammen aus der zweiten Hälfte des 13. Jahrhunderts. Der Westturm wurde 1450 erbaut, an der Stelle des Nordturms entstand 1488 die Marienkapelle mit filigranem Sterngewölbe. Sehenswert im Inneren sind außer den Wandmalereien das frühgotische Taufbecken, die schöne Marienfigur in der Marienkapelle (15. Jh.), die Altäre und ein Epitaph (1585) von Philipp Brandin, auf dem der Verstorbene vor Christus kniet.

Marienkirche

Zuerst hat er die Vögel beobachtet, dann ging er daran, sich selbst Flügel zu konstruieren und den Traum vom Fliegen wahr zu machen: Otto Lilienthal, der 1848 in Anklam geboren wurde und als Flugpionier in die Geschichte einging. Das Museum, das sich mit Lilienthal und den Anfängen der Fliegerei beschäftigt, liegt außerhalb des Stadtzentrums in der Nähe des Bahnhofs (Ellenbogenstr. 1; Öffnungszeiten wie Museum im Steintor; Internet: www.lilienthal-museum.de).
Die Präsentation des Themas Fliegen ist so spannend und unterhaltsam wie ein Krimi und begeistert Erwachsene ebenso wie Kin-

**Otto-Lilienthal-Museum

Otto-Lilienthal-Museum (Fortsetzung)

der und Jugendliche. An vielen Stellen darf, ja soll der Besucher aktiv eingreifen, z.B. an den kleinen Versuchsaufbauten, die anschaulich die physikalischen Grundlagen des Fliegens vermitteln. Am Computerbildschirm kann man eine Flugzeuglandung simulieren oder ein Modellflugzeug steuern.

Besonders beeindruckend sind jedoch die nachgebauten Flugapparate Lilienthals, die mit ihren riesigen stoffbespannten Flügeln mehr an Fledermäuse denn an frühe Flugzeuge erinnern. Im Obergeschoss werden "phantastische Flugmodelle" aus unterschiedlichen Zeiten vorgestellt, wie zum Beispiel der Muskelkraft-Hubschrauber aus dem 19. Jahrhundert oder das Vakuumluftschiff aus dem Jahr 1670.

Umgebung von Anklam

*Peenetal

Das Peenetal zwischen Kummerower See und der Mündung des Flusses ist eine Landschaft mit vielen Mooren und Überflutungsbereichen. Große Abschnitte des Peenetals sind als Naturschutzgebiet ausgewiesen, u.a. das Peenetalmoor östlich von Anklam, mit 1478 ha eines der größten des Landes. Das Gebiet ist Lebensraum vieler vom Aussterben bedrohter Arten, z.B. der Biber. Zahlreiche Knüppelburgen entlang der Peene weisen auf die scheuen Fischräuber hin, die nach einer Umzugsaktion aus dem mitteldeutschen Elberaum hier rasch heimisch wurden.

Das Peenetalmoor ist schwer zu begehen. Als Ausgangspunkt für eine Wanderung in das Naturschutzgebiet eignet sich das Dorf Relzow (nördlich von Anklam). Von Gützkow, ungefähr 25 km nordwestlich von Anklam, führt eine alte Pflasterstraße, der "Gützkower Fährdamm", am Rand des Naturschutzgebietes "Peenewiesen bei Gützkow" zu einer ehemaligen Fährstelle an der Peene.

Murchin

Im 10 km nordöstlich von Anklam gelegenen Ort Murchin fällt auf den ersten Blick das im Stil stalinistischer Herrschaftsarchitektur errichtete Kulturhaus auf, das so gar nicht ins beschauliche Dorfbild passen will. Bis vor kurzem zog es an den Wochenenden die Jugend der Region wegen der Diskothek Hyper-Dome, die mittlerweile geschlossen wurde, hierher. Sehr hübsch hingegen ist die unter Denkmalschutz stehende rohrgedeckte Kate am Ortseingang, die etwas vom Landleben früherer Zeiten erahnen lässt. In der Dorfkirche (1604) kann man sich die Schnitzerei "Pharao segnet die Familie Josephs" aus dem 17. Jahrhundert ansehen.

Seeholz Murchin

Südlich des Dorfes erstreckt sich das 40 ha große Seeholz Murchin mit "Schills Scheibenstand". Es heißt, Ferdinand von Schill und seine Freischar hätten an dem 2 m hohen Stein im April 1807 Schießübungen durchgeführt, um sich auf den Befreiungskampf gegen Napoleon vorzubereiten.

Bargischow

Südöstlich von Anklam im Dörfchen Bargischow steht eine hohle, 500 Jahre alte Linde, deren Stamm fast 7 m Umfang misst. Der Legende nach sollen Napoleons Soldaten 1807 hier einen Ausschank eingerichtet haben, worauf der Baum den Namen "Franzosenlinde" erhielt. Die rechteckige Feldsteinkirche wurde um 1300 errichtet, auffallend sind der gotische Taufstein und ein Altar mit Spitzbogennischen (um 1500).

Baedeker SPECIAL

Der Traum vom Fliegen

Wie ein Vogel durch die Lüfte zu schweben und aus der Höhe auf die Erde herabzublicken – schon immer war das Fliegen ein Traum der Menschheit. Dass dieser Traum wahr wurde, verdanken wir unter anderem Otto Lilienthal. Der aus Anklam gebürtige Flugpionier entwickelte das erste bemannte Flugzeug der Welt.

Er war kein Abenteurer, sondern ein Forscher und Tüftler und ein ziemlich hartnäckiger dazu. Zuerst beobachtete er den Vogelflug und analysierte dessen Gesetzmäßigkeiten. Denn, so glaubte er, man kann "das Fliegen ohne den Hals zu brechen nur üben (...), wenn man das Fliegen versteht!" 1889 veröffentlichte er die Erkenntnisse seiner langjährigen Beobachtungen unter dem Titel "Der Vogelflug als Grundlage der Fliegekunst", zwei Jahre später gelang ihm mit dem so genannten Derwitzer Apparat, einem selbst konstruierten Gleitflieger, der erste Flug – stolze 25 Meter weit.

Lilienthal war damals 43, erfolgreicher Maschinenbauingenieur und Besitzer einer Fabrik in Berlin. In den folgenden Jahren unternahm er mehr als 2000 Flugversuche. Zunächst diente ihm ein 4 m hoher Schuppen als Absprungrampe, später ließ er in der Nähe seines Wohnortes einen 15 m hohen Hügel aufschütten und noch später, in Berlin-Lichterfelde, einen "Fliegeberg" bauen. Bis zu 250 m weit trugen ihn seine Gleitflieger. Doch der Segelflug von einer Anhöhe stand für ihn nur am Anfang.

Um das einfache Segeln in einen dauerhaften Flug zu verwandeln, ging er daran, in das Gleitflugzeug einen Schlagflügelantrieb zu integrieren. Zum ersten Mal gelang dies mit dem 1893 entwickelten Maihöhe-Rhinow-Apparat, benannt nach der Anhöhe, von der Lilienthal den Flugversuch unternahm. Die an Fledermäuse erinnernde zusammenklappbare Konstruktionsform – patentrechtlich geschützt – wurde die Grundlage für seine späteren Flugzeugmodelle. Da die menschliche Muskelkraft nicht ausreichte, entwickelte Lilienthal 1894 einen Kohlensäure-Motor – wohl wissend, dass hier die Zukunft der Flugzeugentwicklung liegen sollte. Doch diese zu erleben, war ihm nicht mehr vergönnt: Am 9. August 1896 starb er an den Verletzungen, die er sich bei einem Flugversuch zugezogen hatte.

Otto Lilienthal

Mit diesen "Stoff-Flügeln" soll man fliegen können? Otto Lilienthal hat es getan. Seine Flugapparate sind heute im Anklamer Museum zu bestaunen.

| Müggenburg | Als Filmkulisse für den 1987 gedrehten DEFA-Streifen "Einer trage des anderen Last" lebte das Schloss in Müggenburg, einem Ortsteil von Neuenkirchen (13 km südwestlich von Anklam), noch einmal auf. Der Verfall des Bauwerks konnte zumindest vorerst gestoppt werden. Kern der Anlage ist ein mittelalterlicher Rundturm, der ursprünglich zu einer Wasserburg gehörte und um den zwischen 1889 und 1891 das eigenwillige Backsteinschloss errichtet wurde. |

| Spantekow | In Spantekow, einem idyllischen Dorf 15 km südwestlich von Anklam, befindet sich die neben Dömitz zweite Flachlandfestung Mecklenburg-Vorpommerns, die 1558–1567 von Ulrich von Schwerin als Stammsitz erbaut wurde. Im Schutz der Befestigungsanlagen mit einem breiten Wassergraben, dicken Mauern und Kasematten liegen die Wirtschaftsgebäude sowie das Herrschaftshaus, das heute kaum noch etwas von seinem früheren Glanz erahnen lässt. Sehenswert ist das Relief am Eingangstor der Festung mit den fast lebensgroßen Portraits des Bauherrn Ulrich von Schwerin und seiner Gemahlin (um 1570). |

Baedeker TIPP In die Ritterzeit versetzt

So fühlt man sich beim Erkunden der "malerischsten Burgruine Vorpommerns". Noch heute lässt sich die Bedeutung der von vier Rundtürmen befestigten Burg erkennen, die Ulrich von Schwerin 1576 kurz nach dem Bau der Festung in Spantekow errichten ließ. Die Veste Landskron im ehemaligen Sumpfgebiet am Großen Landgraben erreicht man über die B 199 Richtung Altentreptow, nach 21 km geht es links ab in das Dorf Janow, von dort sind es noch etwa 2 km bis zur Veste.

| Stolpe | In der kleinen Gemeinde (9 km westlich von Anklam; B 110) gründete der Pommernherzog Ratibor I. im Jahre 1153 unmittelbar am südlichen Peeneufer das erste Benediktinerkloster Vorpommerns. Erhalten blieb nur der Turmunterbau der Klosterkirche aus dem späten 12. Jahrhundert. Im Dorf gibt es darüber hinaus eine alte Schmiede, ein Fährhaus aus der Zeit um 1800 für den (immer noch intakten) Fährbetrieb über die Peene und mit dem Gutshaus Stolpe eines der besten Restaurants der Region (▶ Restaurants). |

| Neetzkow | 10 km hinter Stolpe führt die B 110 durch das Dorf Neetzkow, wo man in einem romantischen Landschaftspark ein Schloss erblickt. Der Berliner Baumeister Friedrich Hitzig lieferte die Pläne für den 1850 fertig gestellten Bau, wobei er sich sowohl der Gotik als auch der Renaissance als Vorbild bediente. Als Baumaterial verwendete Hitzig den für die Region unüblichen gelben Klinkerstein, der in der gutseigenen Ziegelei hergestellt wurde. Das Anwesen steht seit längerem leer und blickt einer ungewissen Zukunft entgegen. |

| *Menzlin | Nicht entgehen lassen sollte man sich das "Alte Lager" bei Menzlin, wo auf einer Binnendüne echte Wikingergräber zu bestaunen sind. |

Entdeckt wurden die schiffsförmigen Steingräber erst in den 60er-Jahren des 20. Jahrhunderts; zugleich wurden auch die Reste einer bedeutenden Wikingersiedlung (9./10. Jh.) frei gelegt. Zu den vielfältigen Grabfunden gehörten Reste eines Bootsanlegers, Keramikscherben, Handwerksgeräte sowie Schmuck aus Bernstein und Silber. Man erreicht den westlich von Anklam gelegenen frühgeschichtlichen Siedlungsplatz, wenn man in Ziethen (B 109) in Richtung Gützkow abbiegt.

Menzlin (Fortsetzung)

Bansin

K 12

Einwohner: 2500

Bansin, das westlichste der drei Kaiserbäder, galt lange auch als das vornehmste. Der clevere Geschäftsmann Delbrück, Hauptaktionär der "Aktiengesellschaft Seebad Heringsdorf", kaufte dem seeabgewandten Dorf Bansin den unfruchtbaren Küstenstreifen ab. Mit dem Bau von Nobelhotels kam bald die entsprechende Klientel und die Dorfbewohner mussten für ein Vielfaches des Preises ihr altes Land zurückkaufen, wollten sie am Bäderboom und am wachsenden Reichtum der Nachbarorte teilhaben. Im Jahre 1897 startete Bansin mit nur 10 Häusern in die erste Badesaison. Die folgenden Jahre brachten einen raschen Aufbau des Ortes, systematisch entstanden schicke Villen und noble Hotels. So bietet sich auch heute noch entlang der Bansiner Berg-, Wald- und Seestraße ein geschlossenes architektonisches Bild im Stil der Bäderarchitektur. Bansin avancierte schnell zum Bad des Adels und der Hochfinanz, in dem

**Westlichstes der drei Kaiserbäder

Blick von der Seebrücke auf das Ufer Bansins

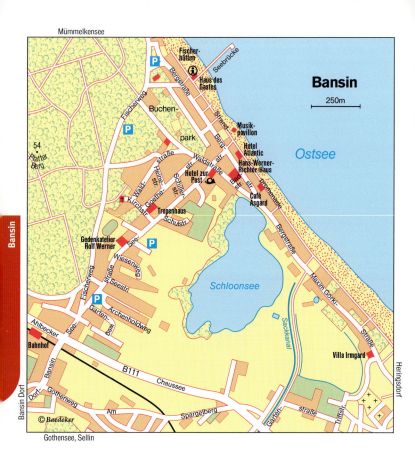

Allgemeines (Fortsetzung)

u.a. Kaiser Wilhelm II. und Mitglieder seiner Familie logierten. Die Gäste bezogen ihre noblen Urlaubsquartiere oft mit Zofen und Chauffeuren, eigener Dienerschaft und Leibköchen.

Als 1923 Bansin als erstes Bad Usedoms die Freibadeerlaubnis erhielt, man folglich ohne Badewagen direkt vom Strand ins Meer konnte, legte der Ort Wert auf seinen Ruf als "deutschchristliches Seebad". Jüdische Badegäste waren unerwünscht und sollten sich weiterhin im mondänen Heringsdorf aufhalten. Während des Dritten Reiches blieb das exklusive Bansin beliebt bei Parteiprominenz, zu DDR-Zeiten gehörten SED- und Stasi-Größen zu den Stammgästen. Heute ist Bansin das kleinste – vielleicht aber auch wieder das feinste – der drei Kaiserbäder.

Bansin liegt in unmittelbarer Nähe zum Schloon-, Gothen- und Großen Krebssee. Westlich erstrecken sich das Naturschutzgebiet Mümmelkensee und ausgedehnte Wälder. Östlich begrenzt der romantische Schloonsee das Seebad. An der Promenade und der Wald- bzw. Maxim-Gorki-Straße gehen Bansin und Heringsdorf nahtlos ineinander über. Jenseits der B 111 und der parallel verlaufenden Bäderbahn liegt am Ufer des Gothensees das Dorf Bansin.

Allgemeines (Fortsetzung)

Sehenswertes in Bansin und Umgebung

Zentraler Punkt des Badebetriebs ist die 285 m lange Seebrücke, die 1994 wieder errichtet wurde. Wie in Heringsdorf wurde auch in Bansin der historische Vorgängerbau ein Opfer der Sturmfluten. Die heutige Seebrücke ist ein vergleichsweise schlichter Seesteg ohne repräsentative Aufbauten wie in Heringsdorf oder Ahlbeck. Jedes Jahr findet im Juli ein Seebrückenfest statt. Die Promenade rund um die Seebrücke lädt mit schönen Blumenbeeten, dem Musikpavillon, Spielplätzen und einer herrlichen Sicht auf die Bäderarchitektur-Villen der Bergstraße zum Verweilen ein.

Seebrücke

Direkt an der Seebrücke steht das Haus des Gastes mit der Kurverwaltung und der Touristen-Information. Hier finden Vorträge, Kunstausstellungen und Videovorführungen der Kurverwaltung statt. Auf dem Programm stehen außerdem vielfältige Angebote für Kinder, wie Bastel- oder Vorlesestunden. Ein Leseraum hält neben Zeitungen und Zeitschriften auch andere Lektüre bereit. Ein Stand im Parterre informiert über die vielfältigen Angebote der Seebäder sowie der gesamten Insel.
Westlich der Seebrücke kann man frisch geräucherten Fisch kaufen. Hier haben sich einige der traditionellen Fischräuchereien erhalten. In kleinen rußgeschwärzten Häuschen wird der Fang über Holz geräuchert. Das als Nachschub vorgesehene gehackte Holz liegt in großen Stapeln neben den Hütten bereit.

Haus des Gastes, Kurverwaltung

Entlang der Strandpromenade und der Bergstraße findet man das schönste Ensemble der Bäderarchitektur Usedoms: Beinahe am Waldrand liegt das "Admiral-Hotel", weiter Richtung Seebrücke das "Hotel Dünenschloss". Die Häuser "Bansiner Hof", "Kaiser Wilhelm" und "Germania" sind ebenso benachbart wie etwas weiter östlich die "Villa Meeresstrand", das "Romantic Strandhotel Atlantic" und die "Pension an der See" (▶ Hotels). Nur wenige Schritte weiter kommt man zum Traditionscafé "Asgard", wo man seit über hundert Jahren seine Gäste mit hauseigenen Torten im schönen Garten verwöhnt (▶ Cafés). Richtung Heringsdorf finden sich mit den Villen "Vineta", "von Desny" und "Strandglück" hübsche Beispiele verspielter Bäderarchitektur.

*Promenade, Café Asgard

Die schicken Häuser der Bergstraße sind nicht minder repräsentativ: Hotels wechseln mit kleineren Villen, verspielte Balkone, Erker und andere dekorative Elemente ermöglichen einen abwechslungsreichen Spaziergang. Die Seestraße, die mit ihren zahlreichen Bäumen vom Strand Richtung Bahnhof führt, ist die Einkaufsmeile Bansins. In Strandnähe finden sich hier zahlreiche Restaurants und mehrere Vier-Sterne-Häuser, wie das "Parkhotel", das "Hotel zur Post" oder die "Villa Anna". Zahlreiche Geschäfte und Boutiquen bieten alles, was der Badegast zum Urlaubsglück braucht.

**Bergstraße und Seestraße

Das alte Feuerwehrhaus zwischen Berg- und Waldstraße (Waldstr. 1) beherbergt seit dem Jahr 2000 die Bibliothek Bansins, die Einheimi-

*Hans-Werner-Richter-Haus

Baedeker TIPP) Wohlfühlhotel der Gründerzeit

Ein Vier-Sterne-Hotel mit persönlicher Atmosphäre und aufmerksamen Service ist das Hotel zur Post an der Ecke See-/Waldstraße. Hinter der historischen Fassade erwarten die Gäste über 60 komfortable Zimmer, ein erstklassiges Restaurant sowie die angenehme Brasserie "Banzino". Geplant sind weitere Zimmer, Apartmenthäuser und ein Wellnessbereich, dessen Clou ein mit einer Glaskuppel überdachter Pool mit Blick auf den schönen Schloonsee sein wird (☎ 03 83 78/560, FAX 03 83 78/562 20, www.hotel-zur-post-usedom.de).

Hans-Werner-Richter-Haus (Fortsetzung)

schen wie Gästen zur Verfügung steht. Das 100-jährige Gebäude trägt heute den Namen "Hans-Werner-Richter-Haus" und präsentiert interessante Stücke aus dem Nachlass des Mitbegründers der "Gruppe 47", der bedeutendsten Vereinigung der deutschen Nachkriegsliteratur. Hans Werner Richter (▶ Berühmte Persönlichkeiten) wurde zwar 1908 in Neu-Sallenthin geboren, gilt aber als bekanntester Sohn Bansins, wo er aufwuchs. In seinen Büchern – v.a. in seinen Bansiner Geschichten ("Blinder Alarm") und dem autobiographischen Roman "Spuren im Sand" – verewigte er liebevoll-ironisch die Menschen und die Landschaft seiner Kindheit und Jugend. Im Erdgeschoss ist originalgetreu das Arbeitszimmer des Autors aufgebaut. Im Zentrum des Raums steht der imposante Schreibtisch, zudem sind schöne Skulpturen und Grafiken zu sehen, u.a. von Günter Grass und HAP Grieshaber. Besonders interessant ist das große Bücherregal, das neben internationalen Klassikern vor allem die deutsche Literatur des 20. Jahrhunderts enthält – hier kann man literarischen Querverbindungen nachspüren.

Im Obergeschoss befindet sich ein weiterer Gedenkraum, der vor allem Kunstwerke und einige persönliche Gegenstände aus dem Besitz des Schriftstellers zeigt. Eine langjährige Freundschaft verband Richter mit Grass, von dem auch auf der Galerie Originalgrafiken zu sehen sind, daneben werden Usedomer Künstler wie Manigk und Werner gezeigt. Die sachkundige Bibliothekarin weiß zu manchem Ausstellungsstück interessante Geschichten zu erzählen. Und wen die Aura der Räume angeregt hat, mehr über Hans Werner Richter zu erfahren, der sollte in seinen Büchern stöbern (geöffnet: Di.–Fr. 16⁰⁰–20⁰⁰, Sa./So. 14⁰⁰–18⁰⁰ Uhr). Bei Spaziergängen durch Bansin kann man auch heute noch auf Menschen und Ecken treffen, wie sie der Autor beschrieben hat. Vielleicht führt einer dieser Spaziergänge auch auf den Friedhof, der in der Nähe des Bahnhofs an der B 111 außerhalb des Ortes liegt. Dort findet man auf der rechten Seite in der oberen Hälfte das schlichte Grab Richters.

*Rolf-Werner-Gedenkatelier

In einem idyllischen rohrgedeckten Haus, umgeben von einem schönen Garten, kann man in der Seestr. 60 einer anderen Bansiner Künstlerpersönlichkeit nachforschen: Hier lebte und arbeitete bis zu seinem Tod 1989 der Künstler Rolf Werner (▶ Baedeker Special S. 50/51). Seine Witwe betreut in Eigeninitiative das Gedenkatelier und führt interessierte Besucher durch das Haus (Mo.–So. 11⁰⁰ und Di., Do., Sa., So. auch um 14³⁰ und 18⁰⁰ Uhr). Als hätte der Maler, ein Meister von Vorstadtszenen und Stillleben, nur eine Pause an der

Staffelei eingelegt, befinden sich seine Entwürfe, Malutensilien und andere kleine Dinge seines Ateliers am alten Platz. Authentischer als durch dieses Ambiente und die Erläuterungen seiner Frau kann man wohl kaum Einblick in das Leben und Werk dieses Wahl-Usedomers bekommen. Wer möchte, kann einige Werke als Kunstpostkarten erwerben, die eine echte Alternative zu den üblichen Urlaubskarten sind und zudem nebenbei zur Erhaltung dieses privaten Gedenkateliers beitragen.

Rolf-Werner-Gedenkstätte (Fortsetzung)

Eine Attraktion der besonderen Art bietet das Tropenhaus Bansin. Seit 1968 zieht der "kleinste Zoo der Welt" viele Besucher an: In einem schönen Außengelände kann man viele Arten farbenprächtiger tropischer Vögel in Volieren bewundern. Um ein Wasserbecken sind Enten, Fasane und Tauben angesiedelt. Ein separater Bereich ist für einen Streichelzoo reserviert: Hier können große wie kleine Tierfreunde kecke Namibia-Ziegen und sanfte Hasen streicheln und füttern. Im Innenbereich sind in Terrarien diverse Schlangen, Schnecken, Kröten, Geckos und Leguane zu beobachten. Die Hauptattraktion ist eine ganze Sippe kleiner Äffchen, die sich fern ihrer Heimat sichtlich wohl fühlen und unentwegt Späße treiben.
Ein eher trauriges Kapitel sind die illegal aus Polen importierten Schildkröten. Immer wieder werden an der Grenze Exemplare beschlagnahmt, die dann im Tropenhaus vorläufig Asyl finden. Der Rundgang führt weiter in ein Palmenhaus mit prächtigen Palmen, Farnen und anderen exotischen Pflanzen. In einem großen Wasserbecken tummeln sich Wasserschildkröten und ein Furcht einflößender Brillenkaiman. Dem Tropenhaus Bansin ist eine Apartmentanlage angegliedert, die besonders für Familien mit Kindern attraktiv ist (▶ Ferienanlagen).

*Tropenhaus

Jenseits der B 111 und des Bahnhofs führt die Dorfstraße in das idyllische Dorf Bansin. Es liegt direkt am Gothensee, mit 600 ha der größte Binnensee Usedoms und ein wichtiges Rückzugsgebiet für Wildgänse, Graureiher, Störche, Fischotter und andere geschützte Tiere. Am Dorfausgang kann man bei der imposanten alten Buche oder dem Gasthaus Bergmühle den Blick über den See genießen. Nur wenige Hundert Meter Land trennen jeweils den Gothensee, den Großen und Kleinen Krebssee sowie den Schmollensee. Es gibt etliche Möglichkeiten für schöne Spaziergänge oder Radtouren entlang der Seen, die nicht nur durch idyllische Dörfer wie Neu-Sallenthin oder Sellin führen, sondern auch zahlreiche Einkehrmöglichkeiten in einem der gemütlichen Gasthäuser bieten.

Dorf Bansin / Seen

Nordöstlich des Seebades Bansin erstreckt sich entlang der Küste das Naturschutzgebiet Mümmelkensee. Die ausgedehnten Wälder sind hier besonders artenreich, vor allem um den fast verlandeten See, dessen Name von den Seerosen (Mummeln) herrührt, die auch im heutigen Hochmoor noch prächtig gedeihen. Ein Naturlehrpfad führt anhand von Schautafeln durch den Lebensraum zahlreicher seltener Tiere und Pflanzen. Mit 54 m bildet der Lange Berg die höchste Erhebung an diesem Küstenabschnitt. Die Steilküste rund um das Gasthaus Langenberg ist besonders durch Sturmfluten be-

Langer Berg / Mümmelkensee

Pralles Leben am Strand von Bansin während der Hochsaison – im Hintergrund kann man die Heringsdorfer Seebrücke erkennen. ▶

Bansin (Umg.)
(Fortsetzung)

droht und wurde in den letzten hundert Jahren bereits um mindestens 40 m abgetragen.

Rad- und Wandertouren

Der mit einem grünen Quadrat markierte Weg nach Sellin und zu den Krebsseen (8 km) beginnt am Bahnhof Bansin, führt durch das Seebad über die Seestraße und den Fischerweg bis zur B 111. Am Ufer des Schmollensees entlang geht es bis kurz vor Sellin, dann nimmt man die Abzweigung nach Neu-Sallenthin und erreicht oberhalb des Kleinen Krebssees einen Aussichtspunkt mit Blick auf die "Usedomer Schweiz". Über den Sieben-Seen-Berg kommt man dann über Bansin-Dorf zurück zum Ausgangspunkt.

Zum Naturlehrpfad Mümmelkensee gelangt man vom Bahnhof Bansin über den Fischerweg am Sportplatz vorbei. Vom Eingang des Naturlehrpfads verläuft der mit einem grünen Diagonalstrich gekennzeichnete Weg durch ein Waldgebiet mit den unterschiedlichsten Nutzhölzern und schließlich erreicht man den Mümmelkensee mit seiner typischen Hoochmoorflora und -fauna. Weiter führt er auf den "Langenberg" und endet dann an einem Aussichtspunkt am Kliff, von dem aus bei klarer Sicht sogar die Inseln Ruden, Greifswalder Oie und Rügen zu erkennen sind.

Auf den Weg mit dem senkrechten gelben Strich muss man bei der Wanderung durch eines der landschaftlich reizvollsten Gebiete Usedoms, die Usedomer Schweiz, achten. Auch bei der ca. 19 km langen Wanderung um den Schmollensee geht es am Bansiner Bahnhof los, dann über die Seestraße, den Fischerweg und auf dem Küstenwanderweg am Langen Berg entlang. Vor dem Zeltplatz Ükkeritz biegt der Weg links ab, am Bahnhof Schmollensee überquert man die B 111 und hinter Pudagla (an der Bockwindmühle) verlässt man die Straße in Richtung Stoben und Benz. Schließlich führt die Wanderung über Sellin, entlang am Schilfgürtel des Schmollensees, zurück nach Bansin.

Benz H 13 / 14

Einwohner: 600

*Hübsches Dorf inmitten der Usedomer Schweiz

Mit seinen kleinen, teils rohrgedeckten Häuschen, den gepflegten Vorgärten und der schönen Holländermühle wirkt Benz ausgesprochen ansprechend und einladend. Das wurde auch von den Malern Lyonel Feininger und Otto Niemeyer-Holstein (▶ Berühmte Persönlichkeiten) so empfunden, die sich von Benz und seiner Umgebung gerne inspirieren ließen und hier ihre Motive fanden. Besonders schön ist der Blick auf den Wald und die Felder um Benz vom südöstlich des Dorfes gelegenen Kückelsberg (58,3 m).

Die Region im Hinterland Bansins, genauer gesagt am Südufer des Schmollensees, gehört zu den ältesten slawischen Siedlungsgebieten Usedoms. Überreste aus dieser Zeit sind allerdings kaum noch zu finden, da die steinzeitlichen Grabstätten teilweise zerstört und als Material zum Straßenbau genutzt wurden. Urkundlich wurde Benz im Jahre 1229 erstmals erwähnt, als sich hier die Handelsstraßen kreuzten und der Ort politischer wie auch wirtschaftlicher Mittelpunkt der Insel war. Heute machen die aus Feldsteinen errichtete Kirche und die Holländerwindmühle Benz zu einem beliebten Ausflugsziel.

Baedeker SPECIAL

Ein New Yorker auf Usedom?

Für den New Yorker Maler Lyonel Feininger (1871-1956) wurde Usedom zur Offenbarung: Während seiner Sommeraufenthalte 1908–1912 fand er Motive, die ihn das ganze Leben lang begleiten sollten. Noch Jahre später tauchen die Dorfkirchen von Benz und Zirchow, die Benzer Windmühle, abstrakte Seestege, Strandszenen und Segelboote in seinen Werken auf. Licht und Farbe der Ostseelandschaft beeinflussten stark diesen Klassiker der Moderne.

Eigentlich wollte Lyonel Feininger wie seine deutschstämmigen Eltern Musiker werden. Als er ihnen 1887 während einer Deutschlandtournee hinterher reiste, entschloss er sich, statt Musik Kunst zu studieren. Es folgten Studienjahre in Hamburg und Berlin sowie Aufenthalte in Weimar, Belgien und London, die er mit Zeichnungen und Karikaturen für Zeitschriften finanzierte. In Paris fand er Kontakt zu den Futuristen, später zu den Kubisten, die ihn beeinflussten.

Usedom-Aufenthalte

Die Usedom-Sommer fielen in Feiningers entscheidende Entwicklungsphase, in der er seinen charakteristischen Stil ausformte: Er fand auf Usedom viele seiner Grundmotive, die er in zahlreichen Werken aller Schaffensperioden verarbeitete. Neben der mondänen Welt der Seebäder faszinierte den Maler vor allem das Hinterland. Es entstanden eindrucksvolle Adaptionen von Motiven in Benz, Zirchow, Alt-Sallenthin und Neppermin, wo er 1910 für zwei Monate wohnte. Von 1924 an wurde Deep in Hinterpommern der Urlaubsort der Familie, von wo der Maler 1928 nochmals Usedom besuchte.

Stadt und Dorf

Feininger stand in Kontakt zu den Künstlern der "Brücke" und des "Blauen Reiter", 1919 wurde er ans Weimarer Bauhaus berufen und war an zahlreichen Ausstellungen – seit 1923 auch in den USA – beteiligt. Neben Dorfmotiven faszinierten ihn Städte besonders – davon zeugen die Bilder der Stadt Halle (1929 bis 1931) und die "Manhatten-Bilder" (ab 1940). Von den Nazis angefeindet, kehrte Feininger 1938 in seine Geburtsstadt New York zurück, wo er am 13. Januar 1956 als international anerkannter Künstler starb.

Ein charakteristisches Feininger-Bild: "Benz" (1924)

Sehenswertes in Benz und Umgebung

*Holländer-
windmühle

Die Attraktion von Benz ist eine Mitte des 19. Jahrhunderts erbaute Holländerwindmühle mit Keller und dreigeschossigem Aufbau. Bis zum Jahre 1971 war die mit Buchenschindeln verkleidete Mühle in Betrieb, und auch heute noch, so wird versichert, könne sie mit ihrer drehbaren Haube, dem Flügelkranz und der Windrose Korn mahlen. Ihre Schönheit begeisterte auch Otto Niemeyer-Holstein, der die Mühle kaufte und ab 1972 umfassend renovieren ließ. Der Maler lebte hier zeitweise und nutzte sie als Atelier für Nachwuchskünstler. Sie ist ganzjährig zur Besichtigung geöffnet; in den Sommermonaten finden kleine Kunstausstellungen statt. Für Besuchergruppen werden auch Führungen durch die Mühle angeboten, wobei die Arbeitsgänge beim Mahlen des Korns erläutert werden.

Das relativ neue, kleine Backhaus hinter der Mühle wird hauptsächlich bei Festen genutzt wie z.B. dem Mühlenfest, das jedes Jahr am ersten Sommerferienwochenende in Mecklenburg-Vorpommern gefeiert wird. Vom Mühlenberg eröffnet sich ein herrlicher Blick über den Schmollensee.

Friedhof

Am Fuße des Mühlenberges liegen auf dem 1836 angelegten Benzer Friedhof Otto Niemeyer-Holstein und seine Frau begraben. Die Ruhestätte der beiden ist leicht zu finden, allein schon wegen der auffallenden Plastik "Der Knabe" von Waldemar Grzimek. Seit 1999 ist hier ebenfalls das Grab des Berliner Schauspielers Rolf Ludwig zu finden, der seinen zweiten Wohnsitz nahe des Schmollensees hatte. Es lohnt sich, ein wenig zwischen den Gräbern umherzustreifen, vor allem der alte, denkmalgeschützte Teil des Friedhofs ist sehr stimmungsvoll. In der Dorfmitte erinnert ein eindrucksvolles Denkmal von Hans Kies an den Benzer Widerstandskämpfer Fritz Behn, der 1944 nach einem Kriegsurteil der deutschen Wehrmacht erschossen wurde.

Beliebtes Motiv für Maler: die Benzer Mühle

*St.-Petri-Kirche

Eine der ältesten Kirchen der Insel ist die 1229 erstmals erwähnte St.-Petri-Kirche, die ihr heutiges Aussehen bei Umbauten um 1600, teilweise auch erst nach dem Dreißigjährigen Krieg, erhielt. Nach der Wende wurde sie aufwändig renoviert und gilt inzwischen als Geheimtipp für Kunstinteressierte sowie als kulturelles Zentrum der Insel.

Schon ihr Äußeres erscheint interessant mit dem charakteristischen Turm aus Feldsteinen, dem verputzten Oberteil und der abschließenden Haube mit Laterne (1740), doch das wirklich Besondere befindet sich im Innenraum: Eine reich ausgemalte Kassettendecke zeigt 135 Sternbilder in den Farben Gold, Weiß und Blau

(19. Jh.). Auf einer Grabplatte sieht man ein Flachrelief, auf dem der in eine Ritterrüstung gekleidete fürstliche Kanzler und Hofmarschall Jacob von Künsow dargestellt ist, der 1586 im Schloss Pudagla starb. Weitere Auskünfte geben die Informationstafeln im Inneren der Kirche.

St.-Petri-Kirche (Fortsetzung)

In einer restaurierten Scheune nahe der Kirche präsentieren Hannelore Stamm und Hannes Albers, die einstigen Betreiber der Galerie am Torhaus von Gut Panker an der schleswig-holsteinischen Ostseeküste, Kunst, die das Motiv Usedom zum Thema hat. Ständig angeboten werden u. a. Arbeiten von Falko Behrend, Benno Fahl, Sabine Grzimek, Jo Jastram, Robert Metzkes, Otto Niemeyer-Holstein oder Matthias Wegehaupt. Zusätzlich runden häufig wechselnde Ausstellungen das Angebot der Galerie ab (geöffnet von April bis Oktober: Mi.–So. 11⁰⁰–18⁰⁰ Uhr; weitere Informationen unter ☎ 03 83 79 / 20184, www. kunstkabinett.de).

Kunstkabinett Usedom

Eine wunderbare Aussicht auf den Ort und die Umgebung hat man vom Kückelsberg (58 m) südöstlich von Benz. Im Norden sieht man den Schmollen- und den Gothensee, im Westen das Achterwasser.

*****Aussicht vom Kückelsberg**

Benz

Wer gerne auf Flohmärkten stöbert, sollte auch einen Abstecher zu der 2 km südlich gelegenen Antikscheune Labömitz (mit angeschlossenem Tierpark) machen. Auf dem Schulgelände des Dorfes kann man einen bronzezeitlichen Kreuzrillenstein und etwa 350 m südwestlich des Ortes und 80 m südöstlich der Straße Labömitz–Katschow Reste eines zerstörten Großsteingrabes auf freiem Feld entdecken. Ein weiteres bronzezeitliches Hügelgrab liegt zwischen Schmollensee und Großem Krebssee, ca. 100 m westlich des Deißenhalser Weges, im Wald versteckt.

Labömitz und Umgebung

Die Gegend im Hinterland der Kaiserbäder Richtung Benz wird aufgrund ihrer Schönheit auch "Usedomer Schweiz" genannt. Das Hügelland mit seinen zahlreichen Seen ist ein ideales Gebiet für Familienwanderungen und Radtouren, die man an zahlreichen Stellen zum Baden unterbrechen kann.
Schöne Ausblicke auf den Schmollensee ergeben sich von dem Wanderweg, der am östlichen Ende von Benz beginnt und nach Sellin führt (mit einem gelben Quadrat markiert). Vorbei an der Viktoriahöhe gelangt man zum Campingplatz Sellin, wo man Boote ausleihen und einen Angelschein erwerben kann. Nachdem man einen weiteren Kilometer zurückgelegt hat, kommt man zum Forsthaus Fangel, einem beliebten Ausflugscafé. Zwischen Großem und Kleinem Krebssee liegt Neu Sallenthin, wo man ebenfalls Angeln und Boote mieten kann. Der Kirchsteig führt schließlich zum Sieben-Seen-Blick, Krückenberg (40 m) und dem Café Gothensee.
Von einigen Punkten der Usedomer Schweiz kann man weite Ausblicke über den Gothensee zur Ostsee genießen. Ein besonderes Panorama bietet der Aussichtsturm "Sieben-Seen-Blick" auf einer Anhöhe, von dem man auch den Schmollensee, das Achterwasser, den Schloonsee, den Großen und den Kleinen Krebssee sowie den Kachliner See erkennen kann.
Wer noch weiter in Richtung Kaiserbäder will, hat es von hier aus nicht mehr weit; zum Bahnhof von Bansin ist es nur noch knapp ein Kilometer Weg.

******Usedomer Schweiz**

*****Sieben-Seen-Blick**

Dargen H 15/16

Einwohner: 500

Unscheinbares Dörfchen im Hinterland

Ohne das Technik- und Zweiradmuseum wäre Dargen nur ein unscheinbares Dörfchen im Hinterland, das man allenfalls auf der Fahrt nach ▶ Kamminke passiert. Doch Dargen hat sogar einen Hafen, allerdings ist dieser fast 2 km vom Ort entfernt. Angesichts der kleinen Schiffsanlegestelle wirkt der Begriff "Hafen" zwar etwas hoch gegriffen, doch Dargen hat schon lebhaftere Zeiten erlebt: Während des Zweiten Weltkriegs war er Umschlagplatz für das Munitionsdepot in der Mellenthiner Heide.

*Technik- und Zweiradmuseum

Kurz hinter dem Ortsschild wird man bereits auf Dargens Highlight, das Technik- und Zweiradmuseum am ehemaligen Bahnhof, aufmerksam gemacht. Eigentlich beschäftigt es sich mit der Technikgeschichte der DDR, doch daneben kann man auch ein interessantes, teilweise auch kurioses Stück Alltagskultur kennen lernen. Schwerpunktmäßig wurden seit 1997 in der DDR gefertigte Motorräder, Mopeds und Autos zusammengetragen, doch auch die Traktoren-Sammlung sowie NVA-Technik nehmen einen großen Raum ein. In die Zeit vor der Wende zurückversetzt fühlt man sich beim Anblick von Telefonen, Waschmaschinen, Trabis mit Zeltdach, dem Tante-Emma-Laden mit typischen DDR-Produkten sowie an den SED-Staat erinnernden Propaganda-Tafeln ("Dem Saboteur keine Chance").

Erinnerung an DDR-Zeiten im Museum in Dargen

Zwar wirkt der Weg auf das Gelände der früheren Bäuerlichen Handelsgenossenschaft Dargen nicht gerade einladend, doch man sollte sich keinesfalls von einem Besuch abhalten lassen, denn das Engagement der Mitglieder des Museumsvereins, die all die "Schätze" gesammelt, in unzähligen freiwilligen Arbeitsstunden restauriert und das Gebäude um- und ausgebaut haben, ist nicht zu unterschätzen. Nicht nur Technik-Freaks fühlen sich angezogen, auf dem Museumsgelände werden seit einigen Jahren immer wieder Ostalgie-Treffen veranstaltet. Wer bei der Fülle der Objekte eine Pause einlegen will, kann dies in der Vereinsgaststätte tun; jüngere Besucher begeistern sich für den dazugehörigen Kleintierzoo (geöffnet von April–Oktober: Mo.–So. 10⁰⁰–18⁰⁰ Uhr; Informationen unter ☎ 03 83 76 / 202 90 oder www.museum-dargen.de).

Weg zum Hafen

Regelrecht beschaulich wirkt die Gegend um den Dorfteich, von dem aus die Straße Richtung Stettiner Haff nach 2 km zum Dargener Hafen führt. Empfehlenswert ist ein Stopp im Gasthof t'n Eikbom, in dem sehr gute pommersche Küche serviert wird (▶ Restaurants). Eine paar Häuser weiter auf dem Grundstück Haffstraße 20 können Geschichtsinteressierte eine kleine Trogmühlensammlung entdecken.

Weg zum Hafen (Fortsetzung)

Die Gegend um Dargen lädt zu ausgedehnten Spaziergängen und Radtouren ein, beispielsweise zum Kleinen Haff oder nach Stolpe. Ein beliebtes Ziel ist auch das etwa 2,5 km nordöstlich des Ortes gelegene Windkraftschöpfwerk am Kachliner See.
Bereits 1771 hatte auf Anordnung des Preußenkönigs Friedrich II. die wirtschaftliche Ausbeutung der Thurbruch genannten Moorlandschaft begonnen. Über ein ausgeklügeltes Kanalsystem und mit Windrädern angetriebenen Schöpfwerken wurde das Gebiet entwässert. Östlich des Kachliner Sees kann steht das letzte Windrad (Durchmesser 8,5 m). Es wurde 1920 errichtet und 1995 restauriert. Genutzt wird es heute nicht mehr.

Wanderung zum Kachliner Windkraftschöpfwerk

*Thurbruch

Freest

A 6

Einwohner: 450

Was für Brüssel die Spitze, ist für Freest der Fischerteppich – so eng ist dieses Produkt mit dem kleinen Dorf verbunden. Freest, heute Ortsteil von Kröslin (s. u.), stand schon immer ganz im Zeichen des Fischfangs, doch vielen Familien reichte das zu Beginn des 20. Jahrhunderts nicht mehr zum Lebensunterhalt. Ein Landrat regte daraufhin die Frauen an, mit Teppichknüpferei etwas dazuzuverdienen – das war die Geburtsstunde der Freester Fischerteppiche.
Das auf dem Festland, gegenüber von Peenemünde, gelegene hübsche Fischerdorf nennt sich selbst "Perle am Peenestrom in Sichtweite der Insel Usedom". Dank seiner Lage inmitten von Kiefernwäldern, Wiesen und Wasser bietet es eine wunderbare, ruhige Umgebung für Naturliebhaber, die sich so richtig erholen wollen. Neben der Heimatstube, die ganz im Zeichen der Alltagsgeschichte Freests und der Fischerteppiche steht, hat man am Hafen die Möglichkeit, hautnah das Leben der Küstenbewohner mitzuerleben.

*"Wiege der Fischerteppiche"

Fischerteppiche aus Freest

*Hafen
Stundenlang könnte man sich am Hafen des alten Fischerdorfes aufhalten, so viel gibt es hier zu beobachten – und sein entspanntes, maritimes Flair tut ein Weiteres, um sich hier ausgesprochen wohl zu fühlen. Man kann den Fischern beim Anlanden ihres Fanges und bei Arbeiten auf ihren Booten zusehen, ein wenig zwischen den Fischerhütten umherstreifen oder einfach nur den frisch geräucherten Fisch direkt aus dem Ofen genießen.
Apropos Fisch: Frischer als hier bekommt man ihn nirgends, es empfiehlt sich also, direkt vom Kutter zu kaufen oder ihn lecker zubereitet in einem der kleinen Restaurants zu probieren! Zu dem

Hafen (Fortsetzung)

in den 90er-Jahren umgebauten Fischereihafen gehört ebenfalls ein Sportboothafen sowie eine Lotsenstation; zudem ist ein kleiner Seenot-Kreuzer in Freest beheimatet. Von hier aus werden Kurztripps mit dem Kutter, teilweise auch Angelfahrten und Ausflüge zum Mitsegeln angeboten. Wer nicht über Land, d.h. über Wolgast, fahren möchte, kann mit der Fähre nach ▶ Peenemünde übersetzen, zudem brechen regelmäßig Fahrgastschiffe zu den Inseln Rügen, Ruden und Greifswalder Oie (▶ Baedeker Tipp S. 98) auf. Auf der ehemaligen Lotseninsel Ruden vor Usedom befand sich früher eine Siedlung, heute ist das Eiland Naturschutzgebiet mit einer großen Vogelkolonie. Die Ausstellung im Leuchtturm bietet einen Überblick über Geschichte und Naturschutz auf Ruden. Höhepunkt am Hafen ist alljährlich das am ersten Wochenende im August stattfindende traditionelle Fischerfest am Hafen. Wer um diese Zeit gerade in der Gegend ist, sollte es keinesfalls verpassen!

*Freester Heimatstube

Es heißt, die Einwohner des kleinen Dorfes Freest, das bereits 1298 erstmals urkundlich erwähnt wurde, hätten schon immer von Schafhaltung, Ackerbau und Fischfang gelebt. Bereits vor dem Eingang der Heimatstube (Dorfstr. 57) begrüßt ein 16 m langer Kutter die Gäste. Die Ausstellung beschreibt die Geschichte der Fischerei in Freest und gibt Einblicke in das Alltagsleben der Familien. So erfährt man auch, dass die Idee zu den Fischerteppichen aus der Not geboren wurde, weil viele Familien zu Beginn des 20. Jahrhunderts nicht mehr allein vom Fischfang leben konnten. Die Frauen nahmen 1928 die Herausforderung an: Der Erfolg, den die handgeknüpften Teppiche hatten, spricht für sich.

Auch wenn die Teppiche aus den 30er- und 40er-Jahren mittlerweile in Farben und Mustern eher traditionell wirken, sollte man diese Form des Kunsthandwerks nicht unterschätzen: Für einen Quadratmeter Teppich, bestehend aus 57600 Knoten, benötigen erfahrene Knüpferinnen rund 160 Stunden. Was die Motive betrifft, erkennt man, dass sich die Frauen an ihrer unmittelbaren Umgebung orientierten: Meist sind Wellen, Möwen, Schiffe, Anker oder Fischer auf den farbenfrohen Knüpfereien zu sehen. Die handgearbeiteten Stücke kann man natürlich nicht nur bewundern, sondern auch käuflich erwerben. Daneben sind noch allerhand Küchen -und Haushaltsgegenstände aus Großmutters Zeiten ausgestellt sowie historische Fischer- und Bauerngeräte (geöffnet: Di.–Fr. 9^{30}–11^{30}, 13^{30}–16^{00}, Sa./So. 13^{30} bis 16^{30} Uhr).

Fisch und nochmal Fisch ...

Unter Denkmalschutz steht in Freest die Fischräucherei Thurow in der Dorfstr. 49, in der auch heute noch Fisch direkt aus dem Rauch verkauft wird – und dieser ist in der Tat ein Hochgenuss! Es lohnt sich wirklich, bei dem alten, um 1925 errichteten Backsteinbau Halt zu machen. Da die Räucherei über sechs Räucherofen verfügt, ist das Angebot recht groß; besonders zu empfehlen sind Aal und Flundern!

Wem der Sinn nun weniger nach geräuchertem Fisch steht, kann in den Gaststätten "An der Waterkant" und "Sturmvogel", einem ausgemusterten Ausflugsschiff am Seglerhafen, sicherlich etwas nach seinem Geschmack finden. Falls man in der Gaststätte "Waterkant" gleich neben der Fischräucherei essen möchte, sollte man auch einen Blick nach oben wagen: An der Decke zieren handgemalte Teppichmotive den Saal.

Etwa 20 Kutter brechen täglich vom Freester Hafen zum Fischen auf.

Umgebung von Freest

Bei der Durchfahrt wirkt das benachbarte Kröslin lediglich wie ein verschlafenes Städtchen, doch wenn man Richtung Peenestrom abbiegt, überrascht den Besucher ein großer, moderner Yachthafen, an dem ein buntes Treiben herrscht. Neben den rund 250 Liegeplätzen verfügt die Marina Kröslin über eine 6000 m² große Bootshalle, ein Restaurant, Bistro und eine Tauchschule; sie gilt als idealer Ausgangspunkt für Tauchfahrten und Yachtcharter. Fußgänger und Radfahrer bringt in den Sommermonaten eine Fähre mehrmals am Tag nach ▶ Peenemünde.

*Marina Kröslin

Zusammen mit Freest war der Ort bereits 1298 bekannt und ging dann vier Jahre später in den Besitz des Klosters Eldena (bei Greifswald) über. Nachdem man 1305 eine Kirche errichtet hatte, wurde Kröslin Pfarrdorf und Kirchspiel. Auch heute noch ist die von einer Natursteinmauer umgebene Dorfkirche einen Besuch wert, denn sie verfügt über eine wirkliche Besonderheit: Als Altarbild fungiert ein 4,1 m x 2,8 m großer Fischerteppich, der die Kreuzigung Jesu zeigt. Er wurde 1948 von vier Freester Frauen gefertigt. Auf dem Friedhof neben der Kirche stehen die "Crösliner Glocken" (1924) und ein Gedenkstein zu Ehren der Gefallenen aus dem Ersten Weltkrieg.

An der Küste zwischen Kröslin und ▶ Wolgast liegt das Naturschutzgebiet Großer Wotig, ein niedrig gelegenes Eiland mit zahlreichen wassergefüllten Röten, durchzogen von Prielen. Vogelliebhaber wissen, dass in dem landschaftlich schönen Areal viele Watvögel leben, u.a. Alpenstrandläufer, Große Brachvögel, Austernfischer und Säbelschnäbler. Eine besondere Seltenheit unter den Brutvögeln ist auch der Seggenrohrsänger, eine nicht nur in Deutschland, sondern weltweit bedrohte Art. Da jeder Besucher in diesem lediglich von Salzgrasland bewachsenen Brut- und Rastgebiet für die Vögel von weither sichtbar und somit ein Störfaktor wäre, ist das Gebiet für die Öffentlichkeit gesperrt. Von der Marina

Naturschutzgebiet Großer Wotig

Freest, Umg.
(Fortsetzung)

Kröslin aus kann man aber mit einem Fernglas das vielfältige Vogelleben auf der Insel beobachten.

Gnitz (Halbinsel)   D / E 10 / 11

✱✱Reizvolle Halbinsel zwischen Achterwasser und Krumminer Wiek

Bis zum Mittelalter war der Gnitz noch eine Insel, doch mit der Zeit verlandete der frühere Strumminstrom und wurde ein schlangenförmiger See. Die jetzige Halbinsel im Südwesten Usedoms westlich von ▶Zinnowitz grenzt an die Gewässer Krumminer Wiek, Peenestrom und Achterwasser. Obwohl sie nur wenige Hundert Meter Luftlinie vom Lieper Winkel entfernt ist, muss man das gesamte Achterwasser umfahren, um auf dem Landweg in diese reizvolle Gegend zu gelangen. Für die lange Strecke wird man bei einer Wanderung aber mehr als entlohnt: Man bekommt vielfältige Landschaftsformen von der Steilküste, über feuchte Niederungen bis zu flachem Land zu sehen.

Dass es sich hier um ein besonders schönes Fleckchen Erde handelt, haben wohl auch die ersten Siedler so empfunden, denn die ließen sich genau in dieser Gegend nieder. Von 1367 bis 1945 herrschten auf dem Gnitz und der vorgelagerten Insel Görmitz die pommerschen Landjunker von Lepel; die Grablege der Familie kann man noch heute in der Marienkirche von Netzelkow besichtigen. In einem Eichenhain bei Lütow liegt das einzige erhaltene Großsteingrab Usedoms versteckt, es lohnt sich, diesen beinahe mystischen Ort bei einem Spaziergang zu suchen. Lütow ist das südlichste Dorf des Gnitz, doch zur Gemeinde mit ihren ca. 350 Einwohnern gehören auch Neuendorf, Netzelkow und die kleine vorgelagerte Insel Görmitz. Beim Erkunden der Gegend begegnet man friedlichem Landleben, wunderbarer Natur, bunten Wiesen

und von Korn- und Mohnblumen eingefassten Feldern. Ein ausgeschilderter Wanderweg (grüner Querbalken auf weißem Grund) führt rund um die Halbinsel, allerdings nicht immer am Wasser entlang; doch man kann sich auch auf anderen Pfaden seinen Weg suchen. Eine besonders schöne Ecke ist die als Naturschutzgebiet ausgewiesene Südspitze des Gnitz. Vollkommen unberührt scheint die waldreiche Klifflandschaft mit dem Weißen Berg (32 m) als höchste Erhebung. Hier leben verschiedene Vogelarten wie Uferschwalben, Fischreiher und Möwen. Seeadler und andere Greifvögel nisten an dieser Stelle. In dem waldärmeren flachen Teil zum schilfbewachsenen Ufer des Achterwassers hin fühlen sich auch Frösche und Fischotter wohl. Nicht umsonst gehören das Gebiet an der Krumminer Wiek und das waldarme Flachland im Südosten zu den beliebtesten Ausflugszielen der Insel.

Allgemeines (Fortsetzung)

Sehenswertes auf dem Gnitz

Um auf den Gnitz zu gelangen, zweigt man von der B 11 in Höhe von Zinnowitz in südliche Richtung ab. Nach kurzer Zeit fährt man durch das grüne Tor der Halbinsel, einem "Eichholz" genannten Wald. Sobald man den Wald verlässt, gelangt man in eine wunderbar sanfte Landschaft, die durch Wiesen und Felder geprägt ist. Abseits der Hauptstraße bewegt man sich meist auf Plattenwegen. In dem unscheinbaren Dörfchen Neuendorf zweigt der Weg zur Insel Görmitz ab. Der Ort scheint ringsherum von Erdölpumpen, die aufgrund ihres Aussehens auch "Eselsköpfe" genannt werden, umgeben zu sein. In den 60er-Jahren fand man hier Erdöl und Erdgas, ein Glücksfall für die rohstoffarme und unter Devisenmangel leidende DDR. Seit 1998 steht allerdings ein Großteil der Pumpen still, da ihr jetziger Besitzer, der französische Konzern "Gaz de France" unter dem Schloonsee bei Heringsdorf ein großes Gasvorkommen entdeckt hat. Wenn man den Ort jetzt sieht, kann man sich kaum vorstellen, dass er in den vergangenen Jahrzehnten als "Erdölmetropole Vorpommerns" bezeichnet worden war, und dass in früherer Zeit die auf dem Gnitz herrschende Familie von Lepel hier ihr Gutshaus hatte. Nach 1945 wurde das Gut Sitz einer LPG. Kunstinteressierte können sich in der Galerie Kobelius im Vorsteherhaus umsehen; ab und zu werden auch Malkurse angeboten (▶ Baedeker Tipp S. 183).

Weg nach Neuendorf

Den Traum eines jeden Naturliebhabers erwartet einen auf der anderen Seite des Dammes, der das Festland mit dem nur 165 ha großen Görmitz verbindet. Hier nisten Seeadler, Graureiher und Rohrweihen, es gibt seltene Pflanzen und einen kleinen Bootsanleger. Auf dem Damm kann man noch einige Autos sehen, ihre Fahrer haben hier zwischen Achterwasser und Twelen ihre Angeln ausgeworfen oder gehen ihrer Surfleidenschaft nach. Doch in dem Naturschutzgebiet, das den bei weitem größten Teil der Insel einnimmt, haben nur Wanderer und Fahrradfahrer Zutritt. Diese können sich in Ruhe durch die malerische Wiesenlandschaft bewegen, die grasenden zotteligen Galloway-Rinder bestaunen und den Blick über die Bucht Twelen auf den Gnitz schweifen lassen. Viele Vogel-

*Insel Görmitz

◀ Blick vom Weißen Berg auf das Achterwasser

Insel Görmitz (Fortsetzung)

arten leben auf dem relativ ungestörten Eiland: In einer Bucht an der Ostseeseite gibt es eine Brutkolonie der Haubentaucher und auf den die Insel umgebenden Schlammflächen tummeln sich Reiher und Watvögel. Schafstelze und Wiesenpieper bevorzugen die beweideten Wiesenflächen und im Frühjahr kann man in den blühenden Schlehen- und Weißdornhecken die Dorngrasmücke singen hören. Doch nicht nur Vögel lieben die kleine Insel im Achterwasser, auch der seltene Fischotter ist hier von Zeit zu Zeit zu sehen. Aber Görmitz ist nicht nur einsames Naturreservat, die Insel gehört der Siemens AG, die einen Käufer sucht. Kurz nach der Wende bekamen die Münchner die Insel von der Treuhand zugeschlagen. Sie gehörte zum ehemaligen DDR-Kombinat Nachrichtenelektronik Greifswald, das Siemens Anfang der 90er-Jahre geschluckt hatte. Zu DDR-Zeiten gab es auf Görmitz ein Ferienlager für die Kinder der Werksarbeiter. Die Reste davon, etwa zehn Bungalows und eine Hand voll Wirtschaftsgebäude, stehen auch heute noch.

Netzelkow

Richtung Achterwasser weist der Weg in das alte Bauerndorf Netzelkow. Wilhelm Meinhold, der spätere Pfarrer von Koserow und Verfasser der "Bernsteinhexe", wurde im hiesigen Pfarrhaus am 27. Februar 1797 geboren. Leider ist das ursprüngliche Gebäude nicht mehr vorhanden, es wurde 1911 durch einen Neubau ersetzt. Als einzige Inselkirche besitzt die Marienkirche noch einen mittelalterlichen Taufstein. Erstmals urkundlich erwähnt wurde ein Vorgängerbau bereits 1229, doch die kleine turmlose Backsteinkirche, die heute zu sehen ist, wurde erst im 15. Jahrhundert errichtet. Das Altargerät stammt ebenfalls aus dem Mittelalter und auch die beiden Glocken, die im offenen Glockenstuhl außerhalb der Kirche zu Andacht und Einkehr läuten, sind seit Jahrhunderten dieselben.

Beim idyllisch gelegenen Hafen von Netzelkow

Als Grablege der Familie von Lepel entstand der südwestliche Anbau. Zu sehen ist noch ein hölzerner Sarkophag mit einer liegenden Figur, die den 1747 verstorbenen Christian Carl von Lepel darstellt (geöffnet nach Absprache, ☎ 03871/20413).

Überhaupt scheinen in dem abgelegenen Ort die Uhren langsamer als anderswo zu gehen, Hühner spazieren auf den Wegen, Kätzchen spielen in der Sonne und nichts scheint den Frieden des Dorfes zu stören. Zum Idyll gehört auch ein kleiner, verträumter Yachthafen mit der schwimmenden Schifferkneipe "Achterwasser". Wassersportlern wird einiges geboten: Ein Surf- und Ma-Jet-Gleitsegelcenter, Bootscharter, Segelunterricht – und wer nur ein Fahrrad mieten will, um die Gegend zu erkunden, ist hier ebenfalls richtig.

Lütow und das *Großsteingrab

Wenn man der Hauptstraße weiter folgt, bemerkt man am Dorfeingang von Lütow möglicherweise einen unauffälligen Wegweiser zum einzigen noch erhaltenen Großsteingrab der Insel (Abb. S. 28). Dieser zeigt an der Stelle, an der es rechts zum Galeriegarten-Café abgeht, in die entgegengesetzte Richtung. Ein im Sommer meist zugewachsener, ca. 500 m langer Trampelpfad führt zu der rund 4000 Jahre alten Grabstätte, die auch heute noch – in einem kleinen Hain, versteckt unter einer alten Eiche – eine fast mystische Atmosphäre umgibt. Anlässlich einer ersten Untersuchung 1826 wurde die mächtige Deckplatte entfernt, bevor man sie 1911 sprengte, um die zertrümmerten Teile für das Fundament des neuen Pfarrhauses in Netzelkow zu verwenden. Archäologisch untersucht wurde die Anlage erst 1936, man fand steinzeitliche Geräte, Waffen, Gefäße und Bernsteinschmuck, die heute im Museum in Stettin aufbewahrt werden. Schließlich wurde das Hünengrab – wie es im Volksmund genannt wurde, da man glaubte, nur Hünen (Riesen) hätten die tonnenschweren Steine bewegen können – rekonstruiert. In der Jungsteinzeit wurden in derartigen Gräbern mehrere Generationen beigesetzt. Direkt an der Grabstätte vorbei führt ein Wanderweg weiter nach Netzelkow.

Lütow und das Großsteingrab (Fortsetzung)

Als südlichstes Dorf auf dem Gnitz war Lütow lange Zeit einer der gottverlassensten Orte Usedoms, so abgelegen, dass es erst 1945 an die Stromversorgung angeschlossen wurde. Doch seit den 60er-Jahren kamen immer mehr Urlauber, die hier in vollkommener Ruhe und friedlicher Natur ihre Ferien verbringen wollten. Vom äußersten Zipfel der Halbinsel kann man den Blick über das Achterwasser und die Peene hinüber zum Lieper Winkel und zur Festlandsküste mit den Kirchtürmen von ▶ Lassan und Wehrland schweifen lassen. Für einen Familienurlaub empfiehlt sich der Naturcampingplatz und das Ferienparadies Lütow (beide ▶ Praktische Informationen), außerdem gibt es ein Hallenbad, zwei Tennisplätze mit Flutlicht und ein Beauty-Center im Ort.

Gnitz

Baedeker TIPP ▶ Gutes für Leib und Seele

In unmittelbarer Nähe des Naturschutzgebietes kann man wunderbar ausruhen und einen kleinen Imbiss zu sich nehmen. Eine kleine Welt für sich scheint das Galeriegarten-Café unter dem Birnbaum zu sein, wo man auch ausgefallenere Mitbringsel wie selbst gesponnene Schafwolle, Pullover und andere Kleidungsstücke sowie Keramik finden und ein wenig klönen kann (Dorfstr. 17, tgl. 11⁰⁰ – 20⁰⁰ Uhr).

Auch in dieser ohnedies sehr reizvollen Gegend gibt es ein besonders schönes Eck – und das liegt zweifellos an der Südspitze des Gnitz. Aufgrund der vielfältigen Landschaftsformen und seiner außergewöhnlich artenreichen Flora und Fauna wurde das Gebiet um den Weißen Berg zum Naturschutzgebiet erklärt. Von der Hauptstraße biegt man nach rechts (ausgeschildert) auf den Wanderweg zum 32 m hohen Weißen Berg ein. Bizarr geformte Kiefern können Naturliebhaber bereits an dieser Stelle bestaunen – doch das ist erst der Anfang dieser interessanten Tour. Unterhalb des Weißen Berges gibt es Moor und Feuchtwiesen, auf den höher gelegenen Flächen findet man Salzgrasland und Wald. Im Sommer blühen

**Naturschutzgebiet Südspitze Gnitz

Gnitz, NSG Südspitze Gnitz (Fortsetzung)

auf den trockenen Flächen Karthäuser- und Grasnelken und in den feuchten Gebieten Sumpfdotterblumen und verschiedene Hahnenfußgewächse. Wacholder, Holunder, Hundsrose und Pfaffenhütchen wachsen an der Steilküste. Dort kann man auch zahlreiche Löcher erkennen: Seltene Uferschwalben, die man keinesfalls stören sollte, nisten hier. Insgesamt bietet das Areal, auf dem verschiedenste Biotope vereinigt sind, den idealen Lebensraum für eine Vielzahl von Tierarten, seien es Moor- und Grasfrösche, Enten, Fischotter, Ringelnattern, Seeadler und viele mehr. Besucher sollten, damit diese Vielfalt erhalten bleibt, die gekennzeichneten Wege im Naturschutzgebiet nicht verlassen und Hunde an der Leine führen!

Auch wenn Tier- und Pflanzenwelt in dieser Gegend einzigartig sind, sollte man beim Schwärmen nicht die wunderbaren Ausblicke über das Achterwasser zum Lieper Winkel oder zum Lassaner Festlandsufer vergessen. Entlang der Küste gehören die Abbruchkante des Weißen Berges und der Möwenort an der Südspitze des Gnitz sicherlich zu den idyllischsten Plätzen auf der Halbinsel.

Wer diese schöne Spazierstrecke noch erweitern möchte, kann den Weg bis zum Naturcampingplatz Lütow fortsetzen. Dort kann man übrigens auch sein Auto parken, wenn man die Tour in entgegengesetzter Richtung machen möchte. Noch ein Hinweis für Radfahrer: Durch den Wald gibt es einige beschilderte Routen, doch der Wanderweg an der Steilküste ist kaum noch mit dem Fahrrad zu bezwingen, mit Ausnahme vielleicht von Power-Mountainbikern. Leichter geht es, wenn man bereits 1 km vor dem Campingplatz an die Steil-(West-)Küste fährt und dann die Südspitze umrundet.

Heringsdorf   K / L 13

Einwohner: 3600

**Mittleres der drei Kaiserbäder

Der Ortsname klingt eigentlich nicht nach dem vornehmen Publikum, das diesen bekanntesten aller Usedomer Badeorte bevölkert, doch stammt er von Kronprinz Friedrich Wilhelm persönlich, der bei einem Besuch nach einem Namen für den kleinen Fischerort gefragt wurde. Angesichts der reichen Heringsfänge fiel ihm Heringsdorf ein.

Der Name hat dem Ort jedoch nicht geschadet – im Gegenteil: Dank der geschäftstüchtigen Idee des Berliner Bankiers Delbrück, der eine "Aktiengesellschaft Heringsdorf" gründete, wurde aus dem unscheinbaren Dorf innerhalb weniger Jahre ein nobles Seebad, in dem sich seit 1875 alles aufhielt, was in Berlin Rang und Namen hatte. Die kaiserliche Familie weilte hier mehrmals zur Sommerfrische, doch auch Industrielle und Künstler strömten in das "Nizza der Ostsee". Es galt als schick, eine eigene Sommervilla in Heringsdorf zu besitzen. Da die vornehmen Gäste durch den Bau der Eisenbahnlinie um ihre Ruhe bangten, wurde die Strecke 1894 im weiten Bogen um den Ort herum geführt: Auch heute noch besitzt Heringsdorf seinen außerhalb des Villenviertels gelegenen Kopfbahnhof. Nach dem Ersten Weltkrieg zwang die Inflation die "Aktiengesellschaft Heringsdorf" zum Verkauf ihrer Besitztümer, zahlreiche Heringsdorfer wirtschafteten seitdem mit großem Erfolg in ihre eigenen Taschen. Im Gegensatz zum deutschnationalen

Bansin und dem eher bürgerlichen Ahlbeck galt Heringsdorf als ausgesprochen mondän und liberal. Das Seebad zog zahlreiche Künstler und Schriftsteller an: So weilten z.B. der Maler Lyonel Feininger (▶ Baedeker Special S. 75) sowie die Schriftsteller Heinrich Mann, Kurt Tucholsky und Maxim Gorki hier. In den Goldenen Zwanzigern soll im Heringsdorfer Spielcasino so mancher an einem Abend Summen verspielt haben, von denen die Gäste aus dem benachbarten Ahlbeck nur träumen konnten. Nach 1933 wurden in dem im Nazijargon als "Judenbad" titulierten Heringsdorf zahlreiche jüdische Mitbürger enteignet, Hermann Göring beispielsweise nahm sich die "Villa Diana" des Bankiers Bleichröder als Gästehaus – zu DDR-Zeiten durften hier exklusiv hohe FDGB-Funktionäre urlauben. Heute ist Heringsdorf wieder der größte und nobelste Ort auf Usedom. Einrichtungen wie Seebrücke, Spielbank oder das Forum Usedom sowie zahlreiche Veranstaltungen machen Heringsdorf zur heimlichen Inselhauptstadt. Die im Frühjahr und Herbst stattfindende Modeshow "Heringsdorf goes fashion" hat sich mittlerweile fest etabliert, gerne begeht man auch das Seebrückenfest (1. Juni-Wochenende), die "Heringsdorfer Kaisertage" (1. Juli-Wochenende) und das Heringsdorfer Fischerfest Ende Oktober.

Allgemeines (Fortsetzung)

Das Meer und die Badenden immer fest im Blick:
"Baywatch" am Strand von Heringsdorf

Heringsdorf als mittleres der drei Kaiserbäder ist mit Bansin und Ahlbeck durch eine gemeinsame Strandpromenade verbunden. Die westliche Grenze des Ortes markiert der Schloonsee, am östlichen Ortsende befindet sich die Ostseetherme als gemeinsamer Anziehungspunkt beider Seebäder. Jenseits der B 111 liegt der Ortsteil Neuhof sowie rund um den Präsidentenberg ein schöner Wald.

Sehenswertes in Heringsdorf und Umgebung

*Seebrücke / Kugelbrunnen

Die 1995 errichtete Seebrücke, mit 508 Metern die längste Kontinentaleuropas, ist der ganze Stolz Heringsdorfs. Auch der hölzerne Vorgängerbau, der 1958 wegen Baufälligkeit abgerissen werden musste war schon Wahrzeichen des Ortes und aufgrund seiner außergewöhnlichen Architektur sehenswert. Die neue Seebrücke, eine moderne Konstruktion aus Stahl und Glas, ist mit Betonpfeilern fest im Meeresgrund verankert und soll so den Sturmfluten erfolgreicher trotzen als die Holzbauten der Nachbarorte. Bei Sonnenschein funkelt und glitzert sie – bei bedecktem Himmel strahlt sie eher einen futuristisch-kühlen Charme aus. Zum neu gestalteten Seebrückenplatz schließt sie mit einer geschlossenen Front kleiner Giebel und offener Arkaden zur Promenade hin ab. So ist im Herzen Heringsdorfs, direkt bei den eher wenig attraktiven Hochhaustürmen der Rehaklinik, ein beinahe anheimelnder Platz entstanden, der durch den Kugelbrunnen als zentraler Treffpunkt, z. B. für organisierte Ortsrundgänge, akzentuiert wird.

Der vordere Teil der Seebrücke ist überdacht und dient als Laden- **Ladenpassage**
passage. Kleine Geschäfte, Restaurants, Eisdielen und Cafés lassen
kaum ein Urlauberbedürfnis unbefriedigt: Neben geschmackvollen
Souvenirs findet man hier Kleidung und Schuhe – auch für gehobene Ansprüche. Ein Fotogeschäft bietet Postkarten an, deren Motive
und Qualität sich wohltuend von den üblichen Urlaubskarten ab-
heben.

Der offene Teil der Seebrücke eignet sich sogar bei schlechtem Wetter für einen Spaziergang: Die gesamte Brücke ist überdacht und
eine in der Mitte verlaufende mannshohe Plexiglaswand schützt
vor Wind. So kann man unabhängig von Windstärke und -richtung
bis zum Restaurant spazieren, das in einem pyramidenähnlichen
Bau an der Spitze der Seebrücke untergebracht ist. Hier befindet
sich auch die Anlegestelle für die Schiffe der Bäderlinie, die in Heringsdorf auch noch an- und ablegen können, wenn die stürmische
See derartige Manöver in Bansin oder Ahlbeck verhindert.

Im Untergeschoss der Seebrücken-Passage zeigt das Heringsdorfer **Kino, Wachs-**
Kino zwei- bis dreimal täglich aktuelle Filme für Jung und Alt. **figurenkabinett**
Ebenfalls im Untergeschoss ist ein kleines, aber interessantes
Wachsfigurenkabinett (geöffnet: tgl. 10^{00}–20^{00} Uhr) untergebracht.
Neben täuschend echten Figuren der Geschichte, wie Aristoteles,
Napoleon oder Albert Einstein, werden Personen des Zeitgesche-
hens präsentiert: Da fotografieren erlaubt ist, kann man Porträts
seiner Liebsten gemeinsam mit Robert de Niro, dem Papst, Steffi
Graf oder Lady Diana machen.

An der Vorderseite, zum Seebrückenplatz gelegen, hat ein diplo- **Muschelmuseum**
mierter Biologe sein Hobby zum Beruf gemacht und ein Museum
der besonderen Art eingerichtet: Seine einzigartige Muschelsamm-
lung präsentiert der Öffentlichkeit als privates Museum über 2500
verschiedene Arten an Muscheln und Schalentieren. Doch was ist
ein Museum ohne einen gut bestückten Museumsshop? Man kann
beinahe alles käuflich erwerben, was man am Usedomer Strand
nicht findet, Muscheln, Schnecken, Seesterne, darüber hinaus so
viele Muschelkästchen, Muscheltiere, Kuriositäten und jeglichen
Tand, den das Herz begehrt.

An der Promenade in Heringsdorf liegt westlich der Seebrücke ein ***Promenade,**
schöner Rosengarten, in den die moderne Konzertmuschel gelun- **Rosengarten und**
gen integriert ist. Gegenüber der Seebrücke ragt die Rehaklinik em- **Musikpavillon**
por, eine städtebauliche Sünde der 70er-Jahre. An dieser Stelle
stand ursprünglich das Nobelhotel Atlantik, das nach der Enteignung durch die Nazis zum Kurhotel Kempinski wurde. Zu DDR-Zeiten war es unter dem Namen "Solidarität" eine der beliebtesten
Kurunterkünfte. Völlig heruntergewirtschaftet wurde das historische Gebäude 1979 abgerissen und durch zwei moderne Hochhäu-
ser mit 1200 Betten ersetzt. Heute ist die AOK Eigner der Klinik, die
nach der Wende innen wie außen grundlegend modernisiert wurde. Aber noch so aufwändige Verschönerungsmaßnahmen an der
Fassade können nicht darüber hinwegtäuschen, dass dieser Bau
nicht zur Bäderarchitektur der Umgebung passt.

Als Auftakt zu einer einzigartigen Reihe nobler Villen steht am östlichen Ausgang des Seebrückenplatzes die "Villa Oechsler". 1883
ließ sie der jüdische Bankier Oechsler im klassizistischen Stil er-
bauen. Von hohem kunsthistorischem Wert ist das goldgrundige
Glasmosaik des Venezianers Antonia Salvati, der feinstes Murano-

Baedeker SPECIAL

"Badewanne Berlins"

Villen und Hotels im Zuckerbäckerstil, Strandpromenaden, Seebrücken und Strandkörbe – vieles auf Usedom erinnert daran, dass die Insel bereits 170 Jahre Badetourismus auf dem Buckel hat. Von den ersten beherzten Badegästen bis zur FKK-Welle zu DDR-Zeiten – die Usedomer haben alle Entwicklungen der Badekultur hautnah miterlebt.

Swinemünde, das heute Świnoujście heißt und im polnischen Teil von Usedom liegt, machte den Anfang. Bereits 1821 baute man hier die ersten Umkleidekabinen für Badegäste, stellte ihnen Zelte für den Aufenthalt am Strand auf und bot ihnen bescheidene Unterkünfte an. Und man machte Geschäfte mit ihnen, gute Geschäfte. Dass sich der Badetourismus als einträgliche Einnahmequelle erweist, war bald kein Geheimnis mehr und so dauerte es keine fünf Jahre, bis auch in Heringsdorf die erste Badeanstalt eingerichtet war und Logierhäuser die Promenade säumten. Mit einiger Verspätung, nämlich erst in den 1850er-Jahren, zogen Zinnowitz und Ahlbeck nach, in Bansin wurde 1897 mit sechs Villen der Badebetrieb eröffnet. Unterstützt wurde der Tourismusboom durch die ständig besser werdende Verkehrsanbindung der Ostseeinsel. Die ersten Badegäste mussten noch mit der Postkutsche anreisen, doch zumindest Swinemünde und Heringsdorf konnte man ab 1826 auch mit dem Fahrgastschiff erreichen. Endlich, 1876, wurde die Bahnstrecke Berlin Pasewalk – Swinemünde eröffnet. Gut zwei Stunden dauerte damals die Fahrt von Berlin nach Usedom.

An die See!

Innerhalb von weniger als 100 Jahren war aus einer Fischerinsel am Rande des Deutschen Reiches eine beliebte Urlaubsregion geworden. Usedom hatte (und hat) seinen Gästen vor allem eines zu bieten: endlos lange Sandstrände, wie geschaffen für das Baden im Meer. Während man bis weit ins 18. Jh. vornehmlich zu dem Zweck verreiste, um Natur- und Kultursehenswürdigkeiten zu bestaunen, kam mit dem 19. Jh. etwas Neues hinzu: In England hatte man die gesundheitsfördernde Wirkung der Seeluft und des Meerwasserbades entdeckt, und dort waren dann auch die ersten Seebäder aus dem Boden geschossen. In Deutschland eröffnete 1793 in Heiligendamm bei Bad Doberan das erste Seebad. Als sich auf Usedom die ersten Badegäste in die kalten Ostseefluten stürzten, haben die Bauern und Fischer dies vermutlich mit Staunen und Unverständnis beobachtet – sofern man überhaupt etwas dabei zu beobachten konnte. Denn die strenge Moral schrieb vor, dass man möglichst ungesehen in die Fluten zu steigen hatte. Ein Glück, dass es den Badekarren gab, eine Art "fahrbare Umkleidekabine", die samt Badegast ins Meer geschoben wurde. Über eine Leiter, durch Markisen vor neugierigen Blicken geschützt, stieg man vom Karren ins kalte Nass. Der Aufenthalt am Strand war ebenfalls streng reglementiert und im Gegensatz zu heute auch nicht dazu da, sich der Sonne auszusetzen – Bräune galt schließlich noch als proletarisch. Vornehme Herrschaften saßen deshalb in Strandzelten oder später im Strandkorb, die Damen in langen Röcken, mit Schnürstiefeletten, Blusen und großen

Die Schauspielerin Käthe Haack (4.v.re.) 1919 beim Reigentanz in den Wellen vor Heringsdorf.

"Badewanne Berlins"

Hüten zum Schutz gegen die Sonne, die Herren in Anzügen mit Weste, weißem Hemd mit Fliege und weißer Strandmütze, Kinder wurden bevorzugt in Matrosenanzüge gesteckt. Selbst das "Oufit" des Bademeisters war durch eine Kleiderordnung geregelt, wie die Anweisung der Badedirektion von Heringsdorf aus dem Jahr 1860 belegt: Er musste ein blauweiß gestreiftes Hemd, eine lange blaue Hose und einen Strohhut mit breiter Krempe und schwarzer Schleife tragen. Ob es auch eine Verordnung gab, die den Bademeistern eine Schwimmausbildung vorschrieb, ist dagegen nicht bekannt...

Vom Badekarren zur Badeanstalt

Die anfängliche Prüderie am Strand legte sich im Laufe des 19. Jhs. Vor allem die um 1900 entstandene Freikörperbewegung ebnete den "modernen" Badegewohnheiten den Weg, die Appelle von Ärzten und Gesundheitsaposteln, sich "korsettfrei" der frischen Luft und dem Meerwasser auszusetzen, verfehlten ihre Wirkung nicht. Zu Adel und Großbürgertum gesellten sich neben Prominenz aus Militär, Politik und Kultur auch die "kleinen Leute". Feriensonderzüge, die ab 1891 zwischen Berlin und Usedom pendelten, brachten die Großstadtfamilien in Scharen auf die Insel, was ihr schließlich den spöttisch-liebevollen Beinamen "Badewanne Berlins" eintrug. Somit war auch hier das Badevergnügen kein exklusives mehr, geschweige denn ein individuelles oder kostenloses. Um ins Wasser zu steigen, musste man – zunächst noch nach Geschlechtern getrennt – in die Badeanstalt, die aus Sittlichkeitsgründen mit hohen Bretterwänden umgeben war. Doch auf Dauer erwies sich die Geschlechtertrennung als familienunfreundlich, und so wurden kurz nach 1900 die ersten Familienbäder zugelassen. Bansin schließlich erhielt 1923 als erstes deutsches Seebad von der Regierung eine sog. Freibadeerlaubnis, d. h. auch außerhalb der Badeanstalten konnte man in Schwimmbekleidung oder Bademantel an den Strand – welch ein Fortschritt!

Schon damals gab es ein paar ganz Mutige, die sich an abgelegenen Stellen völlig hüllenlos sonnten oder in die Fluten stürzten. Wer hätte damals ahnen können, dass ein paar Jahrzehnte später, in der Deutschen Demokratischen Republik, sich das Verhältnis schon beinahe umkehrte: Nicht wer angezogen, sondern wer nackt badete, erwies sich als konform ...

Promenade, Rosengarten und Musikpavillon (Fortsetzung)

Glas für das allegorische Giebelgemälde der Nordfront verwendete. Ein paar Schritte weiter kommt man zur "Villa Oppenheim", einem Gebäude im Stil der Villen des Palladiums. Hier verbrachte der Maler Lyonel Feininger (▶ Baedeker Special S. 75) in den Jahren 1909 bis 1912 die Sommermonate. Seine Eindrücke von der Ostseelandschaft, der Heringsdorfer Seebrücke und des Hinterlandes veranlassten ihn auch Jahre nach seiner Usedomer Zeit zu zahlreichen Bildern. Daneben ließ sich in exquisiter Lage und in vornehmer Eleganz der Bankier Delbrück, Begründer der "Aktiengesellschaft Heringsdorf" und des Bäderbooms auf Usedom, sein Haus errichten. Nicht minder elegant zeigt sich die "Villa Diana", die, von dem Berliner Bankier Bleichröder erbaut, nach 1933 enteignet wurde, bevor sie als Prunkherberge für Nazi- und DDR-Größen herhalten musste.

*Sternwarte und Theater

Auf der gegenüberliegenden Seite der Strandpromenade befindet sich die Sternwarte "Manfred von Ardenne" (▶ Berühmte Persönlichkeiten). Der Wissenschaftler aus Dresden, für den Usedom zur zweiten Heimat wurde, baute hier eine bescheidene Station für seine Himmelsstudien. Bei klarem Himmel kann man weite Blicke ins Universum riskieren. Ein paar Schritte weiter lädt im Sommer das Zelt-Theater "Chapeau Rouge" ein. In den Wintermonaten dient der Platz direkt hinter den Dünen als Eislaufbahn.

Spielcasino, Kurverwaltung und Forum Usedom

An der Stelle, an der sich die Promenade zum Kurplatz hin öffnet, steht das Forum Usedom. Der stalinistisch-klassizistische Stil zeugt davon, dass das Gebäude 1946 von den Sowjets als Kulturhaus erbaut wurde: Das folkloristische Giebelrelief zeigt ein Tanzpaar und zwei Musikanten, einer mit Balalaika. Als Ironie der Geschichte mag es anmuten, dass genau in diesem Teil des Hauses heute die Spielbank untergebracht ist. Die Kurverwaltung organisiert vor Ort für Interessierte regelmäßig Einführungen in die Geschichte des Glücksspiels mit Demonstrationen der diversen Spiele.

An der südlichen Platzseite findet man den Eingang zum Forum Usedom, Veranstaltungsort interessanter Ausstellungen zu Kunst, Kultur und Geschichte, sowie von Konzerten: Nicht nur das jährlich stattfindende Usedomer Musikfestival (Mitte Sept.–Anfang Okt.), sondern auch die Modeschauen "Heringsdorf goes fashion" sind weit über die Grenzen des Orts bekannt. Der Komplex umfasst außerdem die Gemeindeverwaltung, ein Postamt, ein Hotel mit Gartenterrasse und die Touristen-Information.

**Bäderarchitektur in der Puschkin- und Delbrückstraße

Ein Rundgang zur Bäderarchitektur Heringsdorfs könnte von der Strandpromenade ausgehend an der einzigen Jugendherberge Usedoms in der Puschkinstraße beginnen. Wer hier unterkommen möchte, sollte sich frühzeitig anmelden, denn das Fachwerkhaus im englischen Stil ist oft weit im Voraus ausgebucht. Die Puschkinstraße führt in einem Bogen an den Villen "Sonnenschein" und "Hohe Düne" vorbei bergauf Richtung Delbrückstraße. Diese Straße, nach dem Begründer des Heringsdorfer Bäderbooms benannt, wartet mit einer ganzen Reihe prunkvoller Villen auf. Während Namen wie "Waldesruh" oder "Ahlhus" noch auf eher bodenständige Erbauer schließen lassen, verweisen Prachtbauten wie "Villa Aurelia" oder "Villa Arcadia" auf finanzstarke Investoren. Wer es besonders nobel liebt, der kann auch heute noch herrschaftlich logieren:

Zwischen Delbrückstraße und Strandpromenade bieten sich neben der "Residenz Bleichröder" vor allem die "Villa Staudt" an, in dem schon Kaiser Wilhelm II. zum Tee weilte und seinen Untertanen vom Balkon aus zuwinkte. Einen größeren, keineswegs weniger exklusiven Rahmen bietet das Traditionshotel "Kaiserhof".

Bäderarchitektur (Fortsetzung)

Ebenfalls in der Delbrückstraße ist das Museum am Schmiedehaus untergebracht (geöffnet: Fr.–So. 14⁰⁰–17⁰⁰, ab Juni auch Di.–So. 15⁰⁰–18⁰⁰ Uhr). Freigelegte Stellen an der Fassade zeigen einen älteren Verputz und erinnern an die ehemalige Funktion als Erholungsheim des VEB-Wohnungsbaukombinats Neubrandenburg. Heute präsentiert die Historische Gesellschaft Ausstellungsstücke zur Geschichte Heringsdorfs, speziell seiner Entwicklung als Badeort: Hier erschließen sich manche Hintergründe, die dem normalen Strandurlauber verschlossen bleiben. Am Beispiel einiger Villen lässt sich der Wandel des Ortsbilds gut nachvollziehen; unterhaltsam nachzulesen ist auch die Geschichte einer Flaschenpost, die 1940 aufgegeben wurde.
Nebenan, in einem kleinen Haus im Stil der Bäderarchitektur, bietet die Pension Schmiedehaus Ferienapartments. Das Restaurant ist für gute Küche zu gemäßigten Preisen bekannt.

*Museum am Schmiedehaus

Von der Seebrücke und dem Platz des Friedens in nördliche Richtung führt die Kulmstraße. Hier findet man neben kleinen Lädchen und Boutiquen auch eine Heringsdorfer Institution: Die "Eis-Villa Stein" hat schon ganze Generationen mit ihren hausgemachten Spezialitäten in Versuchung geführt. Die Kulmstraße beherbergt außerdem einige kleine Gästevillen, wie die "Villa am Kulm", die "Villa Fontane", "Villa Kramme" oder die Hotels "An der Boje" und "Boje".
Von der Kulmstraße sind es nur wenige Schritte zum "Weißen Schloss" (R.-Breitscheid-Str.). Es ist nicht ganz gesichert, ob tatsächlich Carl Friedrich Schinkel dieses älteste Heringsdorfer Sommerhaus entworfen hat. Die preußischen Prinzen verbrachten hier als Kinder unbeschwerte Sommerferien, was einen der scharfzüngigsten Kritiker des preußischen Militarismus, Kurt Tucholsky, nicht daran hinderte, 1920 und 1921 im selben Etablissement zu logieren. Später benutzten die Nazis das Gebäude als Erholungsheim für Kinder, nach 1945 war dort die Kreis-Parteischule untergebracht. Heute zählen die Gäste des Hauses wieder zu den Betuchteren.

Kulmstraße

Baedeker TIPP ▶ Ungeahnte Gaumenfreuden

Außergewöhnliche, exquisite Kreationen aus hervorragenden Zutaten und auch noch phantasievoll angerichtet – das alles bietet ein Besuch im Kulm-Eck (Kulmstr. 17, ☎ 03 83 78 / 225 60). Die Karte ist zwar recht klein, wechselt dafür aber öfter, da der junge Koch Brian Seifert großen Wert auf die Verwendung von Wildkräutern sowie saisonalen Produkten aus der Region legt. Dabei entstehen so leckere Gerichte wie Pochiertes Lachsfilet auf Orangen-Senf-Sauce mit Holunderblüten-Quarkravioli oder Joghurttörtchen mit Balsamico-Erdbeereis (Abb.)

Villa Irmgard (Maxim-Gorki-Gedenkstätte)

An Maxim Gorki kommt kein Besucher Heringsdorfs vorbei: Es gibt das Maxim-Gorki-Gymnasium und die "Villa Irmgard" in der Maxim-Gorki-Straße, die parallel zur Strandpromenade Richtung Bansin verläuft. Hier steht in einer Reihe vornehmer Bädervillen das Haus, in dem sich 1922 der russische Dichter von einem Lungenleiden erholen sollte. Mit Tochter und Schwiegersohn bewohnte er die Villa, unternahm Ausflüge in die Umgebung und schrieb neben seiner täglichen Korrespondenz an seiner Biografie.

Die Gorki-Gedenkstätte (geöffnet von Mai–Sept.: Di.–So. 10⁰⁰–18⁰⁰, von Okt.–April: 10⁰⁰–12⁰⁰, 13⁰⁰–16⁰⁰ Uhr) zeigt heute – neben einigen unpassenden Ergänzungen – originalgetreue Ausstattungsstücke, Autografen und Memorabilia. Besonders beeindruckt das Arabische Zimmer, das Gorki als Wohnzimmer diente und im Originalzustand erhalten blieb. In einem Vorbau befindet sich das Arbeitszimmer: Auf dem Schreibtisch liegt das Gästebuch, mit Gorkis hoffnungsvollem Eintrag: "Und trotz alledem werden dennoch die Menschen mit der Zeit wie Brüder leben".

Attraktion der Villa Irmgard in Heringsdorf: das "Arabische Zimmer" in der Gorki-Gedenkstätte

Weitere Räume der Villa beherbergen das Museum für Literatur- und Regionalgeschichte. Schautafeln informieren über andere prominente Gäste Heringsdorfs aus Literatur, Kunst und Musik.

Die Räume des oberen Stockwerks werden gerne für Wechselausstellungen genutzt: Neben heimischen wird hier vor allem auswärtigen Künstlern ein stilvolles Forum geboten. Ein Veranstaltungsraum dient Vorträgen, die unter anderem von der Kurverwaltung organisiert werden. Abseits des Strandtrubels stellt die "Villa Irmgard" eine der kulturellen Hauptattraktionen Heringsdorfs dar.

Gothen, Präsidentenberg und Wildpark

Das Hinterland Heringsdorfs lockt mit viel Natur – so z.B. der kleine Ort Gothen, unmittelbar am Gothensee gelegen. Durch die Eigeninitiative des "Storchenvaters" Eggebrecht ist ein interessanter Storchenpark entstanden, der auf Schautafeln und unterschiedlichen Spazierwegen zahlreiche Informationen zu den selten gewordenen Vögeln bietet.

Die Wegweiser im Wald rund um den 45 m hohen Präsidentenberg haben schon so manchen Ausflügler in die Irre geführt: Im Wildpark kann man schon seit 1933 keine Tiere mehr beobachten, das gleichnamige Gasthaus wartet aber mit guter Küche, Kaffee und Kuchen sowie einer wunderbaren Terrasse auf erholungsbedürftige Wanderer und Radler.

Wanderung um den Buchfinksberg

Mit einem gelben Dreieck ist der Wanderweg um den Buchfinksberg markiert. Er beginnt am Gymnasium Heringsdorf, führt dann vorbei an Tennisplätzen, auf der Rennbahnweg zum Ortsteil Gothen und schließlich zum Südhang des Buchfinksberges. Vom Berg bietet sich ein herrlicher weiter Blick auf den Thurbruch und die Kaiserbäder. Am schilfbewachsenen Ufer des Gothensees entlang geht es weiter bis zum Seebad Bansin. Hier kann man einen Abstecher ins Tropenhaus Bansin machen, in einem der netten Cafes oder Restaurants eine Pause einlegen oder das Treiben auf der Promenade auf sich wirken lassen. Über die Promenade führt dann auch der ca. 9,5 km lange Weg wieder zurück nach Heringsdorf.

Kamminke — L 16

Einwohner: 350

Abgelegenes Fischerdorf am Oderhaff

Am Oderhaff, dicht an der Grenze zu Polen, liegt das hübsche Fischerdorf Kamminke, dessen Name vom slawischen "Kamen" (Steinort) abgeleitet ist. Bekannt ist der Hafen in der südöstlichsten Ecke Usedoms als Ausgangspunkt für Ausflugsfahrten nach Polen. Ansonsten ist der Ort recht abgelegen und einsam, so dass man, wenn man außerhalb der Sommermonate hierher kommt, meint, fast am Ende der Welt angekommen zu sein. Dass hier die Reusenfischerei zu Hause ist, kann man an den zum Trocknen aufgespannten Netzen und Reusen am Ufer erkennen. Vom Steilufer und vom Hafen bietet sich bei guter Sicht eine einzigartige Aussicht über das Oderhaff (Stettiner Haff) mit der Festlandküste bei Ueckermünde. Der flache Badestrand ist vor allem für Familien mit kleinen Kindern geeignet.

Shoppingfahrten

Recht beliebt sind die Ausflugsfahrten in das benachbarte Polen, da sie mit dem Einkauf zollfreier Waren verbunden sind. Vom Hafen Kamminke gibt es tägliche Fahrten nach Ziegenort oder Stettin (inkl. Stadtrundfahrt). Mit der "Adler X" geht es dienstags und sonntags nach Swinemünde; eine Steinskulptur erinnert an den "unbekannten Fischer". Wegen des zeitweisen Ansturms werden am Hafen Parkgebühren kassiert.

*Golm

Vom Hafen aus geht es nördlich in Richtung NSG Golm, wo sich eine Mahn- und Gedenkstätte für die Opfer des Bombenangriffes auf Swinemünde vom 12. März 1945 befindet. Mit über 23 000 beigesetzten Kriegsopfern ist der Golm der größte Kriegsgräber-Waldfriedhof Deutschlands.

Auf dem 59 m hohen Golm, nach dem Streckelsberg bei Koserow die zweithöchste Erhebung Usedoms, stand schon etwa um 700 v.Chr. eine Burg; Reste ihres Walls stammen aus der Bronzezeit bzw. der frühen Eisenzeit und sind nur noch schwer zu erkennen. Mit der Entwicklung Swinemündes als Seebad wurde dieser hervorragende Aussichtspunkt, von dem man eine gute Sicht über das Stettiner Haff bis nach Ueckermünde und über das Mündungsgebiet der Swine sowie die Stadt Swinemünde hat, ein immer beliebteres Ausflugsziel. Selbst die am Fuße des Berges vorbeiführende Eisenbahnlinie Swinemünde – Berlin hatte hier einen Haltepunkt.

Die Skulptur "Weg ins Leben" von Rudolf Leptien zeigt eine trauernde und frierende Frau.

Doch die furchtbaren Ereignisse des Zweiten Weltkriegs hinterließen in dieser idyllischen Landschaft ihre Spuren: Bereits 1943 wurden auf dem Golm Soldaten beigesetzt, doch zu einem der größten Kriegsgräberfriedhöfe wurde er nach dem verheerenden Bombenangriff auf Swinemünde am 12. März 1945. Bei dem 70-minütigen Angriff, an dem 650 englische und amerikanische Bomber beteiligt waren, kamen 23 000 Menschen ums Leben, von denen die meisten hier bestattet sind. Am Eingang weist ein 5 m hohes Holzkreuz auf die Gedenkstätte hin. Durch unterschiedliche Symbolkreuzgruppen aus Granit oder Holz sowie durch die Bronzetafeln mit den 1667 bekannten Namen der Toten wird die Anlage der Gräberfelder auf vier Friedhöfen erläutert. In der Mitte der Anlage steht auf einer Anhöhe ein zweigeteilter Betonrundbau (1975) mit der Mahnung Johannes R. Bechers "Dass nie eine Mutter mehr ihren Sohn beweint!". In einem kleinen Pavillon am Fuß des Berges ist die Geschichte des Golms dokumentiert (geöffnet: Mitte März – Mitte Nov. tgl. 9^{00} – 18^{00} Uhr).

Am 50. Jahrestag des Luftangriffs, dem 12. März 1995, läuteten erstmals zum Gedenken an die Toten um 13^{00} Uhr die Kirchenglocken beiderseits der deutschpolnischen Grenze. Seither gibt es alljährlich am 12. März und am Volkstrauertag Gedenkveranstaltungen.

Garz

Auf der Fahrt nach Kamminke fährt man etwa 4 km zuvor durch das nette Dorf Garz. Auch der Ortsname "Garz" kommt ursprünglich aus dem Slawischen und ist abgeleitet von "gardzkow" (Burg). Das hübsche Bauerndorf liegt an einem Kreuzungspunkt alter Handelswege, welche die Sümpfe Schmollensee und Thurbruch umgingen und von Ückeritz über Pudagla, Katschow und Garz sich mit den von Süden her führenden kreuzten. Mitten in dem winzigen Ort zweigt der alte Landweg nach Kutzow ab.

*Kirche

Besonders malerisch ist das von einer Mauer aus Findlingen umgebene turmlose Dorfkirchlein mit dem frei stehenden Glockenturm. Im Innenraum fallen ein Altar mit Feldsteinfundament sowie zwei bemerkenswerte Votivschiffe auf, darüber hinaus informiert eine Dauerausstellung über den "Golm und seine Umgebung".

Das Gotteshaus ist in der Saison freitags und samstags von 11^{00} bis 16^{00} Uhr geöffnet. Das Christentum hat auch hier eine längere Tradition: Zwar stammt das Gebäude aus dem 15. Jahrhundert, doch bereits in Dokumenten aus dem Jahre 1231 fand ein Garzer Pastor Erwähnung.

Garz (Fts.)

Der Flughafen Usedoms heißt zwar Flughafen Heringsdorf, liegt aber nicht direkt beim Seebad. Bereits im Ersten Weltkrieg als Militärübungsplatz angelegt, wurde er 1935 als Fliegerhorst Garz der Deutschen Wehrmacht ausgebaut. Von 1945 bis 1992 waren hier sowjetische Luftstreitkräfte stationiert, parallel dazu nutzten die Anlage auch Teile der Luftverteidigung der Nationalen Volksarmee (1960–1990) sowie die Interflug der DDR als Zivilflughafen (1962–1981). Zwischen 1993 und 1996 wurde der Flughafen vollständig modernisiert und umgebaut. Flugverbindungen existieren seit 2002 nicht nur von Berlin und Dortmund, sondern auch von Mannheim, Saarbrücken und Karlsruhe/Baden-Baden (über Berlin). Zudem können hier Sportflugzeuge gemietet oder Cessna-Rundflüge über Usedom, zu den Kreidefelsen nach Rügen und nach Hiddensee gebucht werden. Ein Transferbus verbindet den Flughafen mit den Kaiserbädern.

Flughafen Heringsdorf

Karlshagen · C 7

Einwohner: 3200

Karlshagen ist ein ruhiger Erholungsort im Norden der Insel – gerade das Richtige für Urlauber, die ihre Ferien etwas abseits vom Trubel in den See- bzw. Kaiserbädern verbringen möchten. Er liegt, umgeben von ausgedehnten Nadelwäldern, zwischen Ostsee und Peenestrom; von Peenemünde her nähert man sich dem Yacht- und Fischereihafen über ausgedehntes Weideland und Feuchtwiesen.
Ähnlich wie für das benachbarte Trassenheide verlief auch die Planung für Karlshagen. Im Jahre 1829 wurden im Swinemünder Amtsblatt auf Anregung des Oberregierungsrats Carl von Triest 29 Parzellen ausgeschrieben, die auch schnell Käufer fanden. In Anlehnung an den Vornamen des Initiators tauchte der Name "Carlshagen" 1837 dann erstmalig auf. Zunächst lebten die hier ansässigen Familien von Strand- und Küstenfischerei, doch mit der Entwicklung des Badewesens auf Usedom begann auch um 1880 in Karlshagen der Badebetrieb. Aufgrund seiner abseitigen Lage blieb der Ort bis heute im Schatten der großen Badeorte. Der Fischfang nahm

Ruhiger Ort im Norden Usedoms

Fischer beim Flicken der Netze

Allgemeines (Fortsetzung)

immer einen großen Raum ein: Es siedelte sich eine Bootswerkstatt an, in der größere und seetüchtigere Boote gebaut werden konnten, der Naturhafen wurde um 1930 zum Fischereihafen ausgebaut und bald darauf das Hafenbecken für Sportboote vergrößert.
Seit Mitte der 1930er-Jahre war Karlshagen eng mit Peenemünde verbunden. Mit der Errichtung der Heeresversuchsanstalt musste auch der Wohnungsbau für nahezu 10 000 Mitarbeiter forciert werden. So entstand in Karlshagen eine moderne Wohnsiedlung, aber auch ein Lager für KZ-Häftlinge und Zwangsarbeiter. In den Bombennächten von 1943/44 wurden große Teile des Ortes zerstört. Nach dem Krieg konnte der Badebetrieb auf der Insel, so auch in Karlshagen, erfolgreich wiederbelebt werden; es enstanden ein Campingplatz und zahlreiche Betriebsferienlager und -heime. Mit der Stationierung der Marine in Peenemünde und des Jadgfliegergeschwaders in Karlshagen lebten hier fast ausschließlich Soldaten mit ihren Familien. Zwar sind die Wohnkomplexe der Armee nach wie vor nicht besonders schön anzuschauen, doch hat sich die Gemeinde mit der Unterstützung einiger Investoren bemüht, aus dem jüngsten Seebad Usedoms einen attraktiven Badeort zu machen. Nicht nur der Hafen mit seinen Ferienwohnungen, auch die Strandstraße mit den neu erbauten hübschen Häusern, Boutiquen und Restaurants, sowie der neu gestaltete Strandaufgang zeugen von der Innovationskraft. Zur Zeit öffnet sich das einstige Fischerdorf langsam dem Familientourismus.

Sehenswertes in Karlshagen

*Fischerei- und Yachthafen

Im neu herausgeputzten Fischerei- und Yachthafen am Achterwasser können die Fischer bei ihrer Arbeit beobachtet werden. Von hier aus fahren noch größere Kutter auf hohe See; man kann beim Anlanden des Fangs zusehen oder beim Instandsetzen der Netze und Boote. Auch ist der Hafen Ausgangspunkt für Ausflugsfahrten auf dem Peenestrom bzw. zu den Inseln Ruden und Greifswalder Oie. Ausgesprochen lecker ist der Räucherfisch, der hier verkauft wird, und auch die wohlschmeckenden Gerichte im "Veermaster" (▶ Restaurants) sind nicht zu verachten. Das hiesige Hafenfest findet jedes Jahr am 1. August-Wochenende statt.

Baedeker TIPP) Ausflug zur Greifswalder Oie

"Helgoland der Ostsee" wird die 55 ha große Insel wegen ihrer Steilküste gerne genannt. Doch das ist nur eine der Attraktionen des einstigen Sperr- und heutigen Naturschutzgebietes. Wahrzeichen der Oie ist ihr Leuchtturm, der 1855 in Betrieb genommen wurde und als einziger an der Ostsee ein linksdrehendes Licht besitzt. Bestechend ist die landschaftliche Schönheit und die Vielfalt der hier lebenden Vogelarten. Zudem gibt es hier auch Gotlandschafe und Shetlandponys, die gerne die Besucher begleiten, aber keinesfalls gefüttert werden sollten! Mehrmals wöchentlich fährt die MS "Seeadler" über Peenemünde oder Rügen zur Greifswalder Oie (☎ 03 83 08 / 83 89).

Die Peenestraße führt in den Ort hinein und über die Strandstraße gelangt man zum Naturschutzzentrum Karlshagen. Hier bekommt man Informationen über die Insel und den Naturpark Usedom. Naturliebhaber erfahren alles, was die heimische Flora und Fauna betrifft, können diese in Wort und Bild bewundern oder auch an Vorträgen und Führungen durch die schöne Landschaft teilnehmen (geöffnet Mai–Sept.: Di.–Fr. 10⁰⁰–18⁰⁰, Sa. 10⁰⁰–17⁰⁰, Okt.–Apr.: Di.–So. 10⁰⁰–16⁰⁰ Uhr).

*Naturschutzzentrum Karlshagen

Als Karlshagen am 17./18. August 1943 und im Juli 1944 bombardiert wurde, versank ein großer Teil des Ortes in Schutt und Asche. Auch die 1912 erbaute Kirche war schwer getroffen und wurde erst 1953 in ihrer jetzigen Form wieder aufgebaut. Als Saalkirche kann das 1991 gründlich restaurierte Gotteshaus auch anderweitig genutzt werden.

Kirche

Auf dem Weg nach ▶ Trassenheide liegt eine Gedenkstätte, die an die Opfer des Haftlagers Peenemünde erinnert. 1970 entstand das Mosaikbild von Klaus Rößler mit dem Titel "Von der Nacht durch Kampf zum Sieg". Neben dem Gelände wurde ein Friedhof für mehr als 2000 Menschen, die bei Bombenangriffen 1943/44 ums Leben kamen, angelegt. Ziel der Bomben sollte zwar das Raketenforschungszentrum in Peenemünde sein, tatsächlich trafen sie aber die Wohnhäuser der Wissenschaftler und die Baracken der Zwangsarbeiter.

Gedenkstätte

Kölpinsee G 10 / 11

Einwohner: 950

Den meisten Urlaubern auf Usedom ist Kölpinsee ein Begriff, weniger dagegen Loddin. Doch eigentlich ist das Seebad nur ein Teil der Gemeinde Loddin, die sich in der Mitte der Insel auf einer besonders schmalen Landenge erstreckt. Ursprung der Gemeinde war das Fischer- und Bauerndorf Loddin am Achterwasser. Erst mit dem Beginn des Badelebens gewann die "Kolonie Kölpinsee" an Bedeutung und wurde zum Seebad. Wie Kölpinsee liegt auch der dritte, nur wenige Häuser zählende Ortsteil Stubbenfelde an der Ostsee, und zwar in Richtung Ückeritz. Gemeinsam heißen die drei Ortschaften "Seebad Loddin" und bilden eine Verwaltungseinheit, doch letztlich ist Kölpinsee der bekanntere Ort, weshalb auch die örtliche Kurverwaltung diesen Namen trägt.

*Seebad und Teil der Gemeinde Loddin

Wie viele andere Usedomer Orte bekam auch Kölpinsee in der zweiten Hälfte des 19. Jahrhunderts den Status eines Seebades. 1895 wird häufig als Gründungsjahr genannt, bald entstanden das Restaurant "Seerose" und die Pension "Wald und See". Da die Zahl der Besucher ständig zunahm und mit dem Anschluss der "Kolonie Kölpinsee" 1911 an das Eisenbahnnetz wurden noch zahlreiche weitere Unterkünfte und eine Seebrücke gebaut. Zu Beginn der 30er-Jahre verfügte der Ort bereits über 40 Hotels und Pensionen, in denen hauptsächlich Berliner Urlaub machten. Kölpinsee galt als Treffpunkt der UFA-Filmstars, u.a. waren hier Willi Fritsch, Lilian Harvey, Hans Söhnker, Brigitte Horney und Grete Weiser zu Gast. Während des Zweiten Weltkriegs brach der Badebetrieb zusammen, in

Allgemeines (Fortsetzung)

Kölpinsee wurde ein Gefangenenlager für Franzosen und Polen gebaut. Ende der 40er-Jahre fanden dann viele Flüchtlinge und Umsiedler hier eine Unterkunft. Nur langsam konnte der Urlaubsverkehr wieder angekurbelt werden, insbesondere auf Initiative des gewerkschaftlichen Feriendiensts der DDR, der das Ferienheim "Kölpinshöh" baute, und zahlreicher Industriebetriebe, die eigene Ferienunterkünfte, auch in Form von Campingsiedlungen, im Wald errichten ließen. Nach einer stilleren Zeit nach der Wende ist Kölpinsee als Ferienziel, in dem man sich wunderbar erholen kann, wieder sehr beliebt. So wundert es auch nicht, dass sich Kölpinsee als Kurort einen Namen gemacht hat, vor allem für Mutter-Kind-

Kuren. Eine nette Abwechslung sind das Kölpinseer Sommerfest am 3. Samstag im Juli, das Loddiner Hafenfest am 1. Samstag im August sowie das Große Loddiner Erntefest mit Ankunft der Erntekrone und kulinarischen Spezialitäten im September.

Allgemeines (Fortsetzung)

Sehenswertes in Kölpinsee und Umgebung

Kölpinsee hat ein paar schöne Fleckchen zu bieten, seien es die Fischerboote am Strand oder der Kurpark mit seiner Konzertmuschel. Von dort hat man einen wunderbaren Blick auf die Idylle um den Kölpinsee, von dem das Seebad einst seinen Namen erhalten hatte. Nicht nur die Lage des 34 ha großen, schilfgesäumten Binnensees ist außergewöhnlich, auch die Schwäne und anderen Wasservögel, die sich hier tummeln, tragen zu seinem besonderen Reiz bei. Viele von ihnen leben auf der kleinen, baumbewachsenen Schwaneninsel. Nur durch einen Dünenwall ist der ungefähr 50 m tiefe Kölpinsee vom Meer getrennt, einst handelte es sich um eine Ostseebucht, die allmählich durch Sandanschwemmungen abgeschnürt wurde. Man kann hier wunderbar verweilen, die Vögel beobachten, den Anglern zusehen, einen Spaziergang machen und dabei die Zeit vergessen. Um den See herum führt ein ca. 3,5 km langer Wanderweg, der teilweise auch als Trimm-dich-Pfad angelegt ist. Kaffee, Kuchen, Eis und kleinere Gerichte bekommt man im Café am See, von dessen großer, überdachter Terrasse man einen schönen Blick auf das Wasser hat.
Mitte der 70er-Jahre wurde in der Nähe des Kölpinsees das Ferienheim "Kölpinshöh" gebaut – zu erkennen an seinem großen Gaststättenrundbau – das der Feriendienst des FDGB übernahm. Die Anlage wird heute vom Hotelunternehmen IFA als Kurhaus für Mutter-und-Kind-Kuren genutzt.

**Kölpinsee

Kölpinsee hat einen schönen, etwa 30 m breiten Sandstrand zu bieten, der in Richtung Koserow von flachen Dünen begrenzt wird. In entgegengesetzter Richtung, wo sich auch der Hundestrand befin-

Strand

Idyll mit Schwan am Kölpinsee

Strand (Fortsetzung)	det, folgt eine Steilküste mit Buchen- und Nadelwald. Das hohe Ufer schützt die Urlauber an dem etwa 250 m langen FKK-Strand (Richtung Ückeritz) vor allzu kühlen Winden.
Camping Stubbenfelde	Landschaftlich reizvoll in einem dichten Buchenwald zwischen Kölpinsee und Meer befindet sich der Campingplatz Stubbenfelde. Er gilt als besonderer Tipp für FKK-Anhänger und liegt nur 150 m von der Ostsee entfernt.
Heimatstube und Bernsteinbasar	Wer den Ursprung der Gemeinde kennen lernen will, sollte unbedingt einen Spaziergang in das am Achterwasser gelegene Fischerdorf Loddin machen. Auf dem Weg dahin kommt man, nachdem man die Bäderstraße überquert hat, am Haus des Gastes (Strandstr. 2a) vorbei. Dort wurden in der Heimatstube Gegenstände und Dokumente zusammengetragen, die von der Geschichte des Badeortes und vom früheren Leben an der Ostsee zeugen (geöffnet: Mi. u. Sa. 16^{00}–18^{00} Uhr). Nach etwa 200 m geht rechts ein Weg zur Waldsiedlung ab. Im Haus Nr. 4 kann man im Bernsteinbasar – einer Kombination aus Ausstellung, Laden und Beratungsstelle – Wissenswertes rund um das "Gold der Ostsee" erfahren (geöffnet: tgl. 16^{00}–19^{00} Uhr).
Loddin	Das am Achterwasser gelegene "Loddino" (Dorf an der Lachsbucht) konnte bereits zur Zeit des Dreißigjährigen Krieges sein 350-jähriges Bestehen feiern. Erst 1610 wurde in einer Karte nordöstlich am gleichnamigen See ein Dorf (Colpin od. Cölpin genannt) eingetragen, welches von Wallensteins Truppen vollständig ausgeraubt und niedergebrannt wurde. Mehrmals wechselten die Herren des Ortes, bis endlich, nach der Revolution von 1848, Loddin zum Bauerndorf wurde. Noch heute hat sich das Fischer- und Bauerndorf Loddin seinen besonderen Charme bewahrt. Neben alten, rohrgedeckten Katen und Häusern entdeckt man vereinzelt auch moderne Gebäude. Der kleine Hafen ist ein wahres Kleinod. So wundert es nicht, dass immer mehr Urlauber auch nach Loddin kommen. Es gibt einige kleinere Pensionen, gepflegte Privatzimmer und komfortable Ferienwohnungen. Eine besondere Adresse ist das Restaurant "Waterblick" – hier lässt es sich nicht nur hervorragend speisen, der Blick auf die Halbinsel Loddiner Höwt und das Achterwasser kommen gratis dazu. Für Ausflüge auf dem Achterwasser können Ruder-, Tret-, Motor- und Segelboote sowie Katamarane und Paddelboote gemietet werden.
**Loddiner Höwt	Das Loddiner Höwt ist eine kleine, hügelige Halbinsel, die sich ins Achterwasser erstreckt. Mit "Höwt" oder "Höft" wurden bei den Slawen höher gelegene Uferstücke bezeichnet, und auch hier findet man eine wildromantische Steilküste. Ein Hochuferweg führt vorbei an bunten Wiesen hin zur Südspitze des Naturschutzgebiets, auch Galgenberg (16 m) genannt. Von ihm bietet sich eine wunderbare Aussicht über das Achterwasser hin zum Gnitz, zum Lieper Winkel und auf das Festland. Die Gegend hier ist wirklich sehenswert, nicht nur Naturliebhaber werden die friedliche Stimmung am Loddiner Höwt genießen. Hierher führt auch eine ausgeschilderter Wanderweg (8 km), der mit einem waagrechten gelben Strich markiert ist. Ausgangspunkt ist der Bahnhof Kölpinsee.

Traumhafte Ausblicke bei Sonnenuntergang am Loddiner Höwt

Korswandt — K 14

Einwohner: 400

Seit jeher ist das von Buchenwäldern umgebene Korswandt am Wolgastsee ein beliebtes Ausflugsziel. Touristen und Einheimische kommen hierher, um Entspannung und Ruhe zu finden. Das kleine Dorf wurde bereits 1243 urkundlich erwähnt und gehörte nacheinander den Klöstern Stolpe und Pudagla, den pommerschen Herzögen und schließlich dem preußischen Staat. Reisende, die von Zecherin auf der B 110 in Richtung der Kaiserbäder unterwegs sind, kommen zwangsläufig durch den Ort, oder aber man wandert von Ahlbeck aus (Markierung: waagrechter roter Balken) durch den Ahlbecker Forst hierher. Wer sich näher für den Naturpark Usedom interessiert, kann sich in Korswandt, dem Sitz der Einrichtung, weitergehend informieren. Eine der wenigen Möglichkeiten, in der Nähe der Kaiserbäder zu campen, bietet sich auf dem kleinen Wiesenplatz in Richtung Ulrichshorst.

Stilles Dorf inmitten idyllischer Ausflugsziele

Am See kann man wunderbar träumen. Es gibt viele ruhige Plätzchen zum Angeln, man sonnt sich an der kleinen Badestelle, schwimmt ein wenig oder mietet ein Tret- oder Ruderboot. Schön ist ebenfalls ein Spaziergang um den 16 m tiefen See; der 3,8 km lange Wanderweg ist mit einem grünen Punkt markiert.
Direkt am Wasser liegt ein hübsches Hotel-Restaurant, das nicht umsonst den Namen "Idyll am Wolgastsee" trägt. Hier kann man

*Wolgastsee

Korswandt, Wolgastsee (Fortsetzung)	wunderbar eine kleine Kaffeepause einlegen, die nette Stimmung auf der Terrasse genießen oder zu Abend die leckeren Wild- oder Fischgerichte probieren. Einer der riesigen Bäume auf dem Vorplatz ist die älteste, unter Naturschutz stehende Rotbuche auf Usedom. Das daneben liegende Hotel "Pirol" ist ausgesprochen familienfreundlich und bietet einen direkten Hotel-Shuttle zum Ahlbecker Strand (beide ▶ Hotels).
*Krebssee	Der Wanderweg zum Stettiner Haff – markiert mit einem gelben Kreis auf weißem Grund – biegt in der Mitte des Dorfes nach links ab; an der nächsten Gabelung muss man, um zum Krebssee (nicht zu verwechseln mit dem Großen oder Kleinen Krebssee in der Usedomer Schweiz!) zu gelangen, nach rechts abbiegen. Nach etwa 2 km erreicht man den romantisch in einer Waldschlucht liegenden See, in dem man auch baden kann.
Ulrichshorst	Folgt man der Hauptstraße in südlicher Richtung, fährt man nach nur 1 km durch das Straßendorf Ulrichshorst. Es entstand, als Friedrich II. zur Überwachung der Entwässerung des Thurbruchs 1774 Arbeitskräfte aus Schwedisch-Vorpommern und Mecklenburg holen ließ und diese hier ansiedelte. Heute stehen einige der rohrgedeckten Häuser – die alle auf der Nordseite der Dorfstraße mit Blick auf die Ebene errichtet wurden, um den Kolonisten ihre Arbeit zu erleichtern – unter Denkmalschutz. Seinen Namen erhielt das Dorf nach dem preußischen Departementsrat Ulrich.
Zirchow	Nach weiteren 3 km kommt man nach Zirchow, ebenfalls ein Dörfchen, durch das man meist nur schnell hindurchfährt. Interessant ist allerdings die erhöht auf einem Hügel gelegene Kirche St. Jacobus, die im Kern aus der 2. Hälfte des 13. Jahrhunderts stammt. Reste mittelalterlicher Wandmalereien sind noch im Altarbereich zu erkennen, die sonstige Innengestaltung stammt weitgehend aus dem 19. Jahrhundert. Eine Besonderheit ist der Glockenstuhl, der bis zum Turmfundament herabreicht und durch Andreaskreuze verbunden ist.
*Kirche	Unbekannt blieb die kompakte Dorfkirche keineswegs, sie tauchte in mehreren Bildern des Malers Lyonel Feininger (▶ Baedeker Special S. 75) auf, der das Motiv interpretierte und weiterentwickelte. In der Saison ist sie dienstags bis freitags von 11⁰⁰ bis 16⁰⁰ Uhr geöffnet. Neben Konzerten finden hier im Frühjahr und Herbst auch Film- und Gesprächsabende statt.
Flughafen Heringsdorf	Südlich von Zirchow nahe des Kleinen Haffs befindet sich der Flughafen Heringsdorf (▶ Kamminke, Garz).

Koserow   G 9

Einwohner: 1600

**Nettes Seebad an der schmalsten Stelle der Insel	Viel Sagenhaftes gibt es von Koserow und seiner Umgebung zu berichten: Geschichten ranken sich um die reiche Stadt Vineta (▶ Baedeker Special S. 156/157), um den berühmten Seeräuber Klaus Störtebeker und um den einstigen Koserower Pfarrer und Autor der "Bernsteinhexe" Meinhold – doch davon später mehr.

Zusammen mit Zempin liegt Koserow an der "Taille" Usedoms – vorne die Ostsee und hinten das Achterwasser, beides zum Greifen nah. Jahrhundertelang lebte der Ort vom Fischfang, bis 1846 die ersten Badegäste kamen. Damals wie auch heute schätzen die Besucher an Koserow eine gewisse Abgeschiedenheit gegenüber den anderen Ostseebädern und die Ruhe und Unberührtheit der Natur. Man kann einige Sehenswürdigkeiten besichtigen, auch wenn Koserow im Kern ein gemütliches Fischerdorf geblieben ist. Den Ort und seine Umgebung erkundet man am besten in aller Ruhe, doch auch Badelustige, Segler, Surfer, Wanderer und Radfahrer kommen hier voll auf ihre Kosten. Jedes Jahr nehmen am ersten August-Wochenende Ritter, Bauern und Narren bei einem Mittelalterspektakel den Ort ein; schön ist auch das Seebrückenfest am 2. Samstag im Juli.

Allgemeines (Fortsetzung)

Koserow, eine der ersten Siedlungen mit wendischem Ursprung auf Usedom, wurde erstmals im Jahre 1347 als "Cuzerowe" urkundlich erwähnt. Bereits Ende des 13. Jahrhunderts war die Koserower Kirche aus Feldsteinen erbaut worden. Sie ist damit das älteste Gotteshaus an der Usedomer Ostseeküste. Über Jahrhunderte lebte das Dorf von Fischfang und Landwirtschaft – und bevor noch an einen Badebetrieb in Koserow zu denken war, wurde der Ort durch seine ereignisreiche (und sagenumwobene) Geschichte bekannt. So soll vor der Küste von Koserow einst die Stadt Vineta gelegen haben, die aufgrund der Gier ihrer Bewohner nach Reichtum vom Meer verschlungen worden sein soll. Auch der gefürchtete Seeräuber Klaus Störtebeker soll in den Höhlen des Streckelberges einst seinen Schlupfwinkel gehabt haben, und vom Koserower Pfarrer Wilhelm Meinhold weiß man, dass er angeregt durch einen Eintrag in einem alten Kirchenbuch den Roman "Die Bernsteinhexe" verfasste. Durch diese Geschichten aufmerksam gemacht, kamen im Jahre 1846 die ersten Badegäste nach Koserow. Mit "Sack und Pack", per Pferdewagen oder per Segelboot reisten sie an, um in aller Abgeschiedenheit die Unberührtheit der Natur abseits der großen See-

Geschichte und Legende

Koserow

Ein beliebter Treffpunkt in Koserow sind die Salzhütten mit Mini-Museum, Restaurant und Souvenirshop.

Geschichte und Legende (Fortsetzung)

bäder zu genießen. Allerdings entwickelte sich das Badeleben in Koserow aufgrund der schlechten Verkehrsbedingungen anfangs nur sehr schleppend. Erst mit dem Anschluss der Insel Usedom an das Eisenbahnnetz und dem umfangreichen Chausseebau entstanden bessere Reisemöglichkeiten. Von da an kamen immer mehr Urlauber in den netten Ort: Fremdenzimmer wurden eingerichtet, Hotels und Pensionen gebaut. Am Strand entstanden für die Badelustigen ein Herren- und ein Damenbad, später sogar ein Familienbad und eine Seebrücke, doch mit der Zeit verloren die Badeanstalten an Bedeutung und die Seebrücke wurde durch Eis und Sturm zerstört. Während des Zweiten Weltkrieges war der Badebetrieb stark rückläufig, doch zu DDR-Zeiten kam es zu einem erneuten Aufschwung. Ein im Wald verborgener, riesiger Campingplatz und einige kleinere Ferienheime erinnern an die Zeit des gewerkschaftlich organisierten Urlaubs. Heute erwarten die Feriengäste in Koserow ansprechende Unterkünfte jeder Kategorie.

Sehenswertes in Koserow und Umgebung

**Dorfkirche

Nahezu versteckt hinter prächtigen Kastanien, umgeben von einer Findlingsmauer steht die schöne Dorfkirche in der Fischerstraße. Es lohnt sich, ihr einen Besuch abzustatten, denn als einziges mittelalterliches Gotteshaus an der Ostseeküste Usedoms hat sie einige

bauliche Besonderheiten vorzuweisen. Ende des 13. Jahrhunderts **Dorfkirche**
als kleine Feldsteinkirche erbaut, ist das ursprüngliche Mauerwerk **(Fortsetzung)**
noch im Mittelteil der Nordseite mit kleinen frühgotischen Fensteröffnungen und dem schlichten dreistufigen Spitzbogen des alten
Eingangs zu erkennen. Im 15. Jahrhundert wurde sie durch den Bau des Altarraumes und des Turmes erweitert. Elemente der Hochgotik finden sich am Turmeingang wie auch an Teilen der Südfenster des Altarraumes und den geprägten Backsteinen. Bis zum Ende des 19. Jahrhunderts verfügte die Kirche im Inneren über eine schlichte Holzbalkendecke, deren letzter Balken am Westgiebel hinter der Orgel noch zu sehen ist.

Hinter dicken Mauern birgt die Kirche einen reich verzierten Flügelaltar aus der Zeit um 1500.

Ausgesprochen kostbar ist der mittelalterliche, mit zahlreichen Schnitzfiguren verzierte Flügelaltar; er ist der letzte vollständig erhaltene seiner Art auf der Insel Usedom. Dem ungewöhnlich großen Kruzifix, das von Fischern aus dem Meer geborgen wurde, gaben die Einheimischen den Namen "Vineta-Kreuz", nach Auskunft der Wissenschaft wurde es allerdings erst im 15. Jahrhundert in Skandinavien gefertigt. Bemerkenswert sind auch ein schönes Votivschiff und die Orgel.

Das ganze Jahr über finden hier sonntags Gottesdienste statt. In den Sommermonaten öffnet sich die Kirche für diverse kulturelle Veranstaltungen, darunter Konzerte, Diaabende und Lesungen. Seit einigen Jahren finden an mehreren Wochenenden während der Saison Theaterveranstaltungen mit hochrangiger schauspielerischer Besetzung statt. So konnten bereits der "Jedermann" von Hugo von Hofmannsthal und Goethes "Faust" das Publikum begeistern.

Um 1820 entstanden die Koserower Salzhütten, als die königliche ***Salzhütten**
Regierung Maßnahmen zur Förderung der Strandfischerei an der
Usedomer Küste ergriff. Anfangs dienten die im Fachwerkstil mit einem Rohrdach errichteten Hütten als Lager für steuerfreies Steinsalz und während der Fangzeit wurde hier der Hering gesalzen und verpackt. Als diese Förder- und Aufsichtszeit vorüber war, wurden die Salzhütten auch außerhalb der Heringsfangzeit von den Fischern genutzt. Bei den Sturmfluten 1872 und 1874 zerstört, baute man sie um 1900 wieder auf.

Heute sind die Salzhütten ein beliebtes Ausflugsziel auf der Insel: In "Fischer's Arbeitshütt" ist ein kleines Museum und ein Trauzimmer eingerichtet, zudem gibt es einen Souvenirladen und ein wunderbares Fischrestaurant. Wer keinen Platz mehr bekommt, sollte

> **Baedeker TIPP** **Heiraten auf Usedom**
>
> Ob in Fischers Arbeitshütt', im Turmzimmer des Anklamer Tors oder auf der Heringsdorfer Seebrücke – an all diesen Orten kann man sich das Ja-Wort geben. Informationen erteilen die Kurverwaltungen bzw. die Stadtinformation (▶ Auskunft).

den hiesigen Räucherfisch einfach mitnehmen oder zu Kelch's Fischrestaurant (▶ Restaurants) in der Karlstraße ausweichen. Außerdem gibt es noch einiges zu sehen, denn neben den historischen Salzhütten finden sich hier die Arbeitshütten der heutigen Fischer.

Seebrücke

Ein wenig flanieren, die Badenden beobachten, den Blick über Strand und Streckelsberg lenken oder nur den Sonnenschein genießen und sich den Wind um die Nase wehen lassen – das alles verbindet man mit der benachbarten Seebrücke. Vom Anlegesteg verkehren Schiffe zu den anderen Kaiserbädern und nach Swinemünde; zudem gibt es ab und zu auch Ausflüge nach Göhren, Sellin und Binz auf Rügen.

*Streckelsberg

Ein Pfad führt entlang der Steilküste durch einen Buchenwald auf die mit 60 m höchste Erhebung der Insel, den unter Naturschutz stehenden Streckelsberg. Von hier blickt man auf das Meer, wo einst die sagenhafte Stadt Vineta gelegen haben soll. Auch wenn von Vineta nichts zu sehen ist und man dieses Szenario seiner Phantasie überlassen muss, schweift der Blick weit über das Meer. Bei klarer Sicht erkennt man in westlicher Richtung das Hügelland von Mönchgut und Rügen und oft auch die Kreidefelsen. Im Nordwesten sieht man die Greifswalder Oie, die besonders abends durch die Blinklichter des dortigen Leuchtturms auf sich aufmerksam macht. Schaut man in südöstlicher Richtung, so erkennt man das Steilufer der Nachbarinsel Wolin. Zwischen den alten Buchen blüht im Vorfrühling ein blauer Teppich aus Leberblümchen und im Sommer kann man sogar einige Orchideenarten entdecken, z.B. das Rote Waldvögelein, die Weiße und Grünliche Waldhyazinthe und den Vogelnestwurz. Auf dem Berg findet man eine Tafel mit der Geschichte der "Bernsteinhexe", die hier viele der goldenen Schmucksteine gefunden haben soll. In den Höhlen des Streckelsberges, heißt es, habe der Seeräuber Klaus Störtebeker einen Unterschlupf gehabt. Unterhalb des Streckelsberges wurden aufwändige Schutzmaßnahmen getroffen, um ein Abtragen der Steilküste zu verhindern.

**Lüttenort (Gedenkatelier Otto Niemeyer-Holstein)

Zwischen Koserow und Zempin an der B 111 befindet sich eine ganz besondere Sehenswürdigkeit der Insel. An der schmalsten Stelle Usedoms, wo nur 300 m zwischen Achterwasser und Ostsee liegen, hatte sich der Maler Otto Niemeyer-Holstein (1896–1984, ▶ Berühmte Persönlichkeiten) in sein "Lüttenort" zurückgezogen. Genau an der Stelle, wo er 1932 mit seinem Segelboot "Lütten" zum ersten Mal anlegte, schuf er sich seinen Malgarten, den er mit Plastiken und Skulpturen von Künstlerfreunden gestaltete. So meisterlich, dass es fast scheint, Kunst und Natur ergänzen sich an dieser Stelle. Während der Nazizeit suchte Niemeyer-Holstein in dieser Abgeschiedenheit Zuflucht und errichtete sein Haus aus einem ehemaligen S-Bahn-Waggon. Da er bei seiner Arbeit nicht gestört werden wollte, schrieb er an die Tür seines Ateliers "Tabu". Als sein ureigenstes Thema sah er die Insel und das Meer an, wie man bei Führungen durch das Gedenkatelier erkennen und in einem 45-minütigen Film "Und der Strand ist meine große Geliebte" erfahren kann. Später erwarb Niemeyer-Holstein die Holländer-Windmühle bei Benz. Bis zu seinem Tod 1984 lebte und arbeitete der Künstler in "Lüttenort", heute dient es als Museum. Die Neue Galerie veranstaltet Führungen, Konzerte, Lesungen, Vorträge und Malkurse. Bei wechselnden Ausstellungen der Werke Otto Niemeyer-Holsteins, des Usedomer Künstlerkreises (▶ Baedeker Special S. 50/51) sowie junger Künstler aus dem In- und Ausland kann man viel Wissenswertes erfahren (geöffnet: Mi., Do., Sa. u. So. 10⁰⁰–16⁰⁰, Führungen 11⁰⁰ u. 14⁰⁰ Uhr; für Gruppen nach vorheriger Absprache, ☎ 038375/20213).

Wie ein eigenes Kunstwerk erscheint Lüttenort mit dem wunderbaren Garten und seinen Skulpturen; am Eingang wird man von der "Großen Stehenden" von Wieland Förster empfangen.

Gedenkstein

Ganz in der Nähe erinnert ein Gedenkstein an die Sturmfluten, die diese Stelle 1872 und 1874 durchbrachen, das Vorwerk Damerow zerstörten und die Ostsee mit dem Achterwasser verbanden. Den Bewohnern blieb nichts weiter übrig, als Damerow zu verlassen und sich in Koserow anzusiedeln. Heute sorgt ein Deich zwischen Koserow und Zempin dafür, dass sich solche Katastrophen nicht wiederholen können.

Lassan   D 13

Einwohner: 1600

Nähert man sich dem kleinen Städtchen am Peenestrom von der Landseite her, so breitet sich ein nahezu freier Blick auf das Achterwasser aus. Kaum zu glauben, dass der Name Lassan im Wendischen einst einen im Wald gelegenen Ort bezeichnet hatte. Spektakuläres gibt es in dem auf dem Festland, 15 km nordöstlich von Anklam gelegenen Lassan nicht zu sehen, doch einige wichtige Eck-

Kleines Städtchen am Peenestrom

Allgemeines (Fortsetzung)

punkte in seiner Geschichte sind durchaus nennenswert. Aufgrund seiner günstigen Lage auf dem Festland am Peenestrom war Lassan im Spätmittelalter Hafenplatz der aufstrebenden Hansestadt Anklam und erhielt zwischen 1264 und 1278 von dem Pommernherzog Barmin I. das Stadtrecht. Traditionell lebt der beschauliche Ort vom Fischfang, dem Holz verarbeitenden Handwerk und der Landwirtschaft. Ab der zweiten Hälfte des 19. Jahrhunderts lässt sich ein Anstieg von Handwerks- und Gewerbeeinrichtungen in Lassan nachweisen, doch diese Entwicklung wurde zunächst durch die Weltwirtschaftskrise Ende der 1920er- bzw. zu Beginn der 1930er-Jahre gestoppt und nach 1945 bewusst von der sozialistischen Planungswirtschaft in eine andere Richtung gedrängt. Erst seit 1990 kann man leichte Veränderungen beobachten.

Vielen ist die Stadt noch aus Wolf Biermanns "Ballade von der alten Stadt Lassan", die davon träumt, auf die Ostsee aufzubrechen, ein Begriff. Es lohnt sich, ein wenig durch die engen Straßen Lassans zu streifen – oftmals kann man in den stillen, etwas verschlafen wirkenden Ecken eingeschossige Ackerbürgerhäuser und zweigeschossige Bürgerhäuser aus dem 19. Jahrhundert finden. Doch viele Gebäude machen noch einen recht vernachlässigten Eindruck, auch wenn man sich in Lassan bemüht, das Stadtbild wieder freundlicher zu gestalten; Teile des Stadtkerns wurden saniert und der Hafenplatz neu gestaltet. Langsam wird die immer größer werdende Bedeutung des Tourismus für die Region auch in dieser sympathischen Kleinstadt spürbar.

Stadtkirche St. Johannis

Das auffallendste Gebäude der Stadt ist die auf einer Anhöhe liegende Pfarrkirche St. Johannis (1250). Wie eine spätgotische Halle wurde ihr Langhaus angelegt, eine Haube mit achteckigem Pyramidendach (17. Jh.) bekrönt den Turm. Aus der Werkstatt des bekannten Stralsunder Künstlers Elias Keßler stammen der Altaraufsatz und die Kanzel (um 1727), beide sind mit reichem Figurenschmuck versehen. Jeden Sonntag um 9³⁰ Uhr werden Gottesdienste gefeiert; im Sommer finden hier auch Konzerte und andere kulturelle Veranstaltungen statt. Westlich der Kirche findet man noch Relikte der um 1300 errichteten Stadtmauer.

Zum Museum umgestaltet: die Lassaner Mühle

*Lassaner Mühle

Eine Wassermühle in Lassan ist zwar seit 500 Jahren nachweisbar, doch der heutige Fachwerkbau in der Mühlenstr. 2a stammt aus dem Jahr 1907. Auf drei Etagen erhalten die Besucher Einblicke in die Geschichte der Stadt von ihrer Besiedlung bis in die 50er-Jahre des 20. Jahrhunderts, Die Fischerei und die wichtigsten Handwerke werden ebenfalls gebührend dokumentiert.

Zudem werden einige Lassaner Persönlichkeiten vorgestellt: Bernt Notke, der bedeutendste Bildhauer des 15. Jahrhunderts im Ostseeraum, wurde hier zwischen 1430 und 1440 geboren. Johann Joachim Spalding, der evangelischer Pastor und "Begründer" der Aufklärung in Pommern, hatte 1749 bis 1757 in Lassan seine Wirkungsstätte; auch der 1858 in Lassan geborene Theodor Bartus erlangte internationale Bedeutung für seine Heimatstadt: Er führte vier Expeditionen nach Turfan, dem heutigen China. Da wesentliche Maschinen- und Anlagenteile erhalten geblieben sind, bekommt man einen nachhaltigen Eindruck, wie in der ehemaligen Wassermühle einst gearbeitet wurde (geöffnet von Juni bis September: Mo.–Fr. 10^{00}–12^{00} u. 13^{00} bis 16^{30}, Sa. 10^{00}–12^{00} u. 14^{00}–16^{00}, So. 10^{00}–12^{00} Uhr).

Lassaner Mühle (Fortsetzung)

Vom kleinen Hafen, der im Spätmittelalter einst als Hafenplatz Anklams große Bedeutung besaß, hat man einen wunderbaren Blick über das Achterwasser zum Lieper Winkel. Jedes Jahr im Juli findet hier ein Hafenfest statt. Fischerboote, Reusen, Netze und andere Utensilien zeigt das kleine, jederzeit zugängliche Freilichtmuseum (Am Koppelbusch) ganz in der Nähe.

Hafen und Fischereimuseum

Die Ackerbürgerei (▶ Hotels) bietet Urlaubern nicht nur schöne Zimmern, Ferienwohnungen und ein gepflegtes Restaurant, sondern verleiht auch Fahrräder, Kanus, Paddel- und Segelboote. Gleiches gibt es bei dem idyllisch gelegenen Campingplatz, wo man auch Angelfahrten organisiert. Kindern macht das Tretbootfahren und der Besuch des nahe gelegenen Streichelzoos viel Spaß.

Unterkünfte und Freizeittipps

Wer zwischen Anklam und Lassan gepflegt speisen möchte, der fährt am besten zum Hotel Schloss Buggenhagen (3 km südlich von Lassan). Das Gebäude (Anfang 19. Jh.) wurde stilgerecht restauriert und gehört heute zu den ersten Adressen der Region.

Abstecher nach Buggenhagen

Lieper Winkel (Halbinsel)

E / F 12 / 13

Jahrhundertelang war der Lieper Winkel unbekanntes Land – abgelegen, einsam und noch dünner besiedelt als andere Gegenden der Insel. Umso mehr verwundert es, dass gerade im Dorf Liepe die erste Kirche Usedoms Erwähnung fand. Umflossen von Peenestrom und Achterwasser gehört der Lieper Winkel auch heute noch zu den stillsten Ecken der Insel. In den kleinen, verstreuten Dörfern leben die Menschen in alten, rohrgedeckten Häusern. Ackerland erstreckt sich über weite Felder, Schilfgürtel säumen sie zum Wasser hin, stellenweise unterbrochen von kleinen Sandbuchten. Durch ihre isolierte Lage fern vom Badetourismus konnte sich die Gegend ihren ursprünglichen Charakter bewahren, was sich vor allem in eigenen, von den Slawen inspirierten Traditionen und Trachten zeigt.

**Verträumte Halbinsel zwischen Peenestrom und Achterwasser

Als im Jahre 1187 die pommersche Herzogin Anastasia den Ort Liepe und seine Umgebung dem Prämonstratenserkloster Grobe bei ▶ Usedom vermachte, war die Halbinsel noch dicht bewaldet und von Sümpfen durchzogen. Erst die Mönche begannen das Land urbar zu machen. Lange Zeit änderte sich hier nur wenig, die Einwohner der winzigen Dörfchen hatten kaum Kontakt mit der Außenwelt, denn sie waren darauf angewiesen, mit dem Boot über das Achterwasser zu fahren. Erst Ende des 19. Jahrhunderts wurde eine Straße gebaut, die eine Verbindung zur übrigen Insel schuf.

Ähnlich wie auf dem Gnitz kann man hier "Natur pur" begegnen: **Allgemeines**
Schön ist es, den Graureihern und Störchen auf den endlosen Fel- (Fortsetzung)
dern zuzusehen, durch die Fischerdörfer Rankwitz und Liepe zu
bummeln, vom Hafen Rankwitz aus eine Kutterfahrt um den Lieper Winkel zu unternehmen oder bei Quilitz die einzigartige Aussicht auf den Peenestrom zu genießen. Wer Ruhe und Entspannung sucht, für den ist der Lieper Winkel genau die richtige Adresse. Selbst einige Badestellen finden sich am Ufer des Peenestroms
bei Rankwitz und Quilitz sowie am Achterwasser in Warthe.
Von der B 110 führt eine schmale, von einer herrlichen Allee gesäumte Straße über Suckow (▶ Morgenitz), Rankwitz und Liepe
hinaus bis in den äußersten Winkel nach Warthe.

Sehenswertes im Lieper Winkel

In den Sommermonaten ist der kleine Hafen von Rankwitz ein be- **Rankwitz**
liebter Anlegeplatz für Segelboote und Yachten. Von der Mole aus
hat man einen herrlichen Blick auf die Peene, man kann hier wun- ***Hafen**
derbar träumen und die Zeit vergessen. Gelegentlich brechen Boote
zu Fahrten um den Lieper Winkel auf. Beinahe legendär sind die
leckeren Fischgerichte, seien es Forellen aus der hiesigen Zucht
oder Aal aus dem eigenen Rauch. Im Laden kann man aus einer
großen Auswahl an diversen Räucherfischen wählen oder in die
Gaststube der "Alten Räucherei" (▶ Restaurants) einkehren.
Rankwitz selbst ist ein hübsches Dorf mit schiefen Fischerkaten
und hübschen Bauernhäusern. Vom Leben auf dem Lande zu Großmutters Zeiten erzählt die Heimatstube Rankwitz an der Hauptstraße. Ab und zu wird noch an dem etwa 200 Jahre alten Webstuhl
und den Spinnrädern gearbeitet, die Handarbeiten kann man käuflich erwerben (geöffnet: tgl. nach Absprache, ☎ 03872/70535).
Auf der Weiterfahrt kommt man am netten Restaurant Rankwitzer
Hof (▶ Restaurants) vorbei, das für seine hervorragende pommersche Küche bekannt ist. Bald sieht man die höchste Erhebung des
Lieper Winkels, den 18,4 m hohen Jungfernberg. Von oben hat man
einen guten Blick über die Gegend.

Am Peeneufer entlang kann man von Rankwitz zum 2 km entfern- **Quilitz**
ten Weiler Quilitz spazieren. Bei gutem Wetter bietet sich vom
Steilufer bei Quilitz eine wunderbare Aussicht: in südlicher Richtung zur Stadt Usedom und am gegenüberliegenden Ufer von Lassan bis zu den Hafenanlagen von Wolgast im Norden. Besonders
romantisch sind Spaziergänge bei Sonnenuntergang am Hochufer.
Wer gerne ein Bad im Peenestrom nehmen will und sich mit Haff-
sand zufrieden gibt, findet in der Nähe eine schöne, ruhige Badestelle.

Liepe, dessen Name auf das slawische "lipa" (Linde) zurückgeht, **Liepe**
war Namensgeber für die gesamte Halbinsel. Das Dorf ist kein Küs-
tenort, sondern liegt genau im Zentrum des Lieper Winkels. Ausge-
rechnet in dieser abgelegenen Gegend steht die älteste der Usedo- ****St. Johannes**
mer Kirchen, die noch aus der Zeit der Christianisierung stammt

◀ **Den schönsten Blick am Lieper Winkel
hat man von der Steilküste bei Quilitz.**

| Lieper Winkel, Lieper Kirche (Fortsetzung) | (Abb. S. 29). Bereits 1216 wurde das Lieper Gotteshaus erstmals urkundlich erwähnt. Mitten im Ort steht die malerische Dorfkirche auf einem von Bäumen umgebenen Friedhof. Von dem Ursprungsbau ist nur noch der Fuß des Taufsteins erhalten, der kleine, turmlose Feld- und Backsteinbau mit dem frei stehenden Glockenstuhl wurde Ende des Mittelalters errichtet. Besonders schön sind die mittelalterlichen Wandmalereien an der Ostwand, welche die Kreuzigung und die Auferstehung Christi zeigen. Ungefähr 300 Jahre älter sind das Gestühl mit Kanzelaltar und die Orgel. |

Warthe

Im hintersten Winkel der Halbinsel scheint das Dörfchen Warthe nahezu ungestört vor sich hin zu träumen. Es gibt hier zwar die Ferienanlage "Am Achterwasser" mit einer kleinen Gaststätte, doch auch das scheint der Ruhe keinen Abbruch zu tun. Es lohnt sich, ein wenig zu verweilen, die schöne Umgebung zu erkunden, Vögel zu beobachten und den Fischern bei der Arbeit zuzusehen. Beim Herumstreifen wird man sicherlich einige hübsche Fotomotive finden, das Bekannteste ist das Blaue Haus nahe der Ferienanlage. Ende Juni wird hier seit einigen Jahren ein Kräutermarkt abgehalten, bei dem die Besucher ein paar nette Souvenirs erwerben können.

Beliebtes Motiv für Fotografen: das Blaue Haus

Die Abgeschiedenheit des Ortes kann einen verzaubern, und so verwundert es nicht, dass Philipp Otto Runge (▶ Berühmte Persönlichkeiten) hier zum Märchen vom "Fischer und siner Fru" inspiriert worden sein soll. Ein Fischer hatte bei einem Butt, eigentlich ein verwunschener Prinz, mehrere Wünsche frei, weil er ihn am Leben ließ. Doch die Wünsche der Fischersfrau Ilsebill schienen in den Himmel zu wachsen: Erst wollte sie ein netteres Haus, dann ein Schloss, schließlich wollte sie Königin werden. Als sie gar wie Gott sein wollte, fand sie sich flugs wieder in der armseligen Fischerkate, in der das Paar ursprünglich gewohnt hatte.

*Wanderung um den Lieper Winkel

Mit einem grünen Querbalken auf weißem Grund ist der Wanderweg markiert, der rund um den Lieper Winkel führt. Folgt man ihm, so kommt man auch durch Dörfchen wie Grüssow, Reestow und Schwenkenberg, wo sich Fuchs und Hase gute Nacht zu sagen scheinen. Alles geht in dieser ländlichen Idylle, ungestört von der Hektik der modernen Zeit, seinen gemächlichen Gang.

Mellenthin G 14

Einwohner: 250

*Ehemaliges Gutsdorf

Mellenthin ist ein typisches Gutsdorf, dessen Charakter hauptsächlich durch die Kirche und das Wasserschloss geprägt werden. Im

Allgemeines (Fortsetzung)

16. Jahrhundert galt das Schloss als einer der stattlichsten Herrensitze der Region – noch heute kann man bei einem Spaziergang um den Burggraben und den dahinter liegenden Park die alte Schönheit erahnen. Leider ist es momentan noch in einem schlechten baulichen Zustand, auch wenn bereits einzelne Teile saniert wurden. Neben dem Wasserschloss ist auch die Mellenthiner Kirche recht bekannt. Um 1330 erbaut, gilt sie als zweitältestes Gotteshaus auf Usedom. Das Besondere an der Backsteinkirche ist ihre teilweise noch aus dem Mittelalter stammende Ausstattung mit Tafelbildern und Gewölbemalereien. Am Dach des nahe gelegenen Gutshofs kann man Störchen beim Brüten oder bei der Aufzucht ihrer Jungen zusehen. Nicht weit in Richtung Balm liegt ein 20 m hoher slawischer Rundwall, die Schwedenschanze.

*Kirche

Von einer Mauer umgeben, inmitten eines alten Friedhofs mit Baumbestand steht die um 1330 entstandene Mellenthiner Kirche. Ihre wechselhafte Baugeschichte lässt sich an mehreren architektonischen Details ablesen: Aus ihrer Entstehungszeit stammen der Rechteckchor aus Feldsteinen sowie die Sakristei. Das angebaute Langschiff aus Backstein und der Turm sind ein Werk des 15. Jahrhunderts, etwa 200 Jahre danach entstanden die Kanzel und der größte Teil der Inneneinrichtung, etwas später die Orgelempore. Erst 1930 waren bei Restaurierungsarbeiten mittelalterliche Fresken aus der Vorreformationszeit freigelegt worden.

An die Erbauer des Schlosses, Rüdiger von Neuenkirchen und seine Frau Ilsabe von Eickstedt, erinnert eine Kalksteinplatte. Das Weihwasserbecken bildet ein alter Mahlstein und die Glocke aus dem Jahre 1654 ist ein Geschenk des Landgrafen von Hessen-Homburg und seiner schwedischen Gemahlin Margarethe de Brahe. Gut und Schloss waren nach dem Tod des letzten von Neuenkirchen in den Besitz des schwedischen Reichsrates von Oxenstierna gekommen.

*Schloss Mellenthin

Über eine von alten Bäumen gesäumte Allee gelangt man (vorbei an den ehemaligen und nun ausgebauten Gutsställen) zum Wasserschloss, das von einem flachen Wassergraben voller Entengrütze, Wasserlilien und Fröschen umgeben ist. Der als "einer der bedeutendsten Profanbauten der Renaissance in Norddeutschland" gerühmte Herrensitz wurde 1580 unter Rüdiger von Neuenkirchen fertig gestellt. Die Familie gehörte neben dem Kloster Pudagla zu den größten Landbesitzern auf der Insel. Mit dem Tod des Sohnes Christoph im Jahre 1641 starb das Geschlecht der Neuenkirchen aus, danach wechselte der Sitz mehrfach den Eigentümer.

In den letzten Jahren wurden Teile des stolzen Gebäudes restauriert, so dass man heute zumindest wieder das untere Stockwerk besichtigen kann. In

Noch restaurierungsbedürftig, aber wunderschön gelegen: das Wasserschloss Mellenthin

Mellenthin, Wasserschloss (Fortsetzung)	den einfühlsam erneuerten, stimmungvollen Räumen wurde ein sehr gutes Restaurant untergebracht; bei gutem Wetter kann man zudem im Schlosshof speisen. Im Café-/Barbereich sticht ein ein farbenfroher, mit Figuren und Reliefs geschmückter Kamin aus dem Jahre 1613 hervor und gibt einen Eindruck von der einstigen Pracht des Schlosses (▶ Restaurants). Geplant ist weiter, dass in den Seitenflügeln nach dem Ende der Renovierungsarbeiten ein Hotel und eine Brauerei einziehen, zusem wird das Büro der Veranstalter der Insel-Safari wieder hier eingerichtet (▶ Baedeker Tipp S. 55).
Gutshof Mellenthin	Nahe des Schlosses wurde der alte Gutshof zu einem wunderschönen Hotel (▶ Hotels) mit Restaurant umgebaut. Im Sommer zieht auf dem Dach ein Storchenpaar seine Jungen groß.
Schwedenschanze	Etwa 1,5 km nördlich liegt die so genannte Schwedenschanze, ein altslawischer Burgwall aus dem 8. und 9. Jahrhundert, in den sich in Krisenzeiten die Landbewohner flüchteten.
Pudagla	Der Sage nach verband ein unterirdischer Gang das Schloss mit dem 6 km entfernten Kloster Pudagla (▶ Neppermin). Einer der Herren von Neuenkirchen soll sich in eine Nonne verliebt haben. Um sie aus dem Kloster zu befreien, habe er einen Tunnel gegraben. Einer anderen Überlieferung zufolge waren es die im Kloster lebenden Mönche, die selbst den Tunnel gruben, um ungesehen ihren Liebesabenteuern auf der Burg nachgehen zu können.
Wanderung zur Sockeleiche nach Suckow	Eine schöne Wanderung führt von Mellenthin zur Suckower Sockeleiche (▶ Morgenitz). Der Weg ist etwa 12 km lang, mit einem grünen Dreieck markiert und beginnt am Schloss Mellenthin. Der Weg führt durch den ▶ Lieper Winkel, vorbei an Morgenitz und biegt in Krienke nach links ab. Weiter geht es dann in Richtung Suckow; neben der Landstraße sieht man schon die mächtige Sockeleiche, die 1997 bei einem Sturm stark beschädigt wurde. Von Suckow führt auch ein kürzerer Landweg direkt nach Morgenitz, von dort gelangt man zurück nach Mellenthin.

Misdroy (Międzyzdroje) H 4/5

Republik Polen
Einwohner: 4000

*Beliebtes Ferienziel auf der Insel Wolin	Östlich des Swinemünder Stadtteils Warszów und des Hafengebiets erstreckt sich ein schmaler Wald, der Międzyzdrowski Las (Forst Misdroy). Dieser trennt den Großen Vierzig See und das Große Haff von der Ostsee. An einem Ausläufer des Kleinen Vierzig Sees liegt Międzyzdroje (Misdroy). Östlich des Ortes befindet sich ein großes Waldgebiet, das zu weiten Teilen zum Woliner Nationalpark gehört, der auch viele Strandwiesen und Sumpfgebiete des Großen Vierzig Sees umfasst. Mehrere Erhebungen, wie der Kaffeeberg, der Gosanberg und der St.-Anna-Berg schirmen Misdroy vor den kalten Ostwinden ab. So zeichnet den Ort trotz der Seelage ein angenehmes Klima aus, das ihn zu einem der beliebtesten Ostseebäder Polens macht.

Vom Bahnhof auf der Woliner Seite Swinemündes erreicht man mit Regionalzügen oder dem Bus nach rund 12 km das traditionsreiche Seebad Międzyzdroje (Misdroy). Auch per Schiff wird der Ort von Swinemünde und den Kaiserbädern aus angelaufen. Er gilt als das schönste Seebad der Insel Wolin, wenn nicht ganz Polens, und wartet – ähnlich wie viele der Usedomer Bäder – mit einer Seebrücke und wunderschönen Villen und Häusern im Stil der Bäderarchitektur auf. Herrliche Sandstrände, Klippen und die Natur des Hinterlandes lohnen einen Besuch. Międzyzdroje eignet sich hervorragend als Ausgangspunkt für eine Tour durch den Woliner Nationalpark mit seinen einmaligen Naturschönheiten.

Allgemeines (Fortsetzung)

Der Türkissee südlich von Misdroy gehört zu den beliebtesten Ausflugszielen auf der Insel Wolin.

Misdroy (Międzyzdroje)

Ein Fischerdorf an der Stelle des heutigen Misdroy ist erstmals 1550 urkundlich nachweisbar. Seit 1579 war der Ort im Besitz der pommerschen Fürsten. Nur sechs Jahre nachdem die ersten Sommerfrischler nach Swinemünde gekommen waren, begannen sie auch das benachbarte Misdroy zu bevölkern. Seit 1835 wurde der Badebetrieb gezielt ausgebaut, schon während der Saison 1850 kamen auf jeden der 300 Einwohner zwei Gäste. Ähnlich wie in Heringsdorf und Bansin logierten hier vorwiegend Adel und Großbürger. 1899 wurde die Anbindung durch die Eisenbahnlinie Richtung Wolin und eine direkte Dampferverbindung über das Haff nach Stettin gesichert. Obwohl die benachbarten Städte Swinemünde und Wolin gegen Ende des Zweiten Weltkrieges noch stark zerstört wurden, entging Misdroy diesem Schicksal. So konnte es seine historische Bausubstanz bewahren, ein Kapital, das früher wie heute den Charme des Ortes ausmacht und Besucher anzieht. 1975 wurde das

Geschichte

Geschichte (Fortsetzung)	Städtchen nach Swinemünde eingemeindet, besitzt aber eigenständigen Charakter: Nach dem Umbruch der 90er-Jahre scheint Misdroy, im Gegensatz zu Swinemünde, ein lohnendes Ziel für polnische und internationale Investoren. Viele Häuser sind aber weiterhin in Privatbesitz und oft noch nicht so saniert bzw. modernisiert wie in den deutschen Seebädern. Gerade das macht aber oft den Reiz aus.

Sehenswertes in Misdroy

Seebrücke	Die heutige Seebrücke knüpft an eine lange Tradition an, denn bereits 1885 wurde in Misdroy der erste Seesteg gebaut, den jedoch eine gewaltige Sturmflut im Jahr 1913 hinwegriss. Dem Nachfolgerbau von 1921 erging es nicht besser; heute steht stattdessen ein moderner Bau mit Ladenpassage, Kneipen, Cafés und einem vorläufig 150 m langen Seesteg. Das soll sich aber bald ändern, denn die Seebrücke ist eine der Hauptattraktionen des Ortes und zur Saison pulsiert hier das Leben.
Promenade und Kurpark	Die Flaniermeile Misdroys ist die über 2 km lange Promenade. Neben prunkvollen Villen und Hotels mit gehobener Gastronomie, beleben auch Imbiss-Stände, Kioske und Straßenmusikanten das Bild. Unweit der Seebrücke liegt am östlichen Ende der Promenade der hübsche Park Zdrojowy (Kurpark): Eine kleine Freilichtbühne ist Schauplatz so mancher hochkarätigen Darbietung während des internationalen Chorfestivals, das jährlich im Sommer (Ende Juni, Anfang Juli) veranstaltet wird. Parallel zum Strand verläuft die Richtung Osten die Promenada Gwiazd (Sternen-Promenade), hier befinden sich mit dem Hotel "Amber Baltic" und dem "Hotel Nautilus" zwei der nobelsten Häuser am Platze (▶ Hotels). Die vielen kleinen Häuser im Stil der Bäderarchitektur entlang der Promenade und der Nebenstraßen bieten hingegen familiäre Atmosphäre zu günstigen Preisen.
Nationalpark-Museum	Neben dem Strand ist die Natur und der Woliner Nationalpark die Hauptattraktion Misdroys. Bester Ausgangspunkt für Entdeckungstouren in Sachen Natur ist das Nationalpark-Museum an der Hauptstraße (ul. Niepodległości 3, geöffnet: Di. – So. 9⁰⁰ – 17⁰⁰ Uhr). Das moderne Gebäude beherbergt eine Ausstellung, die, basierend auf geologischen Grundlagen, die seltenen Pflanzen und Tiere des Nationalparks systematisch darstellt. Für viele Raritäten und Kuriositäten werden den Besuchern hier die Augen geöffnet – so wird der anschließende Rundgang durch den Park besonders erlebnisreich.
** Woliner Nationalpark	Der Nationalpark beginnt sozusagen gleich im Ort: Rundwege fangen hinter dem Misdroyer Bahnhof, am Ende der Promenade und an der Jugendherberge an. Um die gefährdete Natur zu schützen, darf man den 46 km² großen Nationalpark nur auf den gekennzeichneten Wegen durchwandern.
*Wisente-Reservat	Man braucht vom Ort nur knapp 20 Minuten zum 2,5 km entfernten Wisente-Reservat (Rezerwat pokazowy żubrów). Seit 1972 besteht diese Hauptattraktion des Nationalparks, und es ist bisher gelungen die vom Aussterben bedrohte Tierart heimisch zu machen. Spezielle Aussichtspunkte eigenen sich hervorragend für die Beo-

bachtung der massigen, zotteligen Tiere. Eine andere Route führt entlang der Steilküste zu imposanten Aussichtspunkten. Direkt am östlichen Ortsausgang erhebt sich der fast 60 m hohe Kaffeeberg, von dessen Steilküste man einen schönen Blick über den Ort und den Strand hat. Weiter geht es durch einen – auch an heißen Sommertagen – angenehm kühlen Buchenwald Richtung Gosanberg: Der Aussichtspunkt schwebt förmlich auf einer Klippe 95 m über dem Meer, das die Steilküste hier immer weiter unterspült. Über die Straße nach Wisetka und Koczewo ist die Steilküste auch mit dem Auto zu erreichen (ausgeschilderte Parkplätze).

Woliner Nationalpark (Fortsetzung)

In dem südlich gelegenen Waldgebiet Richtung Großes Haff verstecken sich mehrere kleine Seen. Ein beliebtes Ausflugsziel ist der schön gelegene Jezioro Turkusowe bei Wapnica (Kalkofen). Übersetzt bedeutet der Name der alten Kreidegrube "Türkissee", da er bei Sonnenschein türkisblau zu schimmern beginnt (Abb. S. 117).

*Türkissee

Morgenitz F 14

Einwohner: 230

Dörfliche Idylle – das ist es, was man mit dem kleinen Morgenitz westlich von ▶ Mellenthin verbindet. Mag es am Kopfsteinpflaster, den alten Bäumen, den dicht stehenden Häusern, dem Storchennest oder am Frieden, den der Ort ausstrahlt, liegen. Seine Lage nahe des Südufers des Krienker Sees, einer lang gestreckten Bucht im Achterwasser, mit romantischen Uferpartien und einsamen

*Beschauliches Dorf nahe des Krienker Sees

Wie in Liepe verfügt auch die Dorfkirche von Morgenitz über einen frei stehenden Glockenstuhl.

Allgemeines (Fortsetzung)

Mooren tut ein Übriges. Zwar war Morgenitz einst unter dem Namen "Murignevitz" von den Slawen gegründet worden, doch die Trogmühlen aus der Bronzezeit und die frühslawischen Mahlsteine zeugen davon, dass die Gegend bereits vorher besiedelt worden war. Besehen kann man sich die Sammlung bei einem Besuch der Dorfkirche. Zu Zeiten des Klosters Grobe – 1156 erbaut und 1307 nach Pudagla verlegt – wurden nördlich des Usedomer Stadtforstes niedersächsische Bauern angesiedelt. Noch heute bestimmen die kleinen Gehöfte, die von den Siedlern beiderseits der holprigen Straße angelegt wurden, das Dorfbild.

*Dorfkirche und *Friedhof

Morgenitz ist bekannt für seine turmlose mittelalterliche Kirche am Dorfausgang in Richtung Krienke. Auffallend ist der schöne, frei stehende Glockenstuhl und besonders die Sammlung von Trogmühlen vor dem spätgotischen Westgiebel. Diese Mahlsteine, auf denen man einst Getreidekörner zu Mehl zerrieb, wurden dabei fast ausgehöhlt und erhielten so ihre heutige Form. Der 1945 verstorbene Pfarrer Hörstel trug sie auf dem Kirchhof zusammen und schützte die Steine so vor Zerstörung.

Zudem findet man in der Nähe des Glockenstuhls einen wuchtigen Findling, vom dem es heißt, 16 Pferde hätten ihn aus dem Gothensee hierher gezogen. Um die steinernen Zeugnisse herum stehen eiserne Grabkreuze, auf denen Namen, Lebensdaten und teilweise auch die Todesursache der Verstorbenen genannt sind. Größtenteils stammen sie aus dem 19. Jahrhundert wie auch jene auf dem Friedhof auf der anderen Straßenseite. Selbst die Linden- und Maulbeerbäume haben eine Geschichte zu erzählen, erinnern sie doch an ein gescheitertes Projekt Friedrichs II., der in Morgenitz eine Seidenraupenzucht einrichten wollte.

Die älteste Grabstätte auf dem Kirchhof ist zweifellos die des schwedischen Obristen Paul Weedecke von Borcke und seiner Frau, einer schwedischen Gräfin. Seit 1699 liegt der Sarkophag der beiden in der Gruft unter dem Altar der Kirche; diese ist die einzige erhaltene Gruft auf Usedom und kann besichtigt werden. Die Backsteinkirche an sich ist aber bedeutend älter: Sie wurde im 15. Jahrhundert errichtet, bereits 1318 wurde ein Vorgängerbau erwähnt. Bis ins 18. Jahrhundert hinein wurde sie mehrmals verändert, der Innenraum ist barock ausgestaltet. Auf Informationstafeln wird die Geschichte der Kirche erläutert, u. a. erfährt man, dass die Malereien an Kanzel und Altar (1777) sowie die Blumendarstellungen am Gestühl von dem Usedomer Peter Christopf Hiert stammen.

Baedeker TIPP · Keramikhof Danegger

In einem hübschen Gehöft nahe der Kirche lebt und arbeitet das Künstlerehepaar Danegger. Sie präsentieren und verkaufen keramische Plastiken, Fayencen, lehm- und holzascheglasiertes Steinzeug und auch Gebrauchsgeschirr (geöffnet: Mo. - Sa. 11⁰⁰ bis 13⁰⁰, 14⁰⁰ - 18⁰⁰ Uhr, ☎ 03 83 72 / 709 10). Eine Institution ist mittlerweile der Töpfermarkt, der jedes Jahr am letzten Juli-Wochenende stattfindet.

Etwas außerhalb des Dorfes Suckow in Richtung ▶ Lieper Winkel *Sockeleiche
begegnet man einem Naturdenkmal, der Suckower Sockeleiche.
Einst befanden sich hier ausgedehnte Eichenwälder, in denen die
Mönche des Klosters Grobe
Schweine hüten ließen. Darauf
weist auch der ursprüngliche
Name des Ort "Szuinaruitz"
(Schweinehüterei) hin. Mit der
Entwicklung des Ackerbaus
wurden die Wälder abgeholzt
oder fielen der Brandrodung
zum Opfer.
Man nimmt an, dass der Baum
bereits bei der Gründung Su-
ckows 1270 entsprechend groß
war, denn Bogislaw IV. wählte
ihn 1298 als Bezugspunkt bei
der Feststellung des Grenzver-
laufs der Gemarkung Usedom.

Die Sockeleiche wurde 1977 Opfer eines Sturms.

Möglicherweise hatte die Eiche
auch kultische Bedeutung, denn sie steht auf einem vorgeschichtli-
chen Grabhügel. Der Stammumfang des imposanten Baumes beträgt 6,50 m und ihre Kronenbreite 30 m. Leider fiel er einem
Sturm im Juli 1997 zum Opfer, als ein fast waagerecht gewachsener
Starkast wegbrach; aber eine gewaltige Wirkung hat die Sockeleiche auch heute noch.

Neppermin — H 13 / 14

Einwohner: 350

Auf den ersten Blick wirkt Neppermin nicht besonders interessant,   **Dörfliches**
doch wenn man ein wenig durch das kleine Dorf spaziert, lernt   **Idyll am**
man seine unverfälschte Art schätzen. Bei seinen Streifzügen auf   **Achterwasser**
Usedom verschlug es auch Lyonel Feininger (▶ Baedeker Special
S. 75) in diesen ruhigen Ort, in dem nur einige alte, rohrgedeckte
Häuser und hübsche Vorgärten hervortreten. Dem Maler schien es
gefallen zu haben, denn 1910 quartierte er sich zwei Monate lang
hier ein. Während dieser Zeit und auch danach entstanden einige
Werke, die Neppermin zum Motiv hatten. Die hiesige Bucht des
Achterwassers trägt den Namen des Orts. Von der fast 300 m lan-
gen Promenade am Nepperminer See aus kann man die vorgelager-
ten Inseln Böhmke und Werder sehen. Aus gutem Grund ist der
Zutritt auf die Vogelschutzreservate nicht erlaubt, doch an der Promenade informieren einige Tafeln über den Ort, die vorgelagerten
Inseln und die Fischerei. Badestellen gibt es an der Liegewiese am
Nepperminer See oder am Ufer des Balmer Sees in Balm.

Das Naturschutzgebiet im Nepperminer See mit seinen Vogel-   **Inseln Böhmke**
schutzinseln Böhmke und Werder ist die Heimat vieler Tausend   **und Werder**
Seevögel, deren Schwärme besonders im Frühjahr und Herbst einen imposanten Anblick bieten. Die beiden kleinen Inseln dürfen
nicht betreten werden, man kann die Vögel lediglich mit dem Fernglas beobachten.

Baedeker TIPP: Pferde und starke Männer

Ein besonderes Ereignis im Jahreslauf ist der Nepperminer Pferdemarkt Ende Juni, bei dem nicht nur Pferde ihren Besitzer wechseln, sondern auch der stärkste Mann der Gegend gesucht wird. Die Bewerber um den Titel messen sich in sechs Disziplinen, darunter Pferdewagenziehen und Gummistiefel-Weitwurf. Den Abschluss bildet eine Mittsommernachtsfeier mit Lagerfeuer und Musik.

*Golfanlage am Balmer See

Die Ruhe und Idylle am Balmer See hat man sich für die Anlage von Usedoms einziger Golfanlage ausgesucht. Sie bietet auf 120 ha einen 18-Loch-Meisterschaftsplatz, einen 6-Loch-Kurzplatz und eine Driving Range mit sechs Übungsbahnen. Für Anfänger werden auch Schnupperkurse angeboten. Im Stil eines Dorfes mit reetgedeckten Häusern bietet das zugehörige Hotel anheimelnde Zimmer, Ferienwohnungen, einen großen Wellnessbereich und ein sehr gutes Restaurant (▶ Hotels, Abb. S. 202)

Pudagla

Auf den ersten Blick ist das Schloss in dem 4 km nördlich gelegenen Pudagla kaum von einem Wohnhaus zu unterscheiden. Über dem Renaissanceportal befindet sich als einziger Schmuck ein Kalksteinrelief mit dem Landeswappen der Herzöge von Pommern-Wolgast, das von zwei "wilden Männern" getragen wird (Abb.). Das schlichte zweigeschossige Traufenhaus entstand 1574 auf den Mauern des ehemals mächtigen Prämonstratenserklosters als Wohnsitz der Herzogin Marie, Mutter des Herzoges Ernst Ludwig von Pommern-Wolgast.

Südlich des Ortes am Westufer des Schmollensees steht eine Bockwindmühle, die bereits 1702 in den Karten verzeichnet war. Bei diesem Mühlentyp wurden die Flügel mit dem ganzen Gehäuse um den Bock herum in den Wind gedreht. Wegen dieser schweren Handhabung wurde die Bockwindmühle mit der Zeit von der einfacher zu bedienenden Holländer-Windmühle abgelöst. Die 1937 stillgelegte Mühle ist nach erfolgreicher Rekonstruktion (1997) durch den "Mühlenverein" wieder voll funktionstüchtig. Wer sich für Technik interessiert, kann ihre Mechanik im Inneren genauer betrachten und am Erntedankfest sogar die Mühle in voller Funktion erleben.

Teufelsstein

Vom Schloss hinab führt ein mit gelbem Dreieck markierter Weg zum Achterwasser, wo in der Nähe der Badestelle ein großer Findling im Wasser liegt. Im Volksmund heißt er Teufelsstein, da der Teufel ihn einst auf das Kloster Pudagla habe werfen wollen, anscheinend glitt er ihm aber aus den Händen... Die schilfgesäumte Stelle unterhalb einer Steilküste lädt ein wenig zum Verweilen ein. Weiter führt der Weg dann um den Konker Berg herum, durch das

Schäfermoor bis zur alten Bockwindmühle. Entlang der Straße geht es dann zurück nach Pudagla (insgesamt 5 km).

Teufelsstein (Fortsetzung)

Eine wirklich schöne Tour für Radfahrer und Wanderer bietet der 16 km lange, mit einem waagerechten grünen Strich markierte Weg zum Naturschutzgebiet Cosim. Er beginnt auf dem Dorfplatz von Neppermin, führt in Richtung Balm vorbei am Naturschutzgebiet Cosim mit Blick auf die Inseln Bömke und Werder, geht dann weiter über Dewichow und Morgenitz nach Mellenthin, um den Fuchsberg herum bis kurz vor dem Ortseingang Balm. Dort biegt man rechts ab und gelangt zurück nach Neppermin.

Weitere Rad- und Wanderwege

Schön ist auch die Wanderung am Schmollensee, von Pudagla über Benz und Sellin nach Bansin (9 km, Markierung: gelber senkrechter Strich). Soll der Ausflug kürzer ausfallen, so bietet sich die 3 km lange Wanderung um den Glaubensberg (gelbes Quadrat) an.

Peenemünde B 6

Einwohner: 390

Vorbei die Zeiten, als Peenemünde Hauptstadt der Raketenentwicklung und der gesamte nordwestliche Teil Usedoms militärische Sperrzone war. Vergessen sind die Jahre jedoch nicht, als Wernher von Braun (▶ Berühmte Persönlichkeiten) hier während des Dritten Reiches Raketen und V-Waffen entwickelte, was den Ort zum Hoffnungsträger der deutschen Wehrmacht, doch auch zum Ziel alliierter Bomberstaffeln machte. Peenemünde blieb auch nach dem Zweiten Weltkrieg für Militärs interessant, so dass heute deren traurige Hinterlassenschaften den Ort und seine Umgebung prägen. In den Wäldern um Peenemünde herum sollte man sich unbedingt an die gesicherten Wege halten, da trotz intensiver Räumungsbemühungen nach der Wende immer noch Minen im Boden lauern. Bunker, Befestigungen, ehemalige Raktenabschussrampen, Panzersperren – nur allmählich bedeckt die Natur die Unmengen an Stahl und Beton.

**Entwicklungsstätte einer der grausamsten Waffen und "Wiege der Weltraumfahrt"

Peenemünde liegt seeabgewandt am Peenestrom, der hier an der Spandowerhagener Wiek in die Ostsee mündet. Seitdem die Odermündung bei Świnoujście (Swinemünde) zu Polen gehört, bildet der Peenestrom die einzige schiffbare Verbindung zwischen Ostsee, Achterwasser und Oder auf deutschem Staatsgebiet. Die Einfahrt wird auf der Peenemünde gegenüberliegenden Festlandseite durch einem Leuchtturm markiert. Der Peenemünder Haken bildet nicht nur den nordwestlichsten Teil Usedoms, sondern gemeinsam mit der Halbinsel Struck und der Insel Ruden ein Naturschutzgebiet. Aufgrund der einzigartigen Naturschönheiten lohnt sich ein Abstecher auf die Inseln Ruden und Greifswalder Oie, die früher ebenfalls militärisches Sperrgebiet waren (▶ Schiffsverbindungen, Baedeker Tipp S. 98) Der ehemalige Militärflughafen wird heute als Segelflughafen genutzt. Der Ort Peenemünde ist in westlicher Richtung Endstation der Bäderbahn (ab Umsteigebahnhof Zinnowitz). Abseits der von Trassenheide und Karlshagen kommenden Hauptstraße gibt es um Peenemünde fast ausschließlich ehemalige Militärstraßen. Die Landschaft ist von ausgedehnten Strandwiesen, Heide- und Waldlandschaften geprägt. Nördlich von Karlshagen führt

Allgemeines (Fortsetzung)	die Straße an einem wunderbaren und ruhigen Sandstrand vorbei (Parkplatz mit Strandzugang). Östlich von Peenemünde liegen der Kölpien- und der Cämmerersee.
Geschichte	Im Jahr 1935 entstand die Idee, die strategisch günstige Lage Peenemündes zu nutzen und hier eine Raketen-, Forschungs- und Versuchsanlage zu errichten. Der nördlichste Ort Usedoms, der schon 1282 erstmals urkundlich erwähnt wurde, blickt auf eine bewegte Geschichte zurück: Das Dorf mit seinem Hafen gehörte der Stadt Wolgast, bis im Dreißigjährigen Krieg Wallenstein hier Befestigungen errichten ließ. In den folgenden Jahrhunderten wechselten sich Schweden und Dänen mit ihren Besitzansprüchen ab. Auch für Preußen hatten Hafen und Dorf Peenemünde vor allem strategische Bedeutung.

Abseits des Bädertourismus schien diese Gegend Wernher von Braun besonders günstig für seine große Heeresversuchsanstalt, womit der Ausbau des Ortes begann, der sich heute gerne als Wiege der Raumfahrt darstellt. Zunächst mussten jedoch die Bewohner zugunsten der Forscher ihre Häuser räumen – die späteren Luftangriffe der Alliierten ließen wenig davon übrig. Nach 1945 blieben Dorf und Hafen militärisches Speergebiet: NVA und Rote Armee nutzten den tiefseetauglichen Hafen und den Militärflughafen. War der Ort bis 1989 von der Präsenz des Militärs gezeichnet, so prägt ihn heute die Abwesenheit desselben: Mit dem Abzug der Truppen ist der Hauptarbeitgeber am Ort weggefallen, hohe Arbeitslosigkeit, ungenutztes Militärgelände, leer stehender und verfallender Wohnraum tragen zum heutigen, eher traurig stimmenden Bild Peenemündes bei. Dennoch zieht es jährlich mehrere Hunderttausende hierher, die ohne die militärische Vergangenheit des Ortes wohl nicht in diesen abgelegenen Winkel Usedoms gelangen würden.

Sehenswertes in Peenemünde

Sauerstoff-Fabrik und Alte Wache (Information)	In Peenemünde gibt es keine weiten Wege zu bewältigen, sowohl der Bahnhof, als auch die zentralen Parkplätze an der Hafenpromenade liegen unweit der wichtigen Attraktionen. Aus Richtung Karlshagen kommend, führt die Hauptstraße vorbei an der beklemmenden Ruine der ehemaligen Sauerstoff-Fabrik. Wie ein gigantisches Gerippe ragt die Betonkonstruktion in den Himmel. Wegen akuter Einsturzgefahr ist der Zugang verboten, die Ausmaße dieser Industrieanlage, in der als Raketentreibstoff genutzter Sauerstoff produziert wurde; geben einen Vorgeschmack auf die Dimensionen des Geländes der ehemaligen Raketenproduktion. Der Straße weiter Richtung Hafen folgend, erreicht man bald die Peenemünde-Information. Im Gebäude der Alten Wache werden neben einem umfassenden Literaturangebot auch Militärspielzeug und ähnliche Souvenirs verkauft.
**HTI	Wer sich nach Peenemünde begibt, kommt wegen der Raketen und dem Historisch-Technischen Informationszentrum. Es ist unterge-

Auf dem Gelände des Historisch-Technischen Informationszentrums stehen neben den Modellen der V1 und V2 auch sowjetische Kampfflugzeuge. ▶

Baedeker SPECIAL

Raketenrausch

Schuld war die Entenjagd ... Als Wernher von Braun zu Hause erzählte, dass er ein abgelegenes Gelände als Standort für eine Raketen-Versuchsanstalt suche, erinnerte sich seine Mutter an Peenemünde, wo der Vater zur Entenjagd war. Wenige Tage später reiste von Braun zu einer ersten Besichtigung.

Großbaustelle

Diese Besichtigung lief möglichst unauffällig ab, denn die Raketenforschung unterlag der Geheimhaltung. Peenemünde schien der ideale Ort für die Projekte Wernher von Brauns (▶ Berühmte Persönlichkeiten): Der Nordwestzipfel Usedoms war nur schwach besiedelt, und die geografische Lage ermöglichte kilometerlange Testflüge über der Ostsee. Schon wenige Wochen später, Anfang 1936, begann der Bau der Versuchsanlage: Zuerst wurden die wenigen Bewohner umgesiedelt und die gesamte Gegend zum militärischen Sperrgebiet erklärt. Man stampfte einen Flugplatz, Kraftwerke und Fabrikationshallen aus dem Boden. Ferner entstanden Wohnsiedlungen für die Wissenschaftler und ihre Angestellten in Karlshagen. Es folgte der Bau von aufwändigen Entwässerungsanlagen, Abschussrampen, Straßen, einer Werksbahn, Beobachtungsposten, Verteidigungsanlagen sowie eines Lagers für Zwangsarbeiter in Trassenheide. Die Großbaustelle Peenemünde verschlang ganze 350 Millionen Reichsmark.

Gigantomanie

Kern der gesamten Anlage waren das Kraftwerk, das gigantische Energiemengen erzeugte, sowie das Werk zur Produktion von flüssigem Sauerstoff zum Antrieb der Raketen, das als Ruine auch heute noch beeindruckend ist in seinen Ausmaßen. Ein weiterer gigantischer Bau war das Versuchsserienwerk: In der 200 m langen und 20 m hohen Halle konnten die Raketen stehend montiert werden. In Peenemünde befand sich auch der damals modernste Windkanal der Welt, in dem die Versuche bei fünffacher Schallgeschwindigkeit durchgeführt werden konnten. Zwar wurden schon früh Probestarts unternommen, doch schienen die Forscher zunächst von Pleiten, Pech und Pannen verfolgt. Wernher von Braun musste seinen Lebenstraum, die Grundlagenforschung zur Raumfahrt, zurückstellen. Die Wehrmacht als Geldgeber setzte das Peenemünder Raketenteam unter Erfolgsdruck und forderte für die Rüstung verwertbare Ergebnisse. 1942 gelang der Durchbruch: Eine Rakete vom Typ A 4 erreichte eine Höhe jenseits der Erdatmosphäre und eine Weite von rund 200 km. Sie konnte eine Nutzlast von 1000 kg transportieren – 1000 kg Sprengstoff, die die Nazis mit der "V 2" getauften Wunderrakete u. a. auf London abwerfen wollten.

Aus die Träume

"V" stand für "Vergeltungswaffe" – die sollte letztlich, in Massenproduktion hergestellt, den Krieg entscheiden. Doch die britische Flugaufklärung schlief nicht: 1943 erfolgte die Bombardierung Peenemündes. Auf Grund eines Berechnungsfehlers wurden jedoch

Wernher von Braun (Mitte), als er sich, zusammen mit mehr als 100 Mitarbeitern der Heeresversuchsanstalt Peenemünde, bei Kriegsende den US-Truppen ergibt.

statt der Fabrikationshallen, die Wohngebiete in Karlshagen und das Zwangsarbeiterlager in Trassenheide zerstört. Über 700 Menschen verloren ihr Leben, größtenteils Zwangsarbeiter. Die Raketenforschung hätte in Peenemünde fortgesetzt werden können, doch sprachen sowohl der akute Mangel an Zwangsarbeitern, als auch die Gefahr weiterer Bombardements dagegen. Noch 1943 fiel die Entscheidung: Die Raketenproduktion im großen Stil sollte in den Harz verlegt werden, wo in Mittelbau-Dora KZ-Häftlinge aus Buchenwald unter unmenschlichen Bedingungen ein unterirdisches Werk errichteten, in dem bis 1945 die "V 2" produziert wurden.

Fortschritt und Leid

Peenemünde wurde Anfang 1945 evakuiert, Wernher von Braun und sein Team arbeiteten aber schon geraume Zeit im Harz. Ihnen gelang es, rechtzeitig Raketenteile und die wichtigsten Forschungsunterlagen in Sicherheit zu bringen und sich bei Kriegsende in die Hände der Amerikaner zu begeben. Von Braun wurde mitsamt seines Forscherstabs in die USA transferiert, wo die Arbeiten in der texanischen Wüste fortgesetzt wurden.
Unter der charismatischen Führung Wernher von Brauns arbeiteten die Raketenbauer weiter und gehörten bald zur technischen Elite der Vereinigten Staaten. Sie waren maßgeblich an der Entwicklung der US-amerikanischen Raumfahrt- und der Satellitenprogramme beteiligt.
Die "Peenemünder" setzten im Rückblick ihre Technikbegeisterung und den Forschungsauftrag stets in den Mittelpunkt ihrer Selbstdarstellungen. Es darf jedoch nicht verschwiegen werden, dass Peenemünde ein Rad im Rüstungsgetriebe der Nationalsozialisten war. Grundlage für die Privilegien der Forscher und die großzügige finanzielle Unterstützung des Projektes war die Entwicklung von Waffen, die auf die Tötung Tausender abzielten. Die in Peenemünde erarbeiteten Forschungsergebnisse wurden zwar Grundlage der Raumfahrt und der Erforschung des Weltraums, doch ebenso des atomaren Wettrüstens zwischen Ost und West.
Wer Peenemünde die "Wiege der Raumfahrt" nennt, blendet die negativen Folgen aus. Das Technisch-Historische Informationszentrum dokumentiert beides – den Fortschritt und das Leid, das für die Menschheit von Peenemünde ausging.

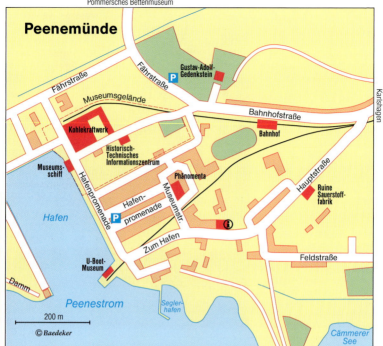

**HTI –
Historisch-
Technisches
Informations-
zentrum
(Fortsetzung)**

bracht im ehemaligen Kraftwerk der Versuchsanstalt und eingebettet in ein weitläufiges Gelände, in dem unter freiem Himmel diverse Flugobjekte, Raketen und Flugzeuge zu sehen sind. Der wuchtige Kraftwerksbau aus der Nazizeit beherbergt über zwei Etagen eine interessante und informative Multimedia-Ausstellung von den ersten Raketenversuchen bis zur Entwicklung und zum Bau der von den Nazis als Vergeltungswaffe propagandistisch ausgeschlachteten V2-Raketen (geöffnet von April bis Oktober: Di.–So. 9^{00}–18^{00}, November bis März Di.–So. 10^{00}–16^{00} Uhr. Das Museum hat von Juni bis September zudem auch montags geöffnet, ☎ 03 83 71/ 20 5 73).

Neben den ursprünglich wissenschaftlichen Zielen, der Zukunfts- und Weltraumbegeisterung der 30er-Jahre des 20. Jahrhunderts werden auch politische und soziale Aspekte beleuchtet. Porträtiert werden nicht nur Persönlichkeiten wie Wernher von Braun und andere Raketenforscher, sondern es wird auch die Geschichte der Zwangsarbeiter und Häftlinge, die am Raketenprogramm beteiligt waren, dargestellt. Dokumente zur Raketen- und Weltraumforschung nach 1945, über den Wettlauf der Weltmächte USA und UdSSR zum Mond sowie ein Ausblick auf die heutige Raumfahrt ergänzen die Ausstellung. Ein informativer Film fasst die Raketengeschichte Peenemündes zusammen.

Das Informationszentrum versucht den Spagat zwischen faszinierender Technikgeschichte und Weltraumbegeisterung einerseits, sowie dem politischen Missbrauch und den sozialen Negativfolgen andererseits. Von den Nationalsozialisten für ihre verbrecherischen Zwecke instrumentalisiert, haftet der Geschichte Peenemündes ein unauslöschbarer Makel an: Die Raketen wurden als Vernichtungswaffen gebaut, bei deren Produktion allein 20 000 Menschen umkamen – mehr, als durch ihren Einsatz starben.

Wer sich nach der Ausstellung weiter informieren möchte, der findet in einem Seitengebäude einen wohl sortierten Buchladen, der erfreulich wenig Raketen- und Kriegssouvenirs bereithält. Schwerpunktmäßig wird hier Literatur zu folgenden Themen angeboten: Fluggeschichte, Drittes Reich, Widerstand und Verfolgung sowie verschiedene biografische Berichte.

HTI – Historisch-Technisches Informationszentrum (Fortsetzung)

Wer klaustrophobisch veranlagt ist, sollte sich besser nicht in den Bauch des riesigen U-Bootes begeben, das im Peenemünder Hafenbecken 1994 vor Anker gegangen ist. Von den ehemaligen Besitzern zeugt nur noch eine nostalgische rote Flagge mit Hammer und Sichel. Fast 30 Jahre kreuzte die 80 Mann starke Besatzung der sowjetischen Marine mit dem 86 m langen Koloss durch die Meere, bevor er ausgemustert wurde. Seitdem kann sich jeder Besucher im Inneren in die Film-Atmosphäre von "Das Boot" versetzen, die beklemmende Enge erleben und die technischen Raffinessen bestaunen. In unmittelbarer Nähe lockt ein als Piratenschiff aufgemachtes Restaurant – vor allem für Kinder eine Attraktion. Schon die witzig aufgemachte Speisekarte macht Lust auf einen echten Seeräuberschmaus.

*U-Boot, Maritim-Museum und Hafen

In der Nähe des Historisch-Technischen Informationszentrums steht an der Bahnhofstraße eine kleine achteckige Kapelle. Im Jahre 1876 ursprünglich als Friedhofskapelle erbaut, wurde sie 1993 grundlegend restauriert und im Inneren als Gedächtniskapelle für die Opfer von Peenemünde umgestaltet. 1930 wurde hier an der Stelle, an der Schwedenkönig Gustav Adolf 1630 gelandet sein soll, ein Gedenkstein errichtet.

Gedenkstätte Gustav II. Adolf

Wo kann man Blitze anfassen oder ein Astronautentraining absolvieren, wo können sogar Kinder Trabbis stemmen? Die Phänomenta, ein Überbleibsel der Hannoveraner EXPO, macht dies alles möglich und bietet darüber hinaus noch eine Menge weiterer faszinierender Erlebnisexperimente: Mitmachen, selber ausprobieren, verstehen durch eigene Erfahrung – das ist das Motto dieses interaktiven Museums zur Physik und Chemie (geöffnet: Mo.–So. 10⁰⁰–18⁰⁰, Nov.–Feb.: Di.–So. 11⁰⁰–16⁰⁰ Uhr). Wenn sogar Papa beim Gewichtheben scheitert, Junior aber mit dem Flaschenzug die Gewichte mühelos stemmt, dann ist alles klar. Akustik, Optik, Mechanik oder Statik sind weitere Themen, die durch vielfältige Experimente erkundet werden können. Allgemeinverständliche Erklärungen geben Aufschluss über die wissenschaftlichen Hintergründe. Ein Museum für alle Sinne, mit Tastquiz, Barfußpfad

*Phänomenta

Baedeker **TIPP** **Kindergeburtstag in der Phänomenta**

Von den Einladungskarten über den Geburtstagskaffee bis hin zu einem tollen Programm – die Phänomenta ist Garant für einen gelungenen Kindergeburtstag ohne Langeweile. Das ganze Museum steht mit seinen Experimenten zur Verfügung. Spannung, Spiel und Spaß sind gewiss. Informationen unter ☎ (0 38 71) 2 60 66.

Phänomenta (Fortsetzung)	und Hörräumen, ein Museum zum Sehen, Staunen und vor allem zum Be-Greifen – das ist hier durchaus wörtlich zu nehmen. Die Phänomenta ist ein Lernmuseum im besten Sinn und fasziniert Jung und Alt.
Pommersches Bettenmuseum	Wohltuend unmilitärisch und ganz und gar nicht technisiert geht es im Pommerschen Bettenmuseum zu. Etwas abseits der übrigen Peenemünder Attraktionen auf dem Flughafengelände kann man im Pommerschen Bettenmuseum (geöffnet: Mo.–So. 10⁰⁰–18⁰⁰ Uhr) so mancher Geschichte rund ums Bett nachspüren. Schlafgewohnheiten vergangener Zeiten, historische Betten, Nachthemden und -geschirre – auch Erotisches – stehen auf dem Museumsprogramm. Hier wird gezeigt, wie die Uroma oder ein russischer Kosmonaut schläft. Wer sich selbst als Schlafmütze für die Nachwelt verewigen möchte, darf sich sogar eins der historischen Schlafgewänder überstreifen und fotografieren lassen.

Rankwitz

▶ Lieper Winkel

Swinemünde (Świnoujście) D/E 5

Republik Polen
Einwohner: 43 000

*Traditionsreiches Seebad und Hafenstadt	Quirliges Leben, ein betriebsamer Hochseehafen, Verbindungen in die weite Welt mit Zug und Fähre – Swinemünde hat im Vergleich mit den beschaulichen Badeorten Usedoms fast großstädtischen Charakter. Seit dem Zweiten Weltkrieg gehört die Stadt mit dem bedeutenden Hafen zu Polen. Die deutschpolnische Grenze trennte lange und einschneidend die einstige Inselhauptstadt vom restlichen Teil Usedoms. Heute wächst wieder zusammen, was immer schon zusammengehörte: Es gibt den kleinen Grenzverkehr, zahlreiche Kontakte und Besuche, Butterfahrten, Schulpartnerschaften, Arbeitspendler. Während für die meisten Einheimischen von hüben wie von drüben die Nachbarschaft zur Normalität geworden ist, bleibt ein Ausflug ins polnische Nachbarland für viele Touristen ein Abenteuer.
Grenzsituation	Swinemünde ist zweigeteilt, der westliche Teil mit dem historischen Zentrum, Kurpark und Kurviertel liegt links der Swine auf der Insel Usedom. Der östliche Teil mit den Stadtteilen Warszów (Ostswine), Klicz (Klüss) und Ognica (Werder) liegt auf der rechten Swineseite und gehört zur Insel Wolin. Zwischen den beiden Inseln, die das Stettiner Haff von der Ostsee trennt, fließt die Swine als größter schiffbarer Mündungsarm der Oder. Die deutschpolnische Grenze verläuft nur knapp 3 km östlich von Ahlbeck und ist sowohl über die B 111 mit dem Auto als auch mit der Bäderbahn (Bahnhof Ahlbeck Grenze) zu erreichen. Der Grenzübergang Ahlbeck/ Świnoujście ist ausschließlich für Fußgänger und Radfahrer geöffnet. Für den Grenzübertritt braucht man als EU-Bürger einen gültigen Personalausweis oder einen Reisepass. Beiderseits der

Grenze sind große Parkplätze eingerichtet. Auf Ahlbecker Seite ist der Parkplatz gebührenpflichtig und bei großem Andrang oft überfüllt, weshalb die Nutzung öffentlicher Verkehrsmittel zu empfehlen ist. Auf polnischer Seite stehen Busse (z.B. die Linie 8), Taxis und Pferdedroschken für die Fahrt in das etwa 3 km entfernte Stadtzentrum bereit.

Grenzsituation (Fortsetzung)

Im ehemaligen Rathaus Swinemündes ist heute das Museum für Hochseefischerei untergebracht; daneben kann man auch einige Fotografien der Stadt aus früheren Zeiten ansehen.

Swinemünde entstand erst 1765 aus zwei Dörfern zu beiden Seiten der Swinemündung, die von den Preußen als Stettiner Vorhafen befestigt und ausgebaut wurden. Dies war von strategischer Bedeutung, da Peenemünde mit Wolgast zu Schweden gehörte. Ein gesicherter Zugang zum Oderhaff und zur Ostsee war für Preußen besonders wichtig, demzufolge wurde die Swine schiffbar gemacht. Hafen und Stadt wuchsen schnell, 1818 begann man mit dem Bau der Hafenmolen, die u.a. die Versandung der Odermündung verhindern sollten.

Seit der Mitte des 19. Jahrhunderts markiert der 68 m hohe historische Leuchtturm die Swine-Einfahrt, damals einer der höchsten Europas. Doch erst 1875–1880 sicherten aufwändige Kanalarbeiten endgültig den Zugang zur Ostsee: Gegen das Problem der Versandung hilft seitdem der Kanal Mielinski (Mellinfahrt) und der Piatowski Kanal (Kaiserfahrt). Swinemünde wurde preußischer Marinehafen und Schauplatz zahlreicher Seeparaden unter kaiserlicher Beteiligung.

Im Jahr 1824 begann mit der ersten Badesaison der rasante Aufstieg Swinemündes zum mondänen Seebad. Im ältesten Ostseebad er-

Geschichte

Geschichte (Fortsetzung)

möglichten Moor und Heilwasser den Kurbetrieb. Da die kaiserliche Familie in Swinemünde oft zu Gast war, wurde es bald schick, dort ebenfalls den Urlaub zu verbringen. Das Kurviertel an der Küste westlich der Odermündung entstand, das ein großer Kurpark von Hafen und Stadt trennte. Erst später entdeckten die Gäste den Reiz der benachbarten Fischerdörfer Ahlbeck und Heringsdorf, die dann ihrerseits vom Bäderboom profitierten.

Seehandel, Marine und Kurbetrieb bestimmen seitdem das Leben in Swinemünde. Sie brachten der Stadt Wohlstand, sind jedoch auch Grund für die Zerstörung gegen Ende des Zweiten Weltkrieges. Am 12. März 1945 wurde die mit Flüchtlingen und Soldaten überfüllte Stadt sowie der Hafen bombardiert und zu großen Teilen zerstört. 23 000 Menschen verloren ihr Leben und wurden auf dem Golm (▶ Kamminke) südlich der Stadt beigesetzt.

Die Polen, die 1945 nach Swinemünde kamen und oft selbst von der Sowjetarmee aus ihrer ostpolnischen Heimat vertrieben worden waren, mussten sich in den zerstörten Gebäuden der Innenstadt und den wenigen unversehrten Häusern des Kurviertels einrichten. Der Überseehafen und die Werften wurden wieder aufgebaut; die Bevölkerung wuchs rasch. Aus drastischem Wohnraummangel entstanden in den folgenden Jahren die unansehnlichen Wohnviertel, die das heutige Stadtbild prägen. In der Innenstadt, insbesondere im Kurviertel, haben sich einige Gründerzeit- und Jugendstilhäuser erhalten. Zusammenhängende Ensembles der Bäderarchitektur wie in den benachbarten Kaiserbädern kann man in Swinemünde leider nicht mehr finden. Im Überseehafen Swinemünde an der Ostseite der Swine werden vor allem Eisen, Kohle und Phosphor umgeschlagen. Vom Fährhafen an der Westseite bestehen Verbindungen nach Schweden und Dänemark. Der Hochseefischereihafen und die benachbarten Betriebe der Fischverarbeitung sind zwar rückläufige Wirtschaftsfaktoren, gehören aber immer noch zu den größten Arbeitgebern.

Sehenswertes in Swinemünde

*Grenzmarkt

Direkt hinter der Grenze führt eine baumbestandene Allee Richtung Innenstadt. Entlang dieser Straße erstreckt sich der so genannte Polenmarkt: In den Budenstraßen werden Waren aller Art angeboten. Kneipen und Restaurants laden zum echten Butterfahrt-Feeling ein. Neben dem üblichen Ramsch und Kitsch lockt vor allem Billigmode die Kunden aus dem Westen. Viele Käufer interessieren sich allerdings nur für das billige Zigaretten- und Alkoholangebot, Parfumimitationen, CD-Raubkopien oder günstige Pelz- und Lederjacken.

Wer die Augen offen hält, kann jedoch auch handwerkliche Produkte wie Korbwaren, Leinen, Glas und Keramik finden – oft sogar in einer Qualität, wie sie bei uns aufgrund der Billigimporte aus Nicht-EU-Staaten rar geworden ist. Empfehlenswert sind die schönen polnischen Kunstgewerbeprodukte: Neben Spielzeug, Küchenutensilien und anderem Krimskrams aus Holz sind auch die Erzeugnisse polnischer Ledermanufakturen wie Taschen, Portemonnaies oder Handschuhe nicht nur schön, sondern auch qualitativ gut und preisgünstig. Polnische Volkskünstler sind zudem weltberühmt für ihre Schnitzfiguren; kunstvoll verzierte Ostereier oder

Christbaumschmuck sind ebenfalls beliebte Mitbringsel. Auch polnischer Schmuck aus Silber oder Bernstein ist international anerkannt.

Grenzmarkt (Fortsetzung)

Baedeker TIPP Gold der Ostsee

Gerade hier, in der Nähe der Ostseeküste, ist das Angebot an Bernstein besonders reichhaltig: Fast alle Größen und Formen werden angeboten, Ketten, Ringe, Broschen oder Ohrringe stehen in großer Vielfalt bereit. Neben dem klaren und durchsichtigen Bernstein gibt es den trüben und undurchsichtigen in Farbnuancen von hell bis dunkel, fast schwarz. Anders als bei Diamanten erhöhen Einschlüsse in Form von Pflanzenteilchen oder Insekten den Wert des Stückes. Aber Vorsicht: Bernstein ist ein Harz und kann bei relativ niedriger Temperatur leicht geschmolzen und in Form gegossen werden. Besonders ebenmäßige oder große Steine sind oft nicht geschliffen und Figuren häufig nicht geschnitzt, sondern durch Schmelzen in Form gebracht und dann ihr Geld nicht wert.

Die Hauptstraße (zunächst ul. Wojska Polskiego, dann ul. Konstytucji 3 Maja) führt vom Ahlbecker Grenzübergang Richtung Hafen und Stadtzentrum. Dort, wo sich die Straße links abzweigend zu den benachbarten Plätzen Plac Wolności und Plac Sowiański öffnet, steht auf der linken Straßenseite die Kośció Chrystusa Króla (Christ-König-Kirche).
Gegen Ende des 18. Jahrhunderts erbaut, zeugen im Inneren die Emporen davon, dass es sich ursprünglich um eine evangelische Kirche gehandelt hat. Im Krieg zerstört und später modernisiert, ist die Hauptsehenswürdigkeit ein fast 2 m langes Schiffsmodell aus Holz, das im Mittelschiff hängt. Auch die schönen alten Altarbilder und die ausdrucksstarken modernen Glaskunstfenster lohnen einen Blick ins Innere der Kirche.

Christ-König-Kirche (Kościół Chrystusa Króla)

Um die verkehrsreichen Plätze Plac Wolności und Plac Sowiański herum sowie in der ul. Armii Krajowej befinden sich zahlreiche Geschäfte: Damen- und Herrenausstatter, Kindermode, Schmuckgeschäfte oder Buchhandlungen, die auch einige Reiseführer oder Kochbücher auf Deutsch und Englisch führen. Wer möchte, kann hier zu relativ günstigen Preisen Hemden, Hüte, Handschuhe, Schlipse, Schuhe oder eine komplette Brautausstattung kaufen. Swinemünde ist aber weder Warschau noch Krakau: Die kleine Provinzstadt kann mit ihrem Angebot nicht mit Großstädten konkurrieren.

Plac Wolności und Plac Słowiański

Direkt an der Swine, in der Wybrzeże Wadysława IV., dient die Touristen-Information mit Informationsmaterial, Stadt- und Fahrplänen sowie Auskunft den Besuchern. Hier befinden sich auch die Anlegestellen diverser Fährverbindungen: Beispielsweise setzt die Bäderlinie (Adler) aus dem westlichen Teil Usedoms hier täglich viele Tagesausflügler aus den Kaiserbädern an Land. Auch die für Fußgänger und Radfahrer kostenlose Stadtfähre pendelt von hier

Information, Anleger und Personenfähre

Information, Anleger und Personenfähre (Fortsetzung)

auf die andere Swineseite in den östlichen Teil Swinemündes, wo sie gegenüber vom Bahnhof anlegt. Zudem starten von der Stelle unterschiedliche Schiffe nach Międzyzdroje (▶ Misdroy), Szczecin (Stettin) und zu Haff-, Tanz- und Kaffeerundfahrten.

Gegenüber der Anlegestelle bietet das Restaurant-Café Central (ul. Armii Krojowej 3) polnische Küche in angenehmer Atmosphäre an: Unter Fotos des alten Swinemündes kann man polnische Spezialitäten wie Pieroggi mit Pilzen, Bigos, Rote-Beete-Suppe oder gefüllte Pfannkuchen probieren. Die ausgesprochen freundliche Bedienung gibt gerne auch Tipps zu lohnenden Zielen in der Stadt oder der Umgebung.

Rathaus und *Museum für Hochseefischerei

Zwischen dem Plac Rybaka und der ul. Armii Krajowej steht das historische Rathaus, das heute das Museum für Hochseefischerei beherbergt. Neben interessanten Exponaten zur Stadt- und Regionalgeschichte Swinemündes steht die Entwicklung der Hochseefischerei im Vordergrund: Schiffsmodelle, historische Navigations- und Fangmethoden werden ebenso präsentiert, wie diverse Fischarten in der Ostsee und ihre Vorkommen. Die Ausstellung beleuchtet die Bedeutung des Wirtschaftsfaktors Fisch für die Stadt Swinemünde (geöffnet: Di.–Fr. 9⁰⁰–16⁰⁰, Sa./So. 11⁰⁰–16⁰⁰ Uhr).

Beiderseits der Swine erstrecken sich die Molen, früher Flaniermeilen der betuchten Badegäste. Heute lohnt sich nur noch ein Spaziergang auf der westlichen Mole, links der Swine, da sich auf dem rechten Swineufer der Industriehafen ausdehnt. Vorbei an immer noch beeindruckenden Resten der Befestigungsanlagen aus dem 19. Jahrhundert führt der Weg weiter zum Strand. Die Einfahrt in die Swine ist mit langen sichelförmigen Wellenbrechern geschützt und durch zwei Leuchttürme markiert – der westliche hat die Form einer Windmühle und gehört zu den Wahrzeichen Swinemündes. Hier herrscht reger Seeverkehr: Kleine Fischer- und Ausflugsboote schippern neben noblen Yachten oder großen Kähnen wie Überseefähren oder Fernhandelsschiffen.

Mole und Leuchtturm

Vom alten Glanz des großen Swinemünder Kurparks haben die Bomben des Jahres 1945 nicht viel übrig gelassen. Nur noch wenige alte Bäume, die heute unter Naturschutz stehen, lassen erahnen, welch beeindruckender Baumbestand diesen weitläufigen Park einst geziert haben muss. Die ursprüngliche Anlage aus der Mitte des 19. Jahrhunderts ging auf den berühmten Landschaftsarchitekten Lenné zurück. Der Park trennt das Kurviertel und den Strand vom geschäftigen Zentrum und dem Hafen.

Kurpark

Hauptattraktion Swinemündes ist der feine Ostseestrand und das Kurviertel. Westlich der Mole erstreckt sich der breite Strand bis zur deutschpolnischen Grenze. Im Gegensatz zu den benachbarten deutschen Ostseebädern kommen hier Muschel- und Strandgutsucher voll auf ihre Kosten: Wegen der geschwungenen Küstenform, der sichelförmigen Wellenbrecher an der Swinemündung und der Meeresströmung schwemmt hier die Ostsee wesentlich mehr Muscheln und andere Gegenstände an als auf der deutschen Seite. Hinter dem Dünengürtel erstreckt sich zwischen dem Schwimmbad im Westen und der Konzertmuschel im Osten die breite Kurpromenade mit zahlreichen Kiosken und Souvenirständen. In Nähe der ul. Powstańców Śląskich und ul. Trentkowskiego decken mehrere Cafés, Restaurants und Imbiss-Stände die kulinarischen Bedürfnisse. Das Kurviertel wird heute geprägt von mehreren größeren Gebäuden, die Kureinrichtungen, Spezialkliniken, Erholungsheime oder Hotels beherbergen. Leider steht ihr heutiger architektonischer Stil meist im krassen Gegensatz zur ursprünglichen Bebauung mit Häusern im Stil der Bäderarchitektur, der Gründerzeit und des Jugendstils. Einige schöne Gebäude aus vergangenen Zeiten haben sich jedoch erhalten und erstrahlen nun wieder in alter Pracht. Die ul. Jana Matejki führt vorbei am Stadion und dem Freiluft-Amphitheater Richtung Zentrum.

*Kurzentrum und Promenade

Trassenheide — D 8

Einwohner: 900

Im nordwestlichen Teil Usedoms, eingebettet zwischen Heide, Moor, Kiefernwäldern und Dünen, liegt das ruhige Ostseebad Trassenheide. Benannt wurde es nach dem Förster Trassen, der in einem nahe gelegenen Moor den Tod fand. Eine erste Siedlung im 17. Jahrhundert nördlich von Zinnowitz wurde "Schafstall" genannt,

Ruhiges Ostseebad im Nordwesten

Zum "Landwirtschaftlichen Erlebnisbereich" gehört eine Ausstellung mit bäuerlichem Hausrat, landwirtschaftlichen Maschinen und Werkzeugen, aber auch ein hübscher Bauerngarten mit vielen Kräutern.

Allgemeines (Fortsetzung)

und als der Ort 1823 planmäßig als Fischerkolonie gegründet wurde, trug er noch den Namen "Hammelstall". Doch dieser erwies sich mit dem aufkommendem Fremdenverkehr nicht gerade als werbewirksam, worauf es dann 1913 zu der Umbenennung kam. Trassenheide konnte nie wirklich aus dem Schatten der großen Seebäder heraustreten, obgleich es seit 1995 ein staatlich anerkannter Erholungsort ist.

Auch heute noch gilt der nördliche Teil der Insel mit Karlshagen und Peenemünde als ruhiges Eck. Abseits von Lärm, Stress und Hektik können Urlauber gerade hier Ruhe und Erholung finden. Wer unberührte Natur sucht und nach Herzenslust baden möchte, der findet in Trassenheide sein Urlaubsziel. Sehr schön ist es, sich an dem fast 4 km langen steinfreien Strand zu sonnen und zu baden. Da er flach ins Meer übergeht, ist er besonders für Familien mit Kleinkindern geeignet. Auch FKK-Anhänger haben hier ihren eigenen Platz. Den angrenzenden Küstenwald kann man bei Spaziergängen, Wanderungen und Fahrradtouren erkunden und auch ein Abstecher in die Moor- und Heidelandschaft ist für Naturliebhaber lohnenswert. Wer sich sportlich betätigen möchte, dem kann darüber hinaus das Sport- und Freizeitcenter oder auch der Reiterhof empfohlen werden. Zudem kann man in der Gegend schön wandern oder Rad fahren. Beliebt sind auch das Sommerfest am letzten Juli-Wochenende und das Heimatfest Mitte September.

Holländerwindmühle

Das stille Trassenheide hat keine besonderen Sehenswürdigkeiten vorzuweisen, allein die hübsche Holländerwindmühle am Mühlenweg Richtung Karlshagen sticht hervor.

Sportpoint Trassenheide

Wenn das Wetter einmal nicht so mitmacht und man sich ein wenig sportlich betätigen will, ist der Sportpoint im Gewerbegebiet (Wiesenweg 5) eine gute Adresse. Das Angebot geht von Bowling über Tennis, Squash und Badminton bis hin zu Minigolf. Es gibt einen Fitnessraum und zudem kann man in der Sauna bzw. im Solarium entspannen und im dazugehörigen Restaurant eine Kleinigkeit essen (geöffnet: Mo.-Fr. 10⁰⁰-17⁰⁰, Sa. 10⁰⁰-24⁰⁰, So./Fei. 9⁰⁰ bis 22⁰⁰ Uhr).

Sportpoint Trassenheide (Fortsetzung)

Zum Reit- und Freizeithof Friesenhof (▶ Hotels) gehören eine große Reitanlage mit Reithalle, Stallungen, ein Außenreitplatz sowie Gastboxen. Interessierten werden Reitkurse, Strand- und Wanderritte, Ponyreiten und Kutschfahrten angeboten.

Friesenhof

Umgebung von Trassenheide

Zur Gemeinde Mölschow gehören die Orte Bannemin, Zerechin und Mölschow. Etwa 2 km südwestlich von Trassenheide und nur 4 km von der Ostsee entfernt liegt inmitten herrlicher Natur das Dorf Mölschow, die Ufer des Peenestroms erreicht man mit dem Fahrrad. Mittelpunkt ist eine alte Gutsanlage aus der 2. Hälfte des 19. Jahrhunderts, in der heute der Kulturhof mit seinen Werkstätten untergebracht ist. Dort wird traditionelles Handwerk wie Korbflechten, Töpfern, Filzen, Schnitzen, Weben und Spinnen gepflegt, aber auch Seidenmalerei betrieben oder Objekte aus Speckstein hergestellt. Bei Präsentationen zeigen Künstler aus der Region ihre Arbeiten. Ein netter Anlaufpunkt ist ebenfalls das dazugehörige Galerie-Café, in dem sehr gut für das leibliche Wohl der Gäste gesorgt wird, auch finden hier verschiedene kulturelle Veranstaltungen statt. Zu dem Anwesen gehört desweiteren eine Galerie und außerdem bietet es einige Übernachtungsmöglichkeiten.

*Kulturhof Mölschow/ Landwirtschaftlicher Erlebnisbereich

> **Baedeker TIPP Allerlei Workshops**
>
> Wer sein kunsthandwerkliches Talent testen oder einfach nur dem schlechten Wetter entkommen möchte, dem bietet der Kulturhof ein besonderes Angebot: In den Schauwerkstätten können Interessierte sich in allerlei handwerklichen Techniken versuchen und den Daheimgebliebenen selbst ein Souvenir basteln. Vielleicht entdeckt man hier ein vollkommen neues Hobby für sich?

Am Ortseingang kann man allerhand über das Leben und Arbeiten auf dem Land zu Zeiten unserer Großeltern und Eltern erfahren. In einem ehemaligen Schweinestall und auf dem umliegenden Freigelände sind Landmaschinen, veralteter Haus- und Hofrat sowie allerhand Tiere zu sehen. Interessantes über Kräuter, Pflanzen sowie über ökologischen Landbau erfährt man im Bauerngarten.

Sowohl der Kulturhof als auch der landwirtschaftliche Erlebnisbereich sind von Mai bis Oktober Mo.-Fr. 10⁰⁰-18⁰⁰ und Sa./So. 11⁰⁰ bis 18⁰⁰ sowie von November bis April 10⁰⁰-16⁰⁰ und Sa. 11⁰⁰-16⁰⁰ Uhr geöffnet.

Hans Seiferts Kleine Galerie befindet sich ebenfalls in Mölschow (Trassenheider Str. 7); hier kann man als Erinnerung an seine Ferien Ölbilder und Miniaturen mit Motiven der Insel kaufen.

Kleine Galerie im Garten

Von Trassenheide ist es nur etwa 4 km in das südlich gelegene Dörfchen Bannemin. An der B 111 weist ein Schild auf "Holz + Keramik" hin; in den zugehörigen Läden findet man sicher ein paar nette Stücke. Pferdenarren zieht es zum Reiterhof Bannemin, der Reitunterricht anbietet, aber auch Ausflüge sowie Kutsch- und Kremserfahrten anbietet.

Bannemin

Krummin	Es gibt etliche schöne Alleen auf Usedom, doch als allerschönste gilt die alte Lindenallee Richtung Krummin. Man scheint beinahe durch ein Tunnel zu fahren, so dicht ist das Dach aus Blättern und Zweigen. Sie führt von der B 111 zwischen Trassenheide und Wolgast in das stille Krummin, wo einst der Pastor Meinhold, Autor der "Bernsteinhexe", predigte. Die Kirche ist heute das einzige klösterliche Relikt auf der Insel. Die Klostergebäude wurden im Dreißigjährigen Krieg zerstört, das Gotteshaus danach mehrfach umgebaut und mit einem Uhrenturm versehen. Um St. Michael herum sind alte Grabplatten mit schönen Steinmetzarbeiten aufgereiht.
*Allee	Es lohnt sich, den kleinen Ort etwas genauer anzusehen, vor allem den idyllischen Hafen mit dem Schiffscafé. Ganz in der Nähe, im waidmännischen Ambiente des "Jagdstübchens Krummin", kann man hervorragende Wildgerichte essen; eine sehr gute Adresse ist auch das "Fischstübchen" im 2,5 km entfernten Weiler Neeberg (beide ▶ Restaurants).
Ziemitz	Kurz bevor man Wolgast erreicht, biegt die Straße in Richtung Ziemietz ab. Sie durchquert dabei die Halbinsel Wolgaster Ort und endet in dem kleinen Dorf am Peenestrom. Vollkommen ruhig und friedlich scheint es hier, man begegnet höchstens ein paar Radfahrern oder sieht einige Kinder an der kleinen Badestelle toben. Ausgesprochen frisch und sehr lecker sind die Fischgerichte im Restaurant "Zur Reuse" (▶ Restaurants).

Ückeritz   H 11

Einwohner: 1000

Ortschaft in der Mitte Usedoms	Wie bei vielen anderen Orten auf Usedom reicht die Siedlungsgeschichte von Ückeritz bis in die altslawische Zeit zurück. Urkundlich erwähnt wurde das Dorf allerdings erst im Jahre 1270, damals unter dem Namen "Ukertz". In der Folgezeit war die Geschichte des am Achterwasser gelegenen Gemeinwesens weitgehend vom Prämonstratenserkloster Grobe bestimmt. So machten die Mönche nach ihrem Umzug nach Pudagla den hiesigen Bauern zur Auflage, Reisende zu beherbergen und den "Gotteslohn" dem Kloster abzuliefern. Eine Beschwerde der Bauern beim Landesherrn führte daraufhin zur Errichtung des ersten "Hotels" auf der Insel, denn dieser ordnete Weihnachten 1388 den Bau einer Herberge an. Der "Krug" bestand fast 250 Jahre bis zum Dreißigjährigen Krieg, leider gibt es heute keine Hinweise mehr auf seinen Standort.
	Ähnlich wie Zempin und Loddin liegt das einstige Fischer- und Bauerndorf Ückeritz mit seinen kleinen Straßen und meist niedrigen Häusern am Achterwasser, nicht direkt an der offenen Ostsee, doch der Weg dorthin ist mit durchschnittlich 1 km nicht weit. Bis ins 18. Jahrhundert war das dichte Waldgebiet in der Umgebung Jagdrevier der Herzöge. Ückeritz, auch als das "waldreichste Seebad" bekannt, besteht heute aus eben diesem Fischerdorf und einem in den 30er-Jahren des 20. Jahrhunderts von Malern errichteten Ortsteil. Zu den Künstlern, die sich im Laufe der Zeit in dem ruhigen Ort an der Waldstraße ansiedelten, gehörten Otto Manigk, Herbert Wegehaupt, Karen Schacht, Manfred Kandt und dessen Frau Susanne Kandt-Horn (▶ Baedeker Special S. 50/51).

Blick vom Balmer See über das Achterwasser nach Ückeritz

Am Sportboothafen an der Achterwasserseite bietet eine Surfschule ihre Dienste an. Zum feinsandigen Ostseestrand gelangt man über eine Straße, die durch den Buchen- und Kiefernwald führt; von der Steilküste bietet sich ein herrlicher Blick auf die Ostsee. Zu DDR-Zeiten wurde der Zeltplatz von Ückeritz mit 7500 Plätzen zum größten der Republik, 65 000 Urlauber pro Saison ließen damals eine eigene Stadt im Walde entstehen. Ungeachtet dessen ist Ückeritz mit seinen zwei Campingplätzen (auch dem am Achterwasser) ein Paradies für Campingfreunde. Ausflüge – zu Fuß, zu Pferd oder mit dem Rad – alles ist möglich, wobei man nicht versäumen sollte eine Wanderung im Naturschutzgebiet "Wockninsee" einzuplanen.

Allgemeines (Fortsetzung)

Sehenswertes in Ückeritz und Umgebung

Am Achterwasser gibt es einen Sportboothafen, an dem sowohl Surfschüler als auch geübte Surfer ihr Können testen können. Die Stelle eignet sich optimal, da das Wasser sehr flach ist. Das nächste Surf-Camp liegt nur 1,5 km weiter am Naturhafen Stagnieß. Es gibt hier einen Bootsverleih und einen Spielplatz, man kann in dem kleinen Café eine Pause machen oder nur ein wenig den Blick übers Achterwasser schweifen lassen. Wettangeln, ein Neptunfest und vieles mehr gehören zum Hafenfest, das traditionell am dritten Juli-Wochenende stattfindet.

Hafen

Auf dem Weg vom Hafen Richtung B 111 biegt links der Mühlenweg ab. Folgt man ihm, so gelangt man schließlich zu den Angelteichen, wo man sich im Fang von Regen- und Lachsforellen, Aalen,

Angelteiche

Angelteiche (Fortsetzung)	Karpfen, Stören und Hechten versuchen kann (☎ 038375/20447, im Sommer tgl. von 7⁰⁰–17⁰⁰, in der Nebensaison Mi.–So 8⁰⁰–17⁰⁰ Uhr zugänglich).
Skaterbahn	Wer sich seine Zeit mit Skaten verteiben möchte, findet an der Straße "Zum Achterwasser" eine Bahn.
Strand	Nördlich der Bahnlinie liegt die Waldstraße mit der Künstlerkolonie. Zum feinsandigen Strand führt eine 1,5 km lange Straße durch Kiefern- und Buchenwald. Vom Hochuferplateau beim Strandcafé "Utkiek" breitet sich ein wunderbares Ostsee-Panorama aus bis zur Insel Wolin. Wenn das Wetter mitmacht, gibt es nicht Schöneres als ein wenig auf der Terrasse zu verweilen und sich mit Kaffee und Kuchen oder mit einem Eisbecher zu verwöhnen. Vor allem Familien lieben den breiten Strand, der flach ins Meer verläuft. FKK-Anhängern ist ein etwa 2 km langer Strandabschnitt in Richtung Bansin reserviert, den man über den Campingplatz Ückeritz erreichen kann. Hundestrände gibt es sowohl in Richtung Bansin wie auch in Richtung Kölpinsee.
*Naturlehrpfad Wockninsee	In Ückeritz beginnt ein Naturlehrpfad um den östlich des Ortes gelegenen Wockninsee, der 1967 zum Naturschutzgebiet erklärt wurde. Der flache Strandsee besteht bereits aus zwei durch Röhricht getrennte Wasserflächen, die immer mehr verlanden. Eine Reihe gefährdeter Pflanzen und Tiere lebt hier, man kann seltene Pflanzen wie Kriechweidengebüsche, Schneideried, Sonnentau oder Wasserschlauch finden, zudem brüten am Wockninsee Graugänse und Kraniche. Schwimmblasen von Fischen auf der Wasseroberfläche weisen auf die Existenz von Sumpfschildkröten hin. Von der Aussichtskanzel kann man einen beeindruckenden Überblick über das Biotop genießen.
Hafen Stagnieß	Verlässt man Ückeritz auf der B 111 in Richtung Bansin zweigt nach etwa 1 km der Weg zum Hafen Stagnieß ab. Von der 15 m hohen Kuppe oberhalb des Hafens hat man eine wunderbare Aussicht auf das Loddiner Höwt (▶ Kölpinsee) – vor allem bei Sonnenuntergang.

Baedeker TIPP Auszeit

In einer wahren Idylle liegt am Hafen Stagnieß der kleine Naturcampingplatz gleichen Namens. Vor allem ruhebedürftige Urlauber, die sich an der Natur erfreuen und ein wenig angeln wollen, zieht es hierher. Wer die Betriebsamkeit der Seebäder meidet, aber trotzdem ein wenig Abwechslung sucht, sollte an einer der Schiffsfahrten auf dem Achterwasser teilnehmen (▶ Schiffsverbindungen).

Usedomer Gesteinsgarten	Kurz hinter der Abfahrt zum Hafen fährt man durch den Wald zum Usedomer Gesteinsgarten (▶ Baedeker Tipp S. 14) am Forstamt Neu-Pudagla ab. Ein Naturkabinett informiert über die heimische Flora und Fauna; in einem Tastquiz können Kinder und Erwachsene testen, ob sie den Wald kennen.

Usedom (Stadt) — E 16

Einwohner: 2010

Das beschauliche Usedom mit seinen Fachwerkäusern und dem kleinen Hafen ist der älteste Ort und Namensgeber der Insel. Die im Südosten an einer Landenge gelegene Stadt war im Mittelalter das politische und wirtschaftliche Zentrum und erhielt schon 1298 von dem Pommernherzog Bogislaw IV. das Lübische Stadtrecht, das Zollfreiheit, Fischereirechte, Markt- und Ackerrecht, die Mühlenkonzession und andere Privilegien miteinschloss. Nach und nach wurde eine Stadtmauer mit drei Toren errichtet, von denen lediglich das Anklamer Tor noch steht. Nur wenige Schritte sind es zum Marktplatz mit der 1337 erstmals erwähnten Marienkirche. Die Christianisierung der Insel ging vom Schlossberg aus, 1128 nahmen die slawischen Fürsten Vorpommerns den neuen Glauben an – ein Granitkreuz erinnert heute daran. Von dieser Stelle hat man den schönsten Ausblick auf die Stadt und die Usedomer See.

Nach wechselvoller Geschichte gelangte Usedom 1720 in preußischen Besitz. Als die Insel in der zweiten Hälfte des 19. Jahrhunderts als Urlaubsziel entdeckt wurde, baute man 1876 eine Bahnstrecke, die der gesamten Insel wirtschaftliche Verbesserungen brachte. Unter anderem entstanden damals ein Sägewerk und eine Dampfmühle. 1945 wurde die Eisenbahnhubbrücke, seinerzeit eine technische Meisterleistung, gesprengt. Noch immer zieht es viele Urlauber hierher, um sich das verbliebene Mittelteil anzusehen. Als Wanderer oder Fahrradfan hat man in der Stadt Usedom und ihrer Umgebung zahlreiche Gelegenheiten, seine Tage angenehm zu verbringen. Beliebt ist das Schützenfest am letzten Juni-Wochenende und an Pfingsten schlägt das Wikingerlager (▶ Baedeker Tipp S. 143) in der Nähe der Stadt seine Zelte auf.

*Einzige "Stadt" im deutschen Teil der Insel

Wahrzeichen der Stadt Usedom: das Anklamer Tor mit Marienkirche

Sehenswertes in Usedom und Umgebung

Nähert man sich dem Zentrum, sticht als Erstes das Wahrzeichen der Stadt ins Auge: das Anklamer Tor – ein schön gegliederter Backsteinbau aus dem Jahre 1450. Der historische Kern war einst von einer Ringmauer mit drei Toren umgeben, heute ist nur noch das Anklamer Tor mit einem kleinen Mauerrest zu sehen. Im Laufe der

*Anklamer Tor (Heimatstube)

Anklamer Tor
(Fortsetzung)

Jahrhunderte diente der Turm zum Schutz vor Eindringlingen, aber auch als Gefängnis. Mittlerweile beherbergt er die sehenswerte Heimatstube, deren Sammlung vom Leben der Fischer, Bauern und Handwerker in vergangenen Zeiten erzählt (geöffnet: tgl. 10⁰⁰ bis 14⁰⁰ Uhr). In dem hübschen Turmzimmer, von dem man einen weiten Blick über die Insel, das Haff und den Peenestrom hat, werden auch Trauungen abgehalten. Das Wappen, das man außen am Turm erkennen kann, wurde Usedom von Bogislaw X. zugewiesen.

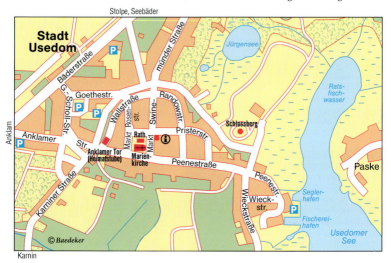

*Marienkirche

Nicht weit entfernt steht in der Mitte des historischen Marktplatzes die spätgotische Marienkirche. Bereits 1337 wurde ein Vorgängerbau erwähnt; man nimmt an, dass sie nach dem großen Stadtbrand um 1475 vermutlich schon als dreischiffige Hallenkirche wieder aufgebaut wurde. Ihre heutige Gestalt erhielt sie allerdings in den Jahren 1726 bis 1893, als man bei einer umfassenden Erneuerung den vorhandenen Chorraum verkleinerte. Auch die Inneneinrichtung der Kirche stammt aus dieser Zeit. Älter sind die Altarschranke (1743) und der "Ralibor-Stein", die spätmittelalterliche Grabplatte des Herzogpaares Ralibor und Pribislawa. Ralibor, der 1155 das zweite Kloster Pommerns in Grobe bei Usedom gründete, war der Nachfolger Wartislaws.

*Marktplatz

Schön ist es, den Marktplatz mit seinen hübsch renovierten Gebäuden und die umliegenden Straßen zu erkunden. Man kann sich das imposante Rathaus ansehen, in einem Café oder dem "Norddeutschen Hof" (▶ Hotels) einkehren. An einigen der einstöckigen Häuser im Zentrum fallen die z.T. kunstvoll verzierten Türen auf.

Schlossberg

"Gott will nicht erzwungenen, sondern freiwilligen Dienst" – so lautet die Inschrift am Sockel des Granitkreuzes, das an die Christianisierung der Insel erinnert. Auf dem Berg Uznam, wo einst eine Burg stand, versammelten sich 1128 Bischof Otto von Bamberg und

Baedeker TIPP) Wikingerlager

Alljährlich zu Pfingsten treffen sich bei der Naturbadestelle an der Peene die "Nachfahren" der Wikinger, die vor 1000 Jahren im Nord- und Ostseeraum Angst und Schrecken verbreiteten.
Hier erfährt man viel Interessantes über die Sitten und Gebräuche der gefürchteten Nordmänner, kann ihnen bei der Ausübung ihres Handwerks zusehen und ganz nach damaligem Geschmack zubereitete Speisen und Getränke genießen. Besonderen Anklang finden während dieser drei Tage bei den großen und kleinen Besuchern die Wettkämpfe im Baumstammwerfen, Bogenschießen sowie Axt- und Speerwerfen.

die slawischen Fürsten Vorpommerns, um den christlichen Glauben anzunehmen. Das Kreuz auf dem Schlossberg wurde 1928 zum 800. Jahrestag dieser Versammlung errichtet. Über die sanierte Peenestraße gelangt man vom Marktplatz zum Schlossberg, der einen herrlichen Blick über die Stadt und den Usedomer See bietet.

Schlossberg (Fortsetzung)

Auf dem Weg nach Dargen kommt man ungefähr 5 km östlich der Stadt Usedom durch den hübschen Ort Stolpe. Am idyllischen Dorfteich steht die restaurierungsbedürftige Anlage des Schlosses Stolpe aus dem 17. Jahrhundert. Das einstmals imposante Gebäude wurde nach dem Krieg Sitz einer LPG, die Teile als Steinbruch nutzte. 1945 war die letzte Besitzerin des Schlosses, Edda von Schwerin, in den Westen geflohen. Da sie in ihrem Testament verfügt hatte, in Stolpe beerdigt zu werden, waren die politisch Verantwortlichen nach ihrem Tode 1957 in Aufruhr, da sie ein öffentliches Begräbnis vermeiden wollten. Die Geschichte wurde zum Filmstoff: 1991 entstand das "Begräbnis einer Gräfin" unter der Regie von Heiner Carow. Ein Blitzschlag zerstörte 1867 die mittelalterliche Kirche des Ortes; der heutige Backsteinbau stammt aus den Jahren 1871 bis 1873, vieles geht auf die Entwürfe einheimischer Maurer und Tischler zurück. Ein ganz besonderer Tipp ist der außerhalb gelegene Stolperhof, eine ökologische Ferienanlage (▶ Ferienanlagen), in der sich vor allem Kinder wohl fühlen.

Stolpe

*Stolperhof

Der Usedomer Winkel ist der südwestliche Teil der Insel, der von Peenestrom, Stettiner Haff und Usedomer See umgeben ist. In der Stadt Usedom beginnt beim Anklamer Tor ein Wanderweg nach Mönchow. Ein Spaziergang am Usedomer See, der eigentlich eine Haffbucht mit einem sehr engen Kanal zum Kleinen Haff ist, dauert ein wenig länger, ist aber lohnenswert. Ungefähr auf dem halben Weg nach West-Klüne (2 km) wurde auf einem Landvorsprung einst das Kloster Grobe errichtet. Leider ist nichts mehr von dem ersten Kloster Usedoms erhalten. Äußerst friedlich geht es in dem winzigen Haffdorf West-Klüne zu. Wer einen Abstecher auf die gegenüberliegende Seite des Usedomer Sees machen möchte, wird mit dem Ruderboot (auch mitsamt Fahrrad) nach Ost-Klüne gebracht. Nach Mönchow kann man nun die Abkürzung über den Wanderweg wählen oder sich weiter am Oderhaff halten. Zwei Be-

*Wanderung durch den Usedomer Winkel

Usedom, Usedomer Winkel (Fortsetzung)

sonderheiten sind in dem kleinen Ort zu sehen: die Kirche mit Fachwerkturm und einer bemalten Balkendecke sowie das neobarocke Mausoleum auf dem nahe gelegenen Friedhof. Weiter geht es über Karnin und Zecherin (s.u.) zurück nach Usedom. Auf der letzten Etappe kann man sich für die kurze Strecke entlang der viel befahrenen B 110 entscheiden oder man wählt den Umweg über Zecherin und Gellenthin.

*Karnin

Bei dem kleinen Dorf Karnin, im äußersten Süden der Insel ragen aus dem Peenestrom die Überreste der einstmals modernsten Hubbrücke Europas und erinnern daran, dass schon vor 1945 eine Bahnverbindung zwischen der Insel und dem Festland bestand. Mit der Entdeckung Usedoms als Ferieninsel hatte man 1876 die Eisenbahnstrecke Ducherow–Swinemünde und eine 360 m lange Fünfbogenbrücke über den Peenestrom gebaut. Für Schiffsdurchfahrten gab es eine Drehbrücke. Mit dem wachsenden Verkehrsaufkommen wurde 1933 ein neue Brücke realisiert, und zwar eine Hubbrücke. Auch heute noch gilt das Bauwerk, bei dem das Ausfahren der Überbauten der Brücke unter Beibehaltung des Schiffs- und Bahnverkehrs möglich war, als Meisterleistung der Ingenieurskunst. Mittlerweile ist nur noch das Mittelteil zu sehen, denn die Hubbrücke wurde Ende April 1945 von der Wehrmacht gesprengt, um die vorrückende Rote Armee aufzuhalten.

Mittelteil der Hubbrücke von Karnin

Interessierte können sich im ehemaligen Bahnhofsgebäude über die Geschichte und Funktionsweise informieren, auf dem Bahndamm sind noch einige Schienen erhalten sowie ein Zug aus den 1930er-Jahren. Nach der Wiedervereinigung war geplant, auch das 25 m hohe Relikt zu demontieren, doch eine Bürgerinitiative konnte dies verhindern; die Hubbrücke und der kleine Bahnhof stehen nun unter Denkmalschutz. Nicht nur Eisenbahnfreunde setzen sich für die Wiederherstellung der Brücke und Bahnlinie ein: Es war die schnellste Verbindung von Berlin auf die Insel Usedom – bis heute unerreicht! Heutzutage fährt die Bahn über die neu erbaute Brücke in Wolgast.

Wenige Gehminuten vom Bahnhof entfernt steht ein Lotsenturm, und die Haffschänke (▶ Restaurants) lädt zum Verweilen ein.

Zecherin

Nach dem wirtschaftlichen Aufschwung in den 1930er-Jahren errichtete man in Zecherin die Bäderbrücke, die ebenfalls gegen Ende des Zweiten Weltkrieges zerstört wurde. 1956 enstand die Zecheriner Klappbrücke. Am äußersten Zipfel der Insel, wo die Brücke über den Peenestrom führt, gibt es ein nettes kleines Lokal, dessen Name nicht zuviel verspricht: das "Peene-Idyll" (▶ Restaurants).

Wolgast B 9/10

Einwohner: 16 000

**Kleinstadt am Peenestrom

Wolgast ist vielen nur von der Durchfahrt nach Usedom bekannt, doch die Kleinstadt am Peenestrom hat in den letzten Jahren einiges dafür getan, um attraktiver zu werden – zum Beispiel durch den zwar noch bescheidenen, aber hübsch angelegten Museumshafen oder das interessante Runge-Museum. Vor allem die St.-Petri-Kirche lässt mit ihrer wuchtigen Erscheinung noch erahnen, dass die Stadt in früheren Zeiten mehr war als nur eine Durchgangsstation. Bischof Otto vom Bamberg, der 1128 auf seiner Missionsreise nach Usedom durch Wolgast kam, ließ hier den Gerowit-Tempel zerstören. Die Wolgaster Linie der Pommernherzöge residierte von 1285 bis zu deren Aussterben im 17. Jahrhundert in Wolgast. Aus Rache dafür, dass die Schweden Altona abgebrannt hatten, ließ Zar Peter I. 1713 die Stadt niederbrennen – nur die Kirche, zwei Kapellen und vier weitere Gebäude blieben erhalten. Im 19. Jahrhundert erlebte Wolgast durch die Segelschifffahrt und den Getreidehandel eine neue Blütezeit.

Allgemeines (Fortsetzung)

Wolgast hat eine Reihe beliebter Veranstaltungen zu bieten: Das Altstadtfest am letzten Mai-Wochenende, die Hafentage Anfang Juli und das Tierparkfest am zweiten August-Wochenende. Eine bunte Konzertreihe zieht im Juli und August während des Orgelsommers Musikliebhaber in die St.-Petri-Kirche. Unter Marathonläufern ist der Usedomer Marathon, der am 1. Samstag im September stattfindet und in Wolgast endet, bekannt.

Sehenswertes in Wolgast und Umgebung

An seinem geschweiften Giebel erkennt man das Rathaus, das am Marktplatz im Zentrum von Wolgast steht. Das Gebäude ist im Kern mittelalterlich, wurde aber nach dem verheerenden Stadtbrand im Jahr 1713 barock erneuert. Vor dem Rathaus erzählen

Rathaus, Brunnen

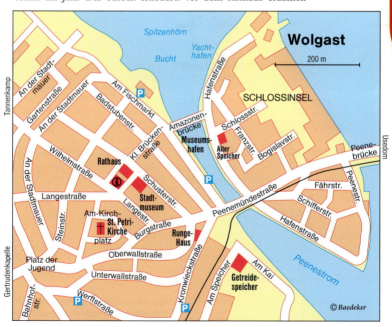

Rathaus (Fortsetzung)	10 Tafeln auf dem Brunnen, der 1936 von Kurt Baer geschaffen wurde, von der wechselhaften Geschichte der Stadt.
Stadtgeschichtliches Museum	Das daneben stehende Fachwerkgebäude (Rathausplatz 6), in der Mitte des 17. Jahrhunderts als Kornspeicher erbaut, wird wegen seiner eigenwilligen Form von den Wolgastern "Kaffeemühle" genannt. Hier hat das Stadtgeschichtliche Museum seinen Sitz (geöffnet im Juni–Aug. Di.–Fr. 10⁰⁰–18⁰⁰, Sa./So. 10⁰⁰–16⁰⁰, Sept. bis Mai: 10⁰⁰–17⁰⁰, Sa. 10⁰⁰–14⁰⁰ Uhr). Die Ausstellung im ersten Obergeschoss informiert über die Stadtgeschichte. Die interessanteste Abteilung umfasst allerdings die Handwerkerstuben im Dachgeschoss, wo mit Liebe zum Detail u. a. die Werkstatt eines Schuhmachers, eine alte Apotheke und eine Bäckerei nachgestellt wurden.
*St.-Petri-Kirche	Vermutlich im späten 14. Jahrhundert wurde die St.-Petri-Kirche errichtet – an der Stelle des slawischen Gerowit-Tempels bzw. über einem frühgotischen Vorgängerbau. Durch den von Zar Peter I. veranlassten Stadtbrand von 1713 verlor die Kirche einen Teil ihrer wertvollen Ausstattung. An der Südwand des Chores entdeckte man den so genannten Gerowit-Stein: Ein Flachrelief, das eine stehende Männerfigur mit Lanze zeigt. Der bedeutendste Teil der Innenausstattung stammt ursprünglich aus der nahe gelegenen Gertrudenkapelle: das Wandbild "Der Totentanz". Es entstand um 1700 nach der berühmten Holzschnittfolge von Hans Holbein dem Jüngeren. Eine hervorragende Arbeit ist das aus Messing gefertigte Epitaph für Herzog Philipp I., das 1560 in der Werkstatt des Freiberger Meisters Wolf Hillinger entstand. In der Krypta sind die Herzöge von Pommern-Wolgast beigesetzt, darunter auch der im Jahr 1625 verstorbene Herzog Philipp Julius, der Letzte seines Geschlechts.
*Runge-Museum	In der Kronwiekstraße 45 wurde Philip Otto Runge (▶ Berühmte Persönlichkeiten), der nach Caspar David Friedrich bekannteste romantische Maler Deutschlands, geboren. Wolgast besitzt bedauerlicherweise kein einziges Originalgemälde des Künstlers, doch die Stadt hat aus der Not eine Tugend gemacht und Runges Geburtshaus in ein interessantes und ungewöhnliches Museum verwandelt. Mit Hilfe von Zeitzeugnissen, aber auch mit modernsten Computerinstallationen werden Runges Neuerungen, insbesondere seine Symbolsprache im Zyklus "Die Zeiten" und seine berühmte Farbenlehre, anschaulich vermittelt und sein Einfluss auf die Moderne deutlich gemacht. Im Erdgeschoss werden vor allem Runges Elternhaus und seine ersten kreativen Versuche beleuchtet. Da die ursprüngliche Einrichtung des Hauses nicht mehr am Ort ist, gingen die Ausstellungsmacher auch hier neue Wege, indem sie auf die einfühlsame Restaurierung der Räume vertrauen und sich auf ausgewählte Aspekte aus Runges Jugendzeit beschränken.
Getreidespeicher	Alte Speicher zeugen von einem florierenden Überseehandel mit Getreide. So kann man am Hafen von Wolgast einen der größten Getreidespeicher der Ostseeküste sehen. Bis zu 5000 t konnten in dem imposanten Fachwerkgebäude, das auf 99 Eichenpfählen errichtet wurde, gelagert werden.

Vom Turm der Wolgaster Petrikirche schweift der Blick bis nach Usedom. ▶

zu Tausenden, in den 1970er- und 1980er-Jahren zählte man pro Saison nahezu 100 000 Gäste. Mit der Reprivatisierung der Villen, Hotels und Pensionen nach der Wende und der Investitionsbereitschaft vieler ehemaliger Eigentümer und Käufer erstrahlen die alten Häuser heute wieder in neuem Glanz. Zur Verschönerung des Ostseebads wurde die Promenade umgestaltet und die Seebrücke wieder errichtet. All diese Maßnahmen hatten eine regelrechte Sogwirkung, u.a. wurde das Meerwasserhallenbad am westlichen Promenadenende nach völligem Umbau im Herbst 2001 unter dem Namen "Bernsteintherme" wieder eröffnet.

Geschichte (Fortsetzung)

Sehenswertes in Zinnowitz und Umgebung

Entlang der breiten Zinnowitzer Strandpromenade findet man viele Bauten im Stil der Bäderarchitektur, die den Ort fast mehr als im mondäneren Heringsdorf zu prägen scheinen. 1881 hatten in dem jungen Seebad noch die Fischerhäuser überwogen, doch dann wurden vermehrt Pensionen und Hotels gebaut. Typische Elemente der in Pastelltönen gehaltenen Gebäude sind Walmdächer, Fachwerk, Türmchen und Veranden.

**Strandpromenade

Wendet man sich in östliche Richtung, so liegen auf dem Weg so schöne und interessante Gebäude wie das aus Backstein errichtete "Hotel Kormoran", das "Aparthotel Seeschlösschen" im Seebäderstil und die Jugendstilvilla "Asgard's Meereswarte", das "Haus am Meer" sowie die Apartmenthotelreihe Dünenstraße 24–27. In westlicher Richtung führt der Spaziergang vorbei am "Preussenhof"

Es heißt, der "Preussenhof", das ehemalige Kurhaus-Strandhotel, bekam seinen Namen, nachdem hier 1925 der preußische Kronprinz logierte.

| **Strand-promenade** (Fortsetzung) | mit seinem einmaligen Bademuseum (s. u.), dem exklusiven "Palace Hotel" (1900), früher "Schwabe's Hotel", das mit seinen drei Türmen eher an ein Schloss erinnert, den Hotels "Nordlicht", "Seestern" und "Vineta" bis zum siebenstöckigen Sport- und Ferienhotel "Baltic" und der 2001 neu eröffneten Bade- und Saunalandschaft "Bernsteintherme".
Man kann hier wunderbar flanieren, auf den Bänken am Rosenrondell und beim Musikpavillon eine kleine Pause machen, den anderen Urlaubern zusehen oder eines der Cafés und Restaurants aufsuchen. Auch an die Kinder wurde gedacht: Ein Spaziergang lässt sich ohne Schwierigkeiten in der kleinen Freizeitanlage oder den "steinernen Möbeln" im Westteil der Promenade unterbrechen. An der Ostpromenade wartet der Erlebnispfad, wo einige interessante physikalische Experimente zum "Begreifen" aufgebaut sind. |
|---|---|
| **Vineta-Brücke** | Die heutige Seebrücke ist ein wichtiger Treffpunkt und eine beliebte Flaniermeile für Urlauber wie Einheimische. Bereits zu Beginn des 20. Jahrhunderts entstand hier eine Seebrücke, viele Urlaubsgäste reisten damals mit dem Schiff an. Durch Eisgang wurde sie allerdings 1942 zerstört, in den 50er-Jahren riss man schließlich den verfallenen Rest ab. Am 3. Oktober 1993 wurde endlich die neue, 3 m breite und 315 m lange Vineta-Brücke eingeweiht. Sie ist nicht nur ein beliebter Spazierweg, sondern auch Anlegestelle für Ausflugsfahrten, beispielsweise nach Bornholm oder Rügen. Viel diskutiert wurden in den letzten Jahren die Ideen des Stardesigners Luigi Colani: Er versprach den Zinnowitzern eine spektakuläre Neugestaltung der Seebrücke – ein riesiges "Muscheldach, unter dem ein fliegendes Ufo hängt" sollte Strand, Meer und Vorplatz verbinden. Auch mit dem seit Jahren leer stehenden Kulturhaus im Stadtpark hatte er große Pläne – mittlerweile ist es leider um beide Projekte still geworden. |
| **Strand** | Besonders einladend ist der flach abfallende weiße Strand in Zinnowitz, der ungefähr 3 km lang und 40 m breit ist. Es gibt gesondert ausgewiesene Strandabschnitte für Hunde und Pferde. Über den Sand zu galoppieren und sich die Seeluft um die Nase wehen zu lassen – hier darf dieser Traum Wirklichkeit werden! An kaum einem anderen Urlaubsort an der Ostsee kann man am Strand bei Ausritten malerische Sonnenuntergänge genießen und an einer offiziell genehmigten Lagerfeuerstelle den Abend ausklingen lassen. |
| **Preussenhof** | Direkt an der Strandpromenade wurde 1890 das Kurhaus-Stadthotel erbaut, das heute unter dem Namen "Preussenhof" bekannt ist. |

Baedeker TIPP Baden anno dazumal

Amüsantes und Nachdenkliches – hier gibt es allerhand über die Badesitten zu Großmutters Zeiten und die Zinnowitzer Geschichte zu erfahren. Zu den Ausstellungsobjekten des Bademuseums im Hotel Preussenhof gehören Strandkörbe, Bademode, historische Postkarten und vieles mehr (geöffnet von Juli bis September: Di.–So. 15^{00}–18^{00}, von Oktober bis Juni Fr.–So. 15^{00}–18^{00} Uhr).

Im Jahre 1925 logierte gar der preußische Kronprinz Wilhelm hier. Zu DDR-Zeiten wohnten Kumpel der deutsch-sowjetischen Aktiengesellschaft Wismut, die im Erzgebirge und Thüringen nach Uran schürften, in dem Hotel, das damals passenderweise in "Glück auf" umbenannt worden war. Heute bietet der "Preussenhof" Urlaubern 28 exklusive Apartments in bester Lage. Im Erdgeschoss sollte man einmal des Museumscafé (▶ Cafés) besuchen und die leckeren Torten und Desserts aus der hauseigenen Konditorei probieren.

Preussenhof (Fortsetzung)

Informationen aller Art erhält man an der Ecke Neue Strandstraße/Dünenstraße. Nach der Sanierung des einstigen Warmbades 1996 zog hier die Kurverwaltung ein.

Kurverwaltung

Jedes Jahr locken die Vineta-Festspiele (▶ Baedeker-Special S. 156/157) in den Sommermonaten Tausende von Besuchern an. Auf der Freilichtbühne kann man dann die Geschichte vom Aufstieg und Fall der legendären Stadt Vineta verfolgen. Ganz in der Nähe gibt es in der "Blechbüchse" ein buntes Programm von Theater über Varieté bis zu Live-Konzerten – manchmal kann man gar einer alten Ostband und ihren Hits lauschen.

**Vineta-Festspiele und *Blechbüchse

Zinnowitz

Im Park von Zinnowitz kann man das verfallene einstige Kulturhaus betrachten. In dem erst 1956 errichteten imposanten Bau im Stil der Stalinzeit traten zu DDR-Zeiten weltberühmte Stars auf, gut 900 Personen fanden im großen Saal Platz. Kurz vor der Wende hatte man mit einer Renovierung begonnen, seit der Einheit steht das Gebäude leer. Geplant ist der Umbau des Komplexes zu einem Tagungs-, Kongress- und Veranstaltungszentrum.

Park mit Kulturhaus

Im Jahre 1895 wurde die neugotische Backsteinkirche erbaut, die heute die Silhouette des Seebads bestimmt. Auffallend ist ihre trapezförmige Holzdecke sowie eine umlaufende Empore.

Kirche

Der alte Ortskern erstreckt sich in Richtung Achterwasser. Jenseits der B 111 steht an der Verlängerung der Strandstraße in Richtung ▶ Gnitz das älteste Haus des Ortes (Neuendorfer Weg 21). Der einstige Domänengutshof aus der Mitte des 18. Jahrhunderts ist umgeben von landwirtschaftlichen Geräten aus DDR-Zeiten.

Domänengutshof

Nach einem kurzen Spaziergang durch eine wunderschöne kopfsteingepflasterte Baumallee gelangt man zu dem hübschen Yachthafen. Von hier aus können Boots- und Angelfahrten auf dem Achterwasser gebucht, oder mit dem eigenen Boot die Peene, das Stettiner Haff sowie die Ostsee erkundet werden. Entspannend kann es aber auch sein, sich einfach hier ein wenig umzusehen und in aller Ruhe die Seele baumeln zu lassen.

Hafen

Der mit einem waagrechten grünen Strich markierte Weg beginnt am Ortsausgang Zinnowitz auf der Straße Richtung Neuendorf. Am Eichholz nimmt man die Abzweigung nach Netzelkow, auf dem alten Kirchsteig führt der Weg nach Lütow. Die Wanderung geht dann weiter zur Südspitze des Gnitz und landeinwärts nach Neuendorf. Vor Neuendorf biegt man links zur Krumminer Wieck ab, kehrt in das westliche Eichholz zurück und erreicht wieder die Landstraße nach Zinnowitz.

**Gnitzwanderung (ca. 18 km)

Baedeker SPECIAL

Wo lag Vineta wirklich?

Die Dächer ihrer Häuser sollen aus purem Gold gewesen sein, und die Kinder spielten mit echten Perlen. Um Vineta, die reiche Handelsstadt an der Odermündung, ranken sich viele sagenhafte Erzählungen. Wo sie vor ihrer Zerstörung durch die Dänen im 12. Jahrhundert wirklich lag, weiß bis heute keiner so genau. Und das macht sie nicht nur für Forscher interessant.

Schon lange rätseln Wissenschaftler und Bewohner der Boddenküste um den Verbleib der sagenhaft reichen Stadt Vineta an der Odermündung. Im Meer versunken wie einst das sagenhafte Atlantis oder schlichtweg zerstört von bewaffneten Eindringlingen? Stutzig machte archäologische Forscher von jeher, dass die sagenhafte Stadt nach ihrem Verschwinden jahrhundertelang in keiner Chronik auftauchte. Das bot schon unseren Vorfahren allerlei Stoff für Legenden. Im 16. Jahrhundert pilgerte alles, was Rang und Namen hatte – Herzöge, Bürgermeister, Pastoren und andere Würdenträger – zum so genannten Vineta-Riff vor Usedom. Viele glaubten, die Überreste der versunkenen Stadt in den Wellen zu erkennen. Abenteurer suchten den Meeresgrund nach Schätzen ab. Kupferstecher schufen Souvenirs in Form von Platten mit abgebildeten Marktszenen. Vineta lieferte als "Venedig der Ostsee" reichlich Stoff für Geschichten, Gedichte und Opern.

Venedig der Ostsee

Doch was war mit Vineta wirklich geschehen? In seiner 1075 entstandenen "Hamburger Kirchengeschichte" beschreibt Adam von Bremen, der erste international bekannte deutsche Geograf, äußerst detailliert Aussehen und Lage der sagenumwobenen Stadt. *"Es ist wirklich die größte von allen Städten, die Europa birgt (...). Die Stadt ist angefüllt mit Waren aller Völker des Nordens, nichts Begehrenswertes oder Seltenes fehlt (...). Die Insel wird von drei Meeren bespült, eins davon soll von tiefgrünem Aussehen sein, das zweite weißlich; das dritte wogt ununterbrochen wildbewegt von Stürmen. Von dieser Stadt aus setzt man in kurzer Ruderfahrt nach der Stadt Demmin in der Peenemündung über, wo die Ranen wohnen (...).*"

Versunken im Meer

Wissenschaftler schätzen, dass Vineta Ende des 12. Jahrhunderts der Eroberung durch die Dänen zum Opfer fiel. Wo allerdings die Überreste der Stadt genau liegen, scheidet bis heute die Geister. Lange Zeit galt es als relativ sicher, dass Vineta tatsächlich im Meer vor Usedom versunken ist. Zu Beginn des 20. Jahrhunderts glaubten Forscher wie Carl Schuchardt, die Lage der Stadt am linken der drei Oderarme, an der Mündung des Peenestroms nachweisen zu können. Traditionell finden daher auf Usedom alljährlich die Vineta-Festspiele in Zinnowitz statt. Mit ihren Theater-, Tanz- und Musikdarbietungen sind die Aufführungen im Sommer ein großer Publikumsmagnet. Doch es gibt auch andere, wissenschaftlich fundiertere Theorien: In den 1950er-Jahren entdeckte der Archäologe Wadysaw Filipowiak vor der polnischen Halbinsel Überreste einer slawischen Siedlung. Bis heute hat der Stettiner

Professor vier Häfen, mehrere Handwerkerviertel und Friedhöfe mit insgesamt rund 50 000 Fundstücken freigelegt. Einige der Hafenbauten stammen aus dem 8. Jh. – genug Beweise für Vineta, sollte man meinen. Dem Berliner Wissenschaftler Klaus Goldmann zufolge spricht wiederum vieles dafür, dass sich Vineta im Barther Bodden befand. Mittels Satellitenaufnahmen und der genauen Beobachtung des Jahrhunderthochwasserverlaufs der Oder von 1997 hat er die ursprüngliche Odermündung ausfindig gemacht. Aufnahmen aus dem All sowie Untersuchungen der Strömungsverhältnisse halfen mit, die geografischen Verhältnisse der Vergangenheit aufzudecken. Goldmanns Erkenntnis: Nach dem Abschmelzen der eiszeitlichen Gletscher floss die Oder westlich von Rügen, bei Ribnitz-Damgarten, ins Meer. Das von ihren Fluten geformte Urstromtal bildet bis heute die natürliche Grenze zwischen Mecklenburg und Pommern. Da Vineta nach Aussagen zeitgenössischer Chronisten an der Mündung der Oder lag, könnte die Stadt also im Schlamm des Barther Boddens begraben liegen.

Barth oder Zinnowitz?

Goldmanns Theorie zufolge verfügte Vineta über ein ausgeklügeltes Damm- und Deichsystem, das den Bodden entwässerte. Durch kriegerische Zerstörungen dieser Schutzmaßnahmen könnte die Stadt tatsächlich buchstäblich im Meer versunken sein. Weitere Untersuchungen sollen nun Klarheit schaffen. Von Pollenanalysen in den vermoorten Tälern von Recknitz und Peene, Altersbestimmungen mit Dendrochronologie und Luftbildauswertung bis hin zur Unterwasserarchäologie werden alle verfügbaren Forschungsmethoden eingesetzt. Den Bewohnern der Stadt Barth kann das nur recht sein. Forscher brauchen schließlich während ihres Aufenthalts auch ein Dach über dem Kopf. Zudem bevölkern Touristen die Städtchen in wachsender Zahl. Flugs haben die Bewohner des Boddenstädtchens ein Vineta-Museum und, ähnlich wie in Zinnowitz, Vineta-Festspiele ins Leben gerufen. Obendrein ließen sie sich den Namen Vineta 1998 beim Deutschen Patentamt als Markenzeichen schützen. Der Zorn der Usedomer über diesen medienwirksamen Schachzug war gewaltig. Mittlerweile haben sich die Wogen geglättet, da die Stadt Barth den Inselbewohnern versicherte, gegen andere Nutzer des Namens nicht vorzugehen. Vineta sei Dank klingelt jetzt also an zwei Orten die Festspielkasse.

Der Phantasie sind im neuen Vineta-Stück "Feuer im Eis" Tür und Tor geöffnet.

Praktische Informationen

Praktische Informationen von A bis Z

Angeln

Die Gegend um Usedom – mit Ostsee, Peenestrom, Haff- und Boddengewässer – ist für Angler ein wahres Paradies. Dort werden hauptsächlich Dorsch, Hering, Flunder, Hornfisch, Zander, Aal, Barsch, Hecht und Karpfen gefangen. Jeder Angler benötigt allerdings neben einem auf seinen Namen ausgestellten Fischereischein auch einen zeitlich befristeten Angelschein, den man in Rankwitz bei der Außenstelle des Landesamtes für Fischerei, aber auch bei fast allen örtlichen Touristeninformationen und Anglerläden oder bei privaten Pächtern von Gewässergrundstücken erwerben kann.
Einige Veranstalter bieten Angelfahrten zu den besten Plätzen an, wer Ruhe wünscht, der zieht sich an die Binnenseen (Großer Krebssee, Kleiner Krebssee und Schmollensee) zurück. Ein guter Tipp sind auch die Angelteiche bei ▶ Ückeritz, wo es Forellen, Aale, Karpfen, Störe und Hechte gibt.

Angelscheine

Neu-Sallenthin (Bansin)
Angelparadies Labahn
☎ (03 83 78) 315 87

Wolgast
Boots- und Angelcenter
Schlossstr. 8/9
☎ (038 36) 23 43 98

Meiers Angelladen
Wilhelmstr. 53
☎ (038 36) 20 34 35

Zinnowitz
Angel-Shop
Ahlbecker Str. 30
☎ (03 83 77) 402 98

Zudem erhält man die Angelscheine in den meisten Kurverwaltungen bzw. remdenverkehrsämtern (▶ Auskunft).

Angelfahrten

Koserow
Angel- und Bootsausrüster
Hauptstr. 16
☎ (03 83 75) 247 51

Kröslin
Angel-Service Bork
Platz der Einheit 8
☎ (03 83 70) 205 10

Loddin
Kiki's Bootsverleih
Am Achterwasser
☎ (03 83 75) 208 02

Peenemünde
Apollo GmbH
Zum Hafen 1
☎ (03 83 71) 208 29

Fahrgastschifffahrt Teßnow
Kontakt s. Apollo GmbH

◀ Allerlei bunte Flugobjekte beim Ahlbecker Drachenfestival

Wolgast
Angeln-Exclusiv
Am Fischmarkt
(Museumshafen)
☎ (038 36) 60 19 54

Zinnowitz
Boots- und Angelcenter
Ahlbecker Str. 30
☎ (03 83 77) 402 98

Angeln
(Fortsetzung)

Anreise

Mit dem Auto

Aus Richtung Berlin fährt man entweder die B 96 bis kurz hinter Jarmen und biegt dort nach rechts, Richtung Gützkow, auf die B 111 nach Wolgast (Brückenöffnungszeiten s. u.) und weiter auf die Insel. Oder man fährt auf der Autobahn Richtung Stettin (A 11) und folgt, nach der Ausfahrt Prenzlau, der B 109 nach Norden. Wenn man in den südlichen Teil Usedoms (Ahlbeck, Heringsdorf, Bansin) möchte, empfiehlt es sich, hinter Anklam die B 110 über Zecherin zu nehmen (Brückenöffnungszeiten s. u.). Den Norden der Insel (Peenemünde, Zinnowitz, Trassenheide) erreicht man hingegen besser über Wolgast. Dann biegt man nicht hinter Anklam ab, sondern fährt die B 109 weiter bis Möckowberg (Ampelkreuzung). Hier ordnet man sich rechts ein und folgt dann der B 111 nach Wolgast.

Aus dem Süden
(Berlin)

Von Westen kommend aus Richtung Hamburg geht es von der A 2
– bis zum Abzweig Wittstock, dann auf die A 19 in Richtung Rostock, Man verlässt die Autobahn bei Teterow und fährt die B 104 bis Teterow oder
– bis Abzweig Neustadt-Glewe auf die B 191 über Parchim bis Plau, dann auf die B 103 bis zum Abzweig auf die B 104 bis Teterow (Richtung Neubrandenburg) und fährt von Teterow die B 104, vor Malchin links ab über Neukalen, Dargun auf die B 110, Demmin bis Jarmen und dann
– auf die B 96 (Richtung Greifswald), nach ca. 5 km rechts ab auf die B 111 über Gützkow, Möckowberg (Ampelkreuzung) in Richtung Wolgast (Brücke) auf die Insel (Norden-Mitte) oder
– die B 110 weiter über Anklam, Zecherin (Brücke) und Usedom in den südlichen und mittleren Teil der Insel.
Weniger günstig, weil stark befahren, ist die B 105 bis nach Stralsund, dann die B 96 Richtung Greifswald. Ab Greifswald benützt man am besten die B 109 Richtung Anklam, um dann in Möckowberg (Ampelkreuzung) auf die B 111 Richtung Wolgast abzubiegen. Man kann aber auch auf der B 110 bleiben und erreicht die Insel dann über Anklam – Zecherin. (Auf Wolgast als Nadelöhr sei an dieser Stelle nochmals hingewiesen).

Aus dem Westen
(Hamburg)

Damit man stau- und stressfrei auf bzw. von der Insel kommt, sollten die Hauptstoßzeiten gemieden werden. Für die Anreise ist das der Zeitraum von Freitagnachmittag bis Sonnabendnachmittag und für die Abreise die Zeit ab Sonntagmittag. Über die aktuelle Situation, auch in Hinblick auf die derzeitigen Baustellen in Mecklenburg-Vorpommern, informiert man sich am besten über Antenne Mecklenburg-Vorpommern (Frequenzen 103,8, 105,1, 105,4), Ostseewelle (Frequenz 103,3) oder NDR 2 (Frequenz 94,0).

Aktuelle
Verkehrs-
situation

Brücken-öffnungszeiten

Zu folgenden Zeiten sind die Peenebrücken bei Wolgast und Zecherin geöffnet für den Schiffsverkehr, d.h. der Straßenverkehr muss warten!

Zecheriner Brücke (B 110)	Wolgaster Brücke (B 111)
05³⁵– 05⁵⁰ Uhr	05²⁰– 05⁵⁰ Uhr
08³⁵ – 08⁵⁰ Uhr	08⁴⁰ – 09¹⁰ Uhr
12³⁵ – 12⁵⁰ Uhr	12⁴⁰ – 13¹⁰ Uhr
16³⁵ – 16⁵⁰ Uhr	16⁴⁰ – 17¹⁰ Uhr
20³⁵ – 20⁵⁰ Uhr	20⁴⁰ – 21¹⁰ Uhr
	23³⁰ Uhr (n. Anm.)

Mit dem Bus

In den Sommermonaten bieten verschiedene Busgesellschaften Verbindungen nach Usedom an, beispielsweise ab Berlin (3 x wöchentlich), ab Hamburg (1 x pro Woche) und ab Dresden (1 - 2 x pro Woche). Aktuelle Informationen können in Reisebüros und den Kurverwaltungen erfragt werden.

Mit der Bahn

Mit der Eisenbahn fährt man, egal aus welcher Richtung man kommt, bis Züssow. Dort steigt man um in die Usedomer Bäderbahn (UBB), die Sie dann via Wolgast auf die Insel Usedom bringt (bis Ahlbeck und Grenzübergang nach Polen). Über spezielle Angebote informieren die Kurverwaltungen oder die Usedomer Bäderbahn (☎ 03 83 78 / 2 71 32 oder www.ubb-fan.de).

Mit dem Flugzeug

Linien-verbindungen

In Zirchow befindet sich der regionale Flughafen Heringsdorf, der einzige Flughafen Vorpommerns mit Linienverkehr (☎ 03 83 76 / 200 30, FAX 200 40, www.flughafen-heringsdorf.de).
Im Sommer (Mai–Oktober) besteht an Donners- und Sonntagen zwischen Dortmund und der Insel ein Linienverkehr; Zubringerflüge zum Flughafen Dortmund gibt es von München, Stuttgart, London (STN), Paris (CDG) und Zürich.
Seit Mai 2002 kann man auch mit der CIRRUS Airline von Mannheim, Saarbrücken oder Karlsruhe/Baden-Baden über Berlin auf die Insel Usedom gelangen. Die CIRRUS Airline erweitert somit die Flugverbindung von Mannheim nach Berlin, von Saarbrücken nach Berlin und von Karlsruhe/Baden-Baden nach Berlin an zwei Tagen in der Woche auf die Insel Usedom (dienstags und samstags).

Bedarfs-charterflüge

In den Monaten Mai bis Oktober nach Berlin (THF), Güttin/Rügen und Güttin/Rudfl. Auch Charterflüge sind möglich.

Privater Flugverkehr

Bei Zirchow auf dem Flughafen Heringsdorf können Sportflugzeuge starten und landen.
Auf dem Flugplatz in Peenemünde mit einer Landebahn von 1300 m sind nur Sportflieger zugelassen!

Mit dem Schiff

Für diejenigen, die sich der Insel vom Wasser her nähern, bietet Usedom an Achterwasser und Peenestrom zahlreiche Plätze zum Ankern.

Apotheken

Ahlbeck
Marrson-Apotheke
Seestr. 13
☎ (03 83 78) 234 01

Bansin
Fontane-Apotheke
Seestr. 4
☎ (03 83 78) 319 49

Heringsdorf
Apotheke Heringsdorf
Seestr. 40
☎ (03 83 78) 25 90

Linden-Apotheke
Delbrückstr. 2
☎ (03 83 78) 823 83

Karlshagen
Möwen-Apotheke
Strandstr. 30
☎ (03 83 71) 202 47

Koserow
Vineta-Apotheke
Schulstr. 1b
☎ (03 83 75) 207 26

Lassan
Adler-Apotheke
Langestr. 24
☎ (03 83 74) 802 37

Usedom
Adler-Apotheke
Markt 11
☎ (03 83 72) 702 58

Wolgast
Anselmino-Apotheke
Chausseestr. 44
☎ (038 36) 20 24 62

Hufeland-Apotheke
Hufelandstr. 1
☎ (038 36) 20 08 84

Stadt-Apotheke
Langestr. 7
☎ (038 36) 20 23 05

Zinnowitz
Sertürner-Apotheke
Neue Strandstr. 39
☎ (03 83 77) 421 66

Ärztliche Hilfe

Auf Usedom steht deine große Auswahl an Ärzten zur Verfügung. Über die aktuellen Dienste informieren die beiden Tageszeitungen. Näheres lässt sich sicherlich an den Rezeptionen der Hotels erfragen. Wer seinen Urlaub im polnischen Inselteil verbringt, sollte möglichst vorher eine Auslandskrankenversicherung abschließen.

Notarzt
☎ 112

Kreiskrankenhaus Wolgast
☎ (038 36) 25 70

Notruf in den Kaiserbädern
☎ (08 00) 245 23 25
einheitlicher Notruf
(Mo. – Fr. 8^{00} – 18^{00} Uhr; kostenlos)

Auskunft

Internet

www.usedom.de
Offizielle Website der Usedom Tourismus GmbH, die auch regelmäßig gepflegt wird.

Informationen geben auch folgende Adressen:
www.usedom-touristik.de
www.usedom-lotse.de
www.insel-usedom.net
www.use-dom.de

Allgemeine Informationen

Usedom Tourismus GmbH
Bäderstr. 5
17459 Ückeritz
☎ (03 83 75) 234 10
FAX (03 83 75) 234 29
24-Stunden-Telefonservice:
☎ (018 05) 87 33 66

Zweckverband Seebäder
Dünenstr. 45
17419 Ahlbeck
☎ (018 05) 58 37 83
FAX (03 83 78) 244 18

Lokale Informationen

Ahlbeck
Kurverwaltung Ahlbeck
Dünenstr. 45
17419 Seebad Ahlbeck
☎ (03 83 78) 244 14
FAX (03 83 78) 244 18

Bansin
Kurverwaltung Bansin
An der Seebrücke
17429 Seebad Bansin
☎ (03 83 78) 470 50
FAX (03 83 78) 470 515

Freest
Tourist-Information
Dorfstr. 65
17440 Freest
☎ (03 83 70) 203 39

Heringsdorf
Kurverwaltung Heringsdorf
Kulmstr. 33
17424 Heringsdorf
☎ (03 83 78) 24 51
FAX (03 83 78) 24 54

Karlshagen
Hauptstr. 16
17449 Karlshagen
☎ (03 83 71) 207 58
FAX (03 83 71) 285 37
erholungsort_karlshagen@t-online.de

Kölpinsee
Strandstr. 23
17459 Seebad Kölpinsee
☎/FAX (03 83 75) 206 12
kv_kölpinsee@t-online.de

Koserow
Hauptstr. 34
17459 Seebad Koserow
☎ (03 83 75) 204 15
FAX (03 83 75) 204 17

Lassan
Fremdenverkehrsverein
Lassan e.V.
Lange Straße 55–57
17440 Lassan
☎ (03 83 74) 5111
FAX (03 83 74) 5112

Misdroy (Międzyzdroje)
Centrum Informacji
Turystycznej
ul. Niepodległości 2a
PL–72–510 Międzyzdroje
☎/FAX (00 48 –391) 328 07 68
www.miedzyzdroje.pl

Peenemünde
Peenemünde-Information
Zum Hafen 4
17449 Peenemünde
☎ (03 83 71) 210 27
FAX (03 83 71) 214 64
fvv.karlshagen@t-online.de

Swinemünde (Świnoujście)
Centrum Informacji
Turystycznej
pl. Sowiański 15
PL-72-600 Świnoujście
☎/FAX (0048-91) 3224999
cit@fornet.com.pl

Trassenheide
Strandstr. 36
17449 Seebad Trassenheide
☎ (038371) 20938
FAX (038371) 20913
seebadtrassenheide@
t-online.de

Ückeritz
Kurverwaltung Ückeritz
Bäderstr. 5
17459 Seebad Ückeritz
☎ (038375) 2520
FAX (038375) 25218
kv.ueckeritz@t-online.de

Usedom
Stadtinformation Usedom

Am Markt 7
17406 Usedom
☎ (038372) 70890
FAX (038372) 70214

Wolgast
Wolgast-Information
Rathausplatz 6
17438 Wolgast
☎ (03836) 600118
FAX (03836) 203011

Zempin
Fremdenverkehrsamt Zempin
Fischerstr. 1
17459 Zempin
☎ (038377) 42434
FAX (038377) 42415

Zinnowitz
Kurverwaltung Zinnowitz
Neue Strandstraße 30
17454 Ostseebad Zinnowitz
☎ (038377) 4920
FAX (038377) 42229
kurverwaltung@zinnowitz.de

Auskunft
(Fortsetzung)

Autohilfe

ADAC-Pannenhilfe
Neuhofer Str. 38
17424 Heringsdorf
☎ (038378) 465040

Pannennotruf des ADAC
(rund um die Uhr)
☎ (01802) 222222

Baden · Badestrände

Usedom verfügt über einen traumhaften Strand: ein 42 km langer
und bis zu 60 m breiter feiner Sandstrand, der sehr flach ins Meer
gleitet. Davon sind besonders Familien mit kleinen Kindern angetan, da sich die Küstenstreifen bei ruhiger See vor allem für Nichtschwimmer eignen. Da es sehr windig bis stürmisch werden kann,
sind Strandkörbe sehr beliebt: Sie werden für etwa 6 €/Tag vermietet. Man darf die Dünen nur auf markierten Wegen überqueren, da
jedes Jahr viel Geld in den Dünenschutz (Bepflanzung mit Strandhafer etc.) ausgegeben wird. Aus diesem Grund ist ebenfalls der Bau
von Sandburgen in den Dünen verboten.
Im Bereich der Badeorte werden die Strandabschnitte in der Saison
durch Rettungsschwimmer überwacht. Aus Sicherheitsgründen
sollte nur dort gebadet werden. Badeverbot wird signalisiert, wenn

An der Ostsee

Baden (Fortsetzung)

zwei rote Korbbälle oder eine rote Fahne hochgezogen wurden. Ein Korbball oder eine gelbe Fahne bedeutet: Badeverbot für Kinder und Nichtschwimmer.
Von Mai bis September wird die Badewasserqualität alle 2 Wochen gemäß der EG-Richtlinien untersucht und vom Sozialministerium des Landes sowie vom ADAC und der Stiftung Warentest rund um Usedom mit gut bis sehr gut eingestuft.
In allen Seebädern gibt es ausgewiesene Hundestrände, da am öffentlichen Badestrand für Vierbeiner der Zutritt verboten ist. Hundetüten bekommt man in allen Kurverwaltungen, auch Tierbetreuungen sind möglich. Genauere Informationen erhält man beim Touristenverband oder den Kurverwaltungen. Strandabschnitte für FKK-Anhänger sind ausgewiesen, ausgesprochene FKK-Campingplätze gibt es nicht.

Badestellen am Achterwasser und an den Binnenseen

Wer den Strand und den dortigen Trubel nicht so liebt, und sich zum Baden lieber an eine ruhige Stelle an den Seen oder am Achterwasser zurückzieht, hat auf Usedom ebenfalls viele Möglichkeiten. Sehr schön und idyllisch sind die Plätzchen bei Quilitz (Lieper Winkel), in Ziemitz, an den Krebsseen und am Wolgastsee.

Schwimmbäder

Falls das Wetter einmal nicht mitspielen sollte, kann man bereits in vielen Hotels und Ferienanlagen den Tag im Schwimmbad oder in der Sauna verbringen. Darüber hinaus sind die Angebote in der Bernsteintherme und der Ostseetherme so umfassend und attraktiv, dass man diesen Bädern auf jeden Fall einmal einen Besuch abstatten sollte.

Schwimmbäder

Ahlbeck
*Ostseetherme Usedom
▶ Baedeker Tipp S. 62

Gnitz (Lütow)
Ferienparadies Lütow
Am Achterwasser
Zeltplatz 1
☎ (03 83 77) 49 30

Koserow
Bade- und Saunaspaß
Treff Ferienpark
Siemensstraße
☎ (03 83 75) 550

Zinnowitz
*Bernsteintherme
Dünenstraße
☎ (03 83 77) 355 00

Behindertenhilfe

Menschen mit Behinderungen sind auf Usedom willkommen. In den Kurverwaltungen kann man erfahren, welche Hotels über behindertengerechte Zimmer verfügen. Strandzugänge, die auch für Rollstuhlfahrer geeignet sind, gibt es inden meisten Orten, so in Karlshagen, Koserow, Kölpinsee, Zempin, Zinnowitz, Ückeritz, Bansin, Heringsdorf und Ahlbeck.
Eine Broschüre mit Empfehlungen – besonders für Gäste, die in ihrer Mobilität eingeschränkt sind – erhält man beim Tourismusverband. Sie heißt "Handicapped. Reisen für mobilitätsbehinderte Menschen".

Bootsverleih

Boote werden an den Stränden der Seeheilbäder, am Achterwasser sowie an einigen der malerischen Binnenseen ausgeliehen.

Ahlbeck
Wassersportzentrum
Schulzenstr. 1
☎ (03 83 78) 283 67

Bansin (Umgebung)
Angelparadies Labahn
Dorfstr. 3b
Neu Sallenthin
☎ (03 83 78) 315 87

Kölpinsee
Bootsverleih Marlies Behn
Jägerstr. 5
☎ (03 83 75) 206 02

Korswandt
Am Wolgastsee
☎ (03 83 78) 318 60

Idyll am Wolgastsee
Hauptstr. 9
☎ (03 83 78) 221 16

Koserow
Angel- und Bootsausrüster
Hauptstr. 16
☎ (03 83 75) 247 51

Kölpinsee-Loddin
Kiki's Bootsverleih
Am Achterwasser (Loddin)
☎ (03 83 75) 208 02

Usedom (Umgebung)
Landhaus am Haff
Zur Trift 4
17406 Stolpe
☎ (03 83 72) 75 30

Wolgast
Angeln-Exclusiv
Am Fischmarkt
(Museumshafen)
☎ (038 36) 60 19 54

Meiers Angelladen
Wilhelmstr. 53b
☎ (038 36) 20 34 35

Zempin
Inselhof
Dorfstr. 6a
☎ (03 83 77) 42749

Cafés

Ahlbeck

Galerie-Café
Kirchstr. 9
☎ (03 83 78) 2740
Leckere Kuchen und Eisbecher; hübsche Terrasse.

Bansin

*Café Asgard
Strandpromenade 15
☎ (03 83 78) 294 88
Das traditionsreiche Café (seit 1898) gilt als eine der besten Adressen auf Usedom!

Forsthaus Fangel
Neu-Sallenthin
☎ (03 83 78) 322 53
Das beliebte Ausflugsziel befindet sich zwischen Bansin und Benz am Großen Krebssee; seine idyllische Atmosphäre kann man immer wieder bei einer Rast mit Kaffee und Kuchen auf der Terrasse mitten im Wald genießen.

Gnitz (Lütow)

Galeriegarten mit Café
▶ Baedeker Tipp S. 85

Cafés
(Fortsetzung)

Heringsdorf

Café Linde
Triftstr. 7a
☎ (03 83 78) 311 89
Angenehmes Café in ruhiger Lage.

*Eis-Villa Stein
Kulmstr. 4
☎ (03 83 78) 284 52
Nettes Café in hübscher Villa, bietet nicht nur kunstvolle Eiskreationen, sondern auch andere leckere Süßigkeiten.

Misdroy (Międzyzdroje)

Wiener Kaffeehaus
(im Hotel Amber Baltic)
Promenada Gwiazd 1
Nettes Kaffeehaus mit Kuchen aus der eigenen Konditorei.

Peenemünde

Am Deich
Feldstr. 1a
☎ (03 83 71) 285 82
Café mit leckeren Kuchen und nahezu 40 Kaffeespezialitäten

Ückeritz

Café Storch
Am Achterwasser 8
Der richtige Platz für Ruhesuchende: Hier gibt es nicht nur Kaffee und Kuchen, sondern auch einen herrlichen Blick auf das Achterwasser.

Usedom (Umgebung)

Hubbrückencafé
Am Bahnhof Carnin
Dorfstr. 12
17406 Karnin
Nettes Café beim historischen Bahnhof Carnin.

Wolgast

Konditorei + Café Biedenweg
Lange Str. 15

Angenehmes Ambiente in den Räumen des Cafés und an den Tischen unter freiem Himmel; große Auswahl an Kuchen und Torten aus eigener Konditorei.

Zinnowitz

Café Wien
Dünenstr. 20
(in Asgards Meereswarte)
Das Café Wien bietet einen Traumblick von der Höhe auf die Weite der Ostsee – und natürlich auch ein exzellentes Angebot an Kaffee und Kuchen.

*Museums-Café
Ecke Neue Strandstr./
Strandpromenade
(im Hotel Preussenhof)
☎ (03 83 77) 390
Gepflegtes Kaffeehaus im Stil der Jahrhundertwende mit leckerem angebot; ein Muss für Usedom-Fans!

Campingplätze

Bei Campingfreunden ist die Insel Usedom seit jeher beliebt. In der Region gibt es zwölf Campingplätze, davon sieben im Küstenbereich. Genauere Informationen erhält man bei den Tourismusverbänden.

Bansin

KDK Camping Bansin
Strandpromende 36
☎ (03 83 78) 292 48
Im Küstenwald hinter den Dünen gelegener Platz; geöffnet: April–Oktober.

*Angelparadies Krebssee
An den Krebsseen
17429 Sallenthin
☎ (03 83 78) 315 87
FAX (01 73) 454 05 53
Unmittelbar am Großen Krebssee gelegen, bietet Platz für Zelte, Caravans und Wohnmobile (2 km nach Bansin, 3 km an die Ostsee); geöffnet: Apr.–Okt.

Karlshagen

Campingplatz "Dünencamp"
Zeltplatzstraße
☎ (03 83 71) 202 91, 207 58
FAX (03 83 71) 285 37, 203 10
5 ha großer Platz mit 300 Stellflächen und 1 Bungalow im Küstenwald direkt am Strand; geöffnet: April–September.

Korswandt

Campingplatz Korswandt
Hauptstraße
☎ (03 83 78) 221 10
FAX (03 83 78) 221 40, 315 22
Kleiner Wiesenplatz mit 100 Stellflächen und 10 Bungalows zwischen Wolgast- und Gothensee; geöffnet: März bis Oktober.

Koserow

Campingplatz "Am Sandfeld"
Am Sandfeld 5
☎ (03 83 75) 207 59
FAX (03 83 75) 214 05
4 ha großer Platz mit 125 Stellflächen im lichten Kiefernwald unweit des Strandes; geöffnet: April–Sept.

Loddin-Stubbenfelde

Campingplatz Stubbenfelde
An der Waldstraße
☎ / FAX (03 83 75) 206 40
www.stubbenfelde.de
4½ ha großer Platz (250 Stellflächen) in einem Buchenwald zwischen Meer und Kölpinsee gelegen (150 m zum Strand); Vermietung von Zimmern, Ferienwohnungen und Blockhäusern (ganzjährig); Fahrradverleih, Volleyballplatz sowie Sauna und Solarium; geöffnet: April–Okt.

Lütow (Gnitz)

Naturcamping Usedom Lütow
17440 Lütow
☎ (03 83 77) 405 81
FAX (03 83 77) 415 53
18 ha großer Platz mit 600 Stellplätzen auf der Halbinsel Gnitz am Achterwasser (mitten im Naturschutzgebiet am Weißen Berg); Vermietung von Bungalows, Blockhäusern und Caravans, Boots- und Fahrradverleih; in der Hochsaison Pendelverkehr zu den Ostseebädern; ganzjährig geöffnet.

Neppermin

*Campingplatz "Am See"
Dorfstr. 30a
☎ (03 83 79) 200 44, 203 37
Kleiner Platz mit nur 50 Stellplätzen und 2 Bungalows am Nepperminer See (Achterwasser); Boots- und Radverleih; geöffnet: April–Okt.

Trassenheide

*Campingplatz "Ostseeblick"
Zeltplatzstraße
☎ (03 83 71) 209 49, 209 28
FAX (03 83 71) 284 72
350 Stellplätze auf einer 4 ha großen Anlage im lichten Kie-

Campingplätze (Fortsetzung)

fernwald nahe des Strandes; geöffnet: April–Okt.

Ückeritz

Naturcampingplatz "Am Strand"
Ückeritz
Bäderstr. 4
17459 Ückeritz
☎ (03 83 75) 209 23, 25 20
FAX (03 83 75) 252 18
10 ha großer Platz (700 Stellflächen) im Kiefernwald zwischen Strand und dem Naturschutzgebiet Wockninsee; Vermietung von Bungalows, Läden, Restaurants und Kino in der Nähe; geöffnet: April–Okt.

*Naturcamping
"Hafen Stagnieß"
Hauptstr. 32
☎ (03 83 75) 204 23
FAX (03 83 78) 292 06
200 Stellflächen auf 4 ha großen Wiesenplatz am Achterwasser; geöffnet: April–Okt.
(▶ Baedeker Tipp S. 140).

Zempin

Camping
"Am Dünengelände" GmbH
☎ (03 83 77) 413 63
FAX (03 83 77) 413 64
5 ha großer Platz (500 Stellflächen) im Mischwald direkt hinter der Sanddüne; Fahrradverleih; ganzjährig geöffnet.

Zinnowitz

Familien-Campingplatz
Pommernland
Dr.-Wachsmann-Str. 40
☎ (03 83 77) 403 48, 401 77
FAX (03 83 77) 403 49, 410 79
Fast 8 ha großer Platz mit 500 Stellplätzen im Küstenwald; Vermietung von Ferienwohnungen, Blockhäusern und Hütten (behindertengerecht); Fahrradverleih, FKK-Strand; ganzjährig geöffnet.

Festland

Caravan- und Campingplatz
"Waldcamp"
Dorfstr. 74
17440 Freest
☎ (03 83 70) 205 38
FAX (03 83 70) 205 25
Kleiner Platz (80 Stellflächen), tlw. Wiese; Vermietung von Bungalows und Ferienwohnungen; ganzjährig geöffnet.

Campingplatz am Peenestrom
Garthof 5–6
17440 Lassan
☎ / FAX (03 83 74) 803 73
Im Inselvorland direkt am Peenestrom liegt dieser kleine Campingplatz mit nur 60 Stellflächen, Bootsliegeplätzen und einer Slipanlage. In Hallen wird ein Winterlager für Boote und Caravan angeboten; geöffnet: Ostern–Okt.

Campingplatz
17509 Loissin
☎ (03 83 52) 243
FAX (03 83 52) 725
Behindertengerechter Campingplatz (300 Plätze) zwischen Usedom und Rügen; Vermietung von Bungalows, Fahrrädern, Booten, Kinderspielplatz, Volleyballplatz, Sauna und Tischtennis; ganzjährig geöffnet.

Einkäufe und Souvenirs

Tipps für Reisesouvenirs

Auf regelmäßig stattfindenden Wochen- und Trödelmärkten kann man vielleicht die eine oder andere Antiquität ergattern. Falls sie lieber Andenken aus dem Urlaub mitbringen wollen, sollte man

> **Baedeker TIPP** Sitzkomfort

Was schützt am besten vor Sonne und Wind und ist außerdem sehr bequem? Richtig, der Strandkorb. 1883 wurde das Möbelstück von einem Rostocker Korbmacher erfunden, heute ist es ein unabdingbares Utensil an jedem Ostseestrand. Wer einmal aus erster Hand erfahren möchte, wie solch ein Strandsessel hergestellt wird – die Korb GmbH Heringsdorf (Waldbühnenweg 3) bietet Gruppenführungen durch das Unternehmen an. Anmelden kann man sich unter ☎ (03 83 78) 46 50 50.

nach Souvenirläden an den Strandpromenaden Ausschau halten: Hier findet man alles von der Seemannsmütze über Buddelschiffe bis zum Bernsteinschmuck. Ein beliebtes Ziel um preisgünstige Mitbringsel zu finden ist Swinemünde mit seinem Grenzmarkt und der Centrums-Passage.

Gerne werden auch Bilder mit Usedom-Motiven gekauft oder sogar ein Strandkorb nach Hause mitgenommen. Etwas ausgefallener sind sicherlich Urlaubserinnerungen, die man im Kulturhof Mölschow selbst gefertigt hat. Kurz vor dem Nachhausefahren wird gerne auch noch Räucherfisch gekauft, den man auf Usedom frisch aus dem Rauch und in sehr guter Qualität bekommt.

Tipps für Reisesouvenirs (Fortsetzung)

Einkäufe und Souvenirs

Antiquitäten

Usedom (Stadt)
Antiquitäten
Swinemünder Str. 20
Hier kann man in Ruhe zwischen alten Möbeln, Porzellan und Karten stöbern.

Bilder · Plastiken

Gnitz (Neuendorf)
Galerie Kobelius
17440 Neuendorf-Lütow
☎ (03 83 77) 415 17
Wechselnde Ausstellungen
(▶ Baedeker Tipp S. 183)

Heringsdorf
Kunstpavillon
Westpromenade (Richtung Bansin)
Verkaufsausstellungen in einem gläsernen Rundbau an der Strandpromenade

Mölschow
Atelier Hans Seifert
Trassenheide Str. 7
☎ (03 83 77) 407 07
Usedom-Motive

Zinnowitz
Atelier Meyer
Wilhelm-Potenberg-Str. 1
Verkauf der über die Insel hinaus bekannten Bilder von Brigitte und Reinhard Meyer.

Fisch

Ahlbeck
Fisch-Reimer
Seestr./Ecke Goethestr.
Frische Ware aus der Ostsee oder den Boddengewässern

Bansin
Fischerhütten am Strand westlich der Seebrücke

Freest
*Fischräucherei Thurow
Dorfstr. 49
Besonders lecker sind in dem traditionellen Familienbetrieb die Aale und Flundern. Die Räucherei wird heute be-

reits als technisches Denkmal geschützt.

Koserow
Udos Fischräucherei
(in einer der Salzhütten)
Das Angebot an frischem Fisch und Selbstgeräuchertem steht mit Kreide auf einer Tafel geschrieben.

Rankwitz (Lieper Winkel)
Rankwitzer Räucherei
Am Hafen
Großes Angebot im hauseigenen Laden; neben der Räucherei kann man sich auch im Restaurant verköstigen.

Kunsthandwerk

Bannemin
Holz + Keramik
(an der B 111)

Freest
Freester Heimatstube
Dorfstr. 67
Verkauf der bekannten Freester Fischerteppiche

Lütow (Gnitz)
Galeriegarten mit Café
Aus selbst gesponnener Wolle Gestricktes und Genähtes sowie Keramik
▶ Baedeker Tipp S. 85

Mölschow
*Kulturhof
▶ Baedeker Tipp S. 137

Morgenitz
Keramikwerkstatt Danegger
▶ Baedeker Tipp S. 120

Schmuck · Bernstein

Kölpinsee (Loddin)
Bernsteinbasar
Waldsiedlung 4
☎ (03 83 75) 206 49
Die Anlaufstelle für Liebhaber der "Goldes der Ostsee": Museum, Information und Verkauf; geöffnet: tgl. 16⁰⁰–19⁰⁰ Uhr.

Polen
in diversen Läden und an Ständen in Misdroy sowie beim Grenzmarkt Swinemünde ▶ Baedeker Tipp S. 133

Zinnowitz
*Haus der Geschenke
Neue Strandstr. 23

Große Auswahl verschiedenartiger Souvenirs, besonders schön und ausgefallen ist das Angebot an Schmuck aus Bernstein.

Diverses

Ahlbeck
Licht & Meer
Dünenstr. 40
☎ (03 83 78) 333 66
Exklusive Leuchten und andere Accessoires

Bansin
Strandgut
Seestr. 3
Geschmackvolle, bunte Souvenirs

Heringsdorf
Ladenpassage auf der Heringsdorfer Seebrücke
Im Brückengebäude findet

man 20 ansprechende Geschäfte. Da alles überdacht ist, kann man hier auch bei Regenwetter nett bummeln.

*Lutter & Wegner
Kulmstr. 3
Filiale des traditionsreichen Berliner Hauses, in dem es allerhand lukullische Spezialitäten gibt.

*Maison Vogue
Ecke Strandpromenade/Delbrückstraße
Nobelboutique in hübschesten Gebäude Heringsdorfs, der Villa Oechsler; präsentiert Mode der Top-Modeschöpfer.

Papier & mehr
☎ (03 83 78) 474 11
Hübsche Keramik, Glas- und Schreibwaren

Zinnowitz
Marimar
Waldstr. 1
Große Auswahl an leckeren Süßigkeiten aus eigener Herstellung: besonders empfehlenswert sind Pralinen und Marzipan.

Einkäufe und Souvenirs (Fortsetzung)

Essen und Trinken

Die mecklenburgisch-vorpommersche Küche bietet deftig-würzige Hausmannskost. Ein Erbe der Schwedenzeit ist die Vorliebe für das Süß-Saure, und so findet man Rosinen in Blutwurst und Grünkohl, Honig und Backobst im Braten oder Äpfel im Schmalz. Die Lieblingsspeise der Einheimischen war laut dem Volksdichter Fritz Reuter Rindfleisch mit Rosinen. Als Festessen schätzt man einen Gänse- oder Entenbraten, gefüllt mit einer Mischung aus Schwarzbrot, Äpfeln und Backobst. Grünkohl mit Pökelfleisch war ein beliebter Sonntagsschmaus, ansonsten ernährte man sich hauptsächlich von dem, was die Natur hergab: Kohl und Kartoffeln von den Feldern sowie Fisch aus den Seen und der Ostsee.

Deftige Küche

Gleichermaßen beliebt bei Köchen und Gästen ist die Vielfalt an Fischen. Es gibt auf Usedom nicht nur Ostseefische wie Hering, Flunder und Dorsch. Durch den Peenestrom, das Achterwasser und das Kleine Haff können auch Süßwasserfische wie Barsch, Zander, Karpfen und Hecht angeboten werden – und selbst frische Forellen aus der Zuchtanlage Rankwitz. Den meisten eher unbekannt ist der Hornfisch, auch Maifisch oder Maiaal genannt, der in spanisch-portugiesischen Gewässern lebt und nur zum Laichen im Mai oder Juni an die Usedomer Küste kommt. Äußerlich ähnelt er dem Aal, hat aber ein schnabelartiges Maul und grüne Gräten. Fisch aus dem Meer kommt meist goldbraun geräuchert oder knusprig gebraten auf den Tisch. Auf den Speisekarten der Restaurants findet man oft gebratene Scholle, gekochten Dorsch oder sauren Aal, d.h. Aal in Aspik.
Gekocht, gebraten oder in Butter gedünstet und mit einer Sauce aus Zucker, Senf und Zitrone serviert wird der beliebteste Speisefisch der Ostsee, der Hering (▶ Baedeker Special S. 174/175). Ein klassisches Gericht ist Salzhering mit Pellkartoffeln und "Schusterstippe", einer Sauce aus Zwiebeln, Speck, Mehl und Zucker. Für Hering in Sahnesauce badet man den Fisch zwei Tage lang in Sahne, belegt ihn anschließend mit sauren Gurken und beträufelt

Fischgerichte

Baedeker SPECIAL

Silber des Meeres

Reichtum brachte er den Insulanern nicht, doch über Jahrhunderte sicherte er ihnen das Überleben – der Hering. Wenn die silberglänzenden Fischschwärme vor Usedom auftauchen, freuen sich sowohl Fischer als auch Gourmets: Was früher ein Arme-Leute-Essen war, steht heute auf den Speisekarten der Schlemmertempel.

Kleiner, aber feiner

Der Ostseehering ist zwar kleiner als seine atlantischen Artgenossen, doch wird er von Fischliebhabern besonders geschätzt. Er eignet sich gut zum Räuchern oder Einlegen und war – auf diese Art konserviert – im 19. Jahrhundert der Verkaufsschlager der Küstenfischer. Bis in den hintersten Winkel Deutschland wurde der Ostseehering transportiert und deckte einen Großteil des Fischbedarfs in Deutschland. Nach den harten Wintern zog mit dem Frühjahr der Heringssegen in die Fischerhütten ein – auch heute noch tauchen regelmäßig Ende März bis Anfang April große Heringsschwärme vor Usedom auf. Sie ziehen zur Eiablage in die Boddengewässer entlang der Küste, so auch ins Achterwasser. Nach dem Laichen finden sich viele der zu dieser Zeit besonders fetthaltigen Fische in den Netzen der Fischer.

Auch das Anglerglück der Petrijünger ist zu dieser Zeit besonders groß: Einige kommen alle Jahre wieder – man trifft alte Bekannte und tauscht beim Heringsfang die Angelerlebnisse des letzten Jahres aus. Auch heute noch macht in Mecklenburg-Vorpommern Hering, dessen Hauptfangzeit von Februar bis Mai ist, rund 60 % des Fischfangs aus. Doch das "Silber des Meeres" lässt sich meist nur noch regional versilbern. Gegen die Konkurrenz der internationalen Hochseefischer kommen die Usedomer Kutter nicht an.

Bis auf den Teller ...

legt der Hering einen langen Weg zurück: Nach dem Ablaichen entwickelt sich innerhalb von zwei Wochen eine winzige Larve, die ab einer Größe von 4 cm Schuppen ausbildet. Nach zwei bis drei Jahren haben die jungen Heringe eine Größe von rund 10 cm erreicht, zwischen drei und sieben Jahren werden sie geschlechtsreif und wandern dann mit dem Schwarm ins offene Meer. Der Ostsee-

Auf Kreidetafeln wird das aktuelle Fischangebot angepriesen.

hering wird bis zu 20 cm lang und bis zu 20 Jahre alt. Die Schwärme erreichen oft gigantische Ausmaße von mehreren tausend Tonnen. Die noch nicht laichreifen Jungfische kennt man als zarten Matjes, die ebenso wie die noch nicht abgelaichten Vollheringe einen besonders hohen Fettgehalt aufweisen. Man fängt sie vorwiegend im Frühjahr, während den Rest des Jahres Leerheringe ins Netz gehen, wie man die Fische nach dem Laichen bezeichnet. Der Fang wird entweder frisch verkauft, geräuchert oder eingesalzen. In Koserow sind noch einige historische Salzhütten erhalten, in denen man sich über diese traditionelle Konservierungsmethode informieren und das Ergebnis vor Ort kosten kann. In Bansin bieten die Fischräucherhütten direkt am Strand frisch geräucherten Hering an: Im Rauch von Buchen-, Eichen- oder Erlenholz erhält der Fang das feine Aroma. Man unterscheidet die kaltgeräucherten Fische, die durch das Räuchern eine gebogene Form bekommen und die geraden heißgeräucherten. Als "grüne Heringe" bezeichnet man frische Fische, die gebraten oder gegrillt besonders gut schmecken.

Bismarck und Bückling

Wenn Hering genauso teuer wäre wie Hummer, dann gälte er auch als Delikatesse – so der Reichskanzler Otto von Bismarck, der sich außerhalb der Politik sowohl als Gourmet als auch als Gourmand einen Namen machte. Er konnte ungeheure Mengen essen und trinken und schätzte neben den Delikatessen der Staatsbankette vor allem die gute bodenständige Küche. Dazu gehörte für ihn auch der Hering in allen Variationen.

Während der alljährlichen Usedomer Heringswochen im Frühjahr demonstrieren die Köche der Insel, welche kulinarischen Kunststücke man mit Hering auf den Teller zaubern kann: Neben Kreationen wie Heringspralinen oder gefüllten Heringen gehören Brathering oder Hering in pommerscher Sauce zu den Klassikern. Heringssalat oder Sahnehering zählen zwar wie der geräucherte Bückling oder Salzhering mit Pellkartoffeln zur Hausmannskost, doch Hering eignet sich auch als modernes Fingerfood: Der eingelegte Rollmops hilft nicht nur nach Silvestergelagen dem Magen. Die eiweißreichen Heringe sind besonders bekömmlich und mit diversen Marinaden – sozusagen als Ostsee-Sushi – auch zum rohen Verzehr geeignet.

Otto von Bismarck, der jahrzehntelang seinem Magen einiges zumutete, bekam von seinem Leibarzt schließlich eine besondere Kur verschrieben: Heringe. Das "Diät-Essen" macht seitdem als "Bismarckhering" Karriere. "Diese Heringe haben mich gesund gemacht", bekannte der Namensgeber dieser urdeutschen Spezialität.

Baedeker TIPP) Räucherfisch – täglich frisch!

So oder so ähnlich werben viele Fischerhütten und Fischgeschäfte auf Usedom, und ein Brötchen mit Räucherfisch ist wirklich nicht zu verachten! Nichts geht über eine Portion Aal frisch aus dem Rauch, doch auch die Palette anderer geräucherter Fische ist recht groß. Am Strand von Ahlbeck, Bansin und Koserow schreiben Fischer ihr tägliches Angebot mit Kreide auf Tafeln, sehr gute Ware bieten auch die Freester Fischer, die dortige Fischräucherei Thurow sowie die Verkaufsstelle am Rankwitzer Hafen.

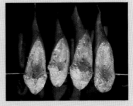

Fisch (Fortsetzung)

ihn mit einer Mischung aus Sahne, Öl und Essig. Zu allen diesen Fischgerichten werden bevorzugt Pell- oder Bratkartoffeln gegessen.

Zu erwähnen sind allerdings noch die leckeren Fischsuppen, die unbedingt probiert werden sollten. Die Rezepte sind sehr vielfältig, zur "Ahlbecker Fischsuppe" gehören Kartoffeln, Zwiebeln, Fischfilet, Weißkohl, Milch, Lorbeerblätter, Pfeffer und Salz. Mit etwas Dill garniert werden sie mit frischem Schwarzbrot serviert.

Wild

Da Usedoms Wälder als sehr wildreich gelten, wundert es nicht, dass oft Wildgerichte, v.a. Wildschwein und Hirsch, auf den Speisekarten zu finden sind.

Kartoffeln

Die Kartoffel spielt in der mecklenburgisch-vorpommernschen Küche ebenfalls eine zentrale Rolle. Über Jahrhunderte hinweg waren die Erdäpfel, hierzulande auch "Tüften" genannt, sogar eines der wichtigsten Grundnahrungsmittel. Dass es in der traditionellen Küche eine Vielzahl von variantenreichen Kartoffelgerichten gibt, verwundert also kaum. Usedoms Köche beweisen das jedes Jahr besonders im Oktober bei den "Tüftentagen".

Zusammen mit gedünsteten Äpfeln stampft man weich gekochte Kartoffeln zu einem Brei, den man in Mecklenburg "Himmel und Erde" getauft hat. Deftiger schmeckt eine andere Spezialität: der warme Speck-Kartoffelsalat.

Nachspeisen

Ein typisches regionales Dessert ist die aus frischen Beeren und Obstsaft gekochte Rote Grütze, die besonders lecker mit Vanillesauce schmeckt.

Getränke

Die Usedomer und die Menschen in Mecklenburg-Vorpommern generell lieben nicht nur deftige Speisen, auch bei der Getränkeauswahl bewahren sie ihre Bodenständigkeit. Beliebte Getränke sind Bier, z.B. aus den heimischen Brauereien Lübz, Stralsund und Rostock, sowie der Köm, ein klarer Kümmelschnaps.

Ursprünglich ein Getränk der Seefahrer, hat der Grog längst seinen Landgang angetreten und schmeckt nicht nur zur Essenszeit, sondern wärmt auch nach einem winterlichen Spaziergang. Für einen ordentlichen Grog gibt man zwei Stücke Zucker in ein Glas, gießt es zur Hälfte mit Rum voll und füllt es dann mit heißem Wasser auf.

Feiertage

Neujahr, Karfreitag, Ostermontag, 1. Mai (Tag der Arbeit), Himmelfahrt, Pfingstmontag, 3. Oktober (Tag der Deutschen Einheit), 31. Oktober (Reformationstag), 25./26. Dezember: erster und zweiter Weihnachtsfeiertag

Im deutschen Teil Usedoms

Neujahr, Ostermontag, Fronleichnam, 1. Mai, 3. Mai (Tag der Verfassung), 15. August (Mariä Himmelfahrt), 1. November (Allerheiligen), 11. November (Nationalfeiertag, zur Erinnerung an die 1918 wieder erlangte Unabhängigkeit), 1. und 2. Weihnachtsfeiertag.

Im polnischen Teil Usedoms

Ferien mit Kindern

Falls es den kleinen Gästen zu langweilig wird am Strand zu spielen, Sandburgen zu bauen, Radtouren zu unternehmen oder in eines der Schwimmbäder zu gehen, gibt es auf Usedom trotzdem noch viele Möglichkeiten: Tierfreunde zieht es ins Tropenhaus Bansin oder in den Tierpark Tannenkamp in Wolgast. Auch ein Ausflug zur Greifswalder Oie, wo man sicherlich die wild lebenden, neugierigen Shetland-Ponys treffen wird, ist sehr beliebt. Kinder, die gerne basteln und handwerken, sollten einmal dem Kulturhof Mölschow einen Besuch abstatten, einige der dort gezeigten Fertigkeiten ausprobieren und so selbst ein paar Mitbringel gestalten. Auch Peenemünde ist keine schlechte Adresse: In der "Phänomenta" kann man versuchen, auf kindergerechte und spaßige Weise einigen Experimenten auf den Grund zu gehen und eventuell einen Abstecher zur Gokart-Bahn am Flughafen zu machen. Zudem kann man sich informieren, ob im Theaterzelt "Chapeau Rouge" in Heringsdorf nicht gerade Kinderveranstaltungen stattfinden. Weitere Informationen bekommt man am Urlaubsort in der Broschüre "Usedom aktuell". Zum Einstimmen kann man beim Tourismusverband und den Touristeninformationen das Kindermagazin "Willi" bestellen. Sicher findet man auch noch einige Anregungen unter den Stichworten ▶ Freizeitaktivitäten und ▶ Sport.

Keine Langeweile

Ferienanlagen

Bei den folgenden Adressen handelt es sich um eine Auswahl von Anlagen, die Ferienwohnungen oder -häuser vermieten. Die Klassifizierung der Übernachtungspreise entspricht etwa den ▶ Hotels.

Ahlbeck

Insel-Paradies Ferienwohnungen
Dünenstr. 46
☎ (03 83 78) 33 57 80, 22 4 41
FAX (03 83 78) 335 78 25, 287 71
Die 4-Sterne-Wohnanlage (2 Villen mit 17 Ferienwohnungen) liegt direkt an der Strandpromenade. €€

Ostseeresidenz
Dünenstr. 40
22 luxuriös eingerichtete Ferienwohnungen. €€€

Bansin und Umgebung

Ökologische Ferienanlage Schloonsee
Am Schloonsee 1

☎ (03 83 78) 23 10
FAX (03 83 78) 231 14
20 norwegische Ferienhäuser (bis zu 5 Pers.). €€

Ostseeresidenz Seeschloss
Strandpromenade 33
☎ (03 83 78) 607
FAX (03 83 78) 608 00
57 schöne, bis zu 80 m² große Ferienwohnungen, in denen bis zu 6 Personen Platz finden. Zu dem Neubau gehören auch ein Schwimmbad und eine Tiefgarage. €€€

***Tropenhaus Bansin
Apartment Ferienanlage**
Goethestr. 10
☎ (03 83 78) 35 40
FAX (03 83 78) 254 99

Moderne Ferienwohnungen im Herzen des Seebades Bansin. Wer hier wohnt, hat freien Eintritt in den Zoo. Das Bistro und Restaurant "Schlangennest" bietet einen Gastbereich inmitten des Tropengartens, verfügt aber auch über eine schöne Dachterrasse. €-€€

Ferienanlage Sellin
Dorfstr. 7
17429 Sellin (ca. 3 km entfernt)
☎ (03 83 78) 23 10
FAX (03 83 78) 231 14
Hübsche Ferienwohnungen (2-4 Z.) in schönster Uferlage am Schmollensee. €-€€

Gnitz

Ferienparadies Lütow
17440 Lütow
☎ (03 83 77) 49 30
FAX (03 83 77) 493 17
44 Doppelhaushälften mit etwa 80 m² großen Wohnungen (bis zu 5 Pers.) auf einem großen Wald- und Rasengrundstück; Restaurant, Beauty-Center, Tennisplätze und ein Hallenschwimmbad sind ganz in der Nähe. €€

Heringsdorf

Panorama Galerie
☎ (054 07) 306 39
FAX (054 07) 301 67
Moderne Ferienwohnungen in der obersten Etage des Apartmenthauses "Forum Marinar" mit freiem Blick über die Ostsee. €€-€€€

*Residenz Bleichröder
Strandpromenade
☎ (03 83 78) 36 20
FAX (03 83 78) 362 20
Herrschaftliche Villa mit 11 Doppelzimmern und Suiten sowie 4 Apartments inmitten einer parkähnlichen Gartenanlage mit historischem Rosengarten. €€€

Upstalsboom Ferienwohnungen
Maxim-Gorki-Str. 58
☎ (018 05) 12 30 03
Unmittelbar am Strand gelegene, komfortabel ausgestattete Ferienwohnungen. Sauna, Solarium, Waschmaschine und Trockner. €€

Karlshagen

Ferienwohnanlage Gartenstraße
Gartenstr. 42
☎ (03 83 71) 231 10
FAX (03 83 71) 231 50
20 Ferienwohnungen, auch für gehobene Ansprüche. €€

Koserow

Treff Ferienpark
Siemensstraße
☎ (03 83 75) 550

FAX (03 83 75) 55100
www.treff-ferienpark.de
Am Steilufer des Streckelsberges gelegen, eingebettet in den Küstenwald; sechs skandinavische Ferienhäuser mit 67 komfortablen Wohnungen (2 - 8 Pers.); Sauna, Hallenbad, Kiosk und Bistro. €-€€

Lieper Winkel

*Am Achterwasser
Dorfstr. 12
17406 Warthe
☎ / FAX (03 83 72) 75 20
Ideal zum Ausspannen: vier hübsche Ferienhäuser mit 13 Wohnungen in einer der ruhigsten Gegenden der Insel. €€

Ferienhausanlage Hafen Rankwitz
Am Hafen
17404 Rankwitz
☎ (03 83 72) 705 21
FAX (03 83 72) 705 28
Vier Ferienhäuser (bis zu 4 Pers.) direkt am Hafen. €-€€

Zum Storchennest
Ballitzer Weg 2-3
17406 Reestow
☎ (029 43) 35 14
FAX (029 43) 75 72
Ferienwohnungen (2-6 Pers.) mit Sauna, Solarium, Minigolf und Fahrradverleih. €-€€

Morgenitz (Umgebung)

Residenz am Gutshaus
17406 Dewichow (3 km entf.)
☎ (03 83 72) 75 40
Idyllisch gelegene Apartmentanlage (2- und 3-Zimmer-Ap.) direkt am Krienker See. €€

Neppermin (Umgebung)

Ferienanlage Haus Cosim
(im Ortsteil Balm)
☎ (03 83 79) 203 05
Ideal für Familien, die preiswert Urlaub machen möchten (26 Bungalows und Finnhütten). €

Trassenheide (Umgebung)

Ferienwohnanlage Haus Janus
Wolgaster Str. 19
17440 Ziemitz (11 km entfernt)
☎ (038 36) 27 29 33
FAX (038 36) 27 29 34
Ruhige Anlage mit 11 Wohnungen (bis zu 6 Pers.) €€

Usedom (Umgebung)

*Stolperhof
Ausbau 1
17406 Stolpe (6 km entfernt)
☎ (03 83 72) 710 81
Alter Hof, der zu einer ökologischen Ferienanlage mit 16 gemütlich eingerichtete Kammern umgebaut wurde.
Besonders Familien mit Kindern lieben die Ferien in dieser idyllischen, ländlichen Umgebung mit großer Küche, Bauerngarten und vielen Tieren (Pferde, Kühe, Schafe, Ziegen, das Schwein "Auguste" sowie Gänse, Hühner und Tauben. Deftige pommersche Küche. €€

Ferienanlagen (Fortsetzung)

Freizeitaktivitäten

Auf Usedom kann einem wirklich nicht langweilig werden: Es gibt in den Seebädern ein vielfältiges Angebot an Freizeitaktivitäten, seien es Vorträge, Konzerte und Ausstellungen, Theaterbesuche, oder Sport. Doch auch abseits eines Kulturprogramms gilt es vieles zu entdecken und es gibt einige Möglichkeiten, sich die Zeit zu vertreiben, wenn das Wetter einmal nicht so mitmachen will. Über

Vielseitiges Angebot

Vielseitiges Angebot (Fts.) das Veranstaltungsprogramm informiert monatlich das lesenswerte Inselmagazin "Usedom aktuell".

Am Abend

Bansin

*Atlantic Pub
☎ (03 83 78) 606 50
Strandpromenade 18
(Eingang Bergstraße)
Stimmungsvolle maritime Kneipe mit Steuerhaus und Sonnendeck sowie einer echten Gefängnistür; gute, herzhafte Gerichte und Bier aus mehreren Ländern.

Heringsdorf

*Chapeau Rouge
Strandpromenade
☎ / FAX (03 83 79) 29171
In dem roten, 250 Zuschauer fassenden Theaterzelt der Vorpommerschen Landesbühne wird in den Sommermonaten für Groß und Klein ein abwechslungsreiches Programm aufgeführt: Theater, Kleinkunst, Artistik, Musikkonzerte sowie Puppentheater.

*Spielcasino Heringsdorf
(im Forum Usedom)
☎ (03 83 78) 650
Von 14:00–1:00 Uhr Automatenspiel; Roulette und Black Jack von 18:00 bis 1:00 Uhr.

Titanic Tanzbar
Strandpromenade 1
(auf der Seebrücke)
Fast 200 Personen finden Platz in der dem Luxusdampfer nachempfundenen Diskothek im Untergeschoss der Seebrücken-Passage. Gängige musik aus den Charts; geöffnet: tgl. 20:00–5:00 Uhr.

Die Pianobar
Strandpromenade
☎ (03 83 78) 650
Stilvolle Atmosphäre im Maritim Hotel Kaiserhof

Wolgast (Umgebung)

Genesis
17509 Wusterhusen
(ca. 10 km nordwestlich von Wolgast)
☎ / FAX (03 83 54) 220 00
Für die jüngere Generation läuft in der Großraumdiskothek Dancefloor, Techno, House, für die "älteren" Semester spielt man getrennt davon in der Tanzbar Oldies, Schlager und Deutsch-Rock. Geöffnet: Fr./Sa. ab 21:00 Uhr.

Zinnowitz

*Die Blechbüchse –
das gelbe Theater
Seestr. 8
☎ (03 83 77) 409 36
Theater in einer ehemaligen Strandkorbhalle, bietet nicht nur Schauspiel, sondern auch Kleinkunst und Konzerte.

Hühnerstall im
Sportpark barge
Möskenweg 24
☎ (03 83 77) 430 50
Themen-Parties von Mi. bis So. (ab 21:00 Uhr): Hühnerstall-Party (Mi.), Single-Nacht (Do.), Wir starten ins Wochenende (Fr.), Tanz-Nacht (Sa.) und Oldie-Nacht (So.).

*Sinatra Cocktail-Bar
Dünenstr. 20
Die richtige Adresse, um den Abend in Ruhe ausklingen zu lassen.

Spielothek Zinnowitz
Neue Strandstr. 25
☎ (03 83 77) 406 91
18 Spielautomaten, 1 Billardtisch und 1 Dartautomat, geöffnet: tgl. 11:00–24:00 Uhr.

Tanzclub Seebrücke
Strandpromenade

(im Hotel Preussenhof)
Varieté und Kleinkunst; der
Bartresen ist der historischen
Seebrücke nachempfunden.

*Vineta-Festspiele
▶ Baedeker Special S. 156/157

Theater ▶ dort

Bibliotheken

Ahlbeck
Wilhelmstr. 15
☎ (03 83 78) 30113
Mo./Di./Do./Fr. 9⁰⁰ – 12⁰⁰ u.
14⁰⁰ – 17⁰⁰ Uhr

Bansin
Bibliothek im
Hans-Werner-Richter-Haus
Waldstr. 5c
☎ (03 83 78) 478 01
Mi.-Fr. 11⁰⁰ – 13⁰⁰ u. 15⁰⁰ – 18⁰⁰
sowie Sa./So. 14⁰⁰ – 17⁰⁰ Uhr

Heringsdorf
Maxim-Gorki-Bibliothek
Delbrückstr. 69
☎ (03 83 78) 222 93
Mo./Di./Do./Fr. 10⁰⁰ – 12⁰⁰ u.
14⁰⁰ – 17⁰⁰ Uhr

Karlshagen
Strandstr. 8
Mo./Di./Fr. 9⁰⁰ – 12⁰⁰ u. 14⁰⁰
bis 17⁰⁰, Do. 14⁰⁰ – 18³⁰ Uhr

Kölpinsee
Haus des Gastes
Di./Do. 16⁰⁰ – 18⁰⁰ Uhr

Koserow
Hauptstr. 5
Do. 14⁰⁰ – 16⁰⁰ Uhr

Zinnowitz
Neue Strandstr. 30
☎ (03 83 77) 492 17
Mo./Fr. 10⁰⁰ – 12⁰⁰ u. 14⁰⁰ – 16⁰⁰,
Di./Do. 10⁰⁰ – 12⁰⁰ u. 14⁰⁰ – 18⁰⁰,
Mi. 10⁰⁰ – 12⁰⁰ Uhr

Wolgast
Chausseestr. 4d

☎ (038 36) 20 25 80
Mo./Di./Do./Fr. 10⁰⁰ – 18⁰⁰,
Mi. 12⁰⁰ – 18⁰⁰ Uhr

Bowling- u. Kegelbahnen

Heringsdorf
Bowling Kaiser
Delbrückstr. 1 – 4
☎ (03 83 78) 828 80
6 Bowlingbahnen

Hotel Coralle
Maxim-Gorki-Str. 57
☎ (03 83 78) 770
Kegelbahn

Karlshagen
Hotel Nordkap
Strandstr. 8
☎ (03 83 71) 550

Kölpinsee
Haus Usedom
Strandstr. 16
☎ (03 83 75) 23 90
Kegelbahn

Koserow
Hotel-Restaurant Hanse-Kogge
Hauptstr. 22
☎ (03 83 75) 26 00
Kegelbahn

Trassenheide
Sportpoint
Wiesenweg 5
☎ (03 83 71) 282 18
Bowlingbahn

Zempin
Hotel Wikinger
Seestr. 6
☎ (03 83 77) 750
Bowlingbahn

Zinnowitz
Bernstein-Therme
Dünenstraße
☎ (03 83 77) 35 00
Kegelbahn

Sportpark barge
Möskenweg 24
☎ (03 83 77) 430 50

Internet-Cafés

Ahlbeck
Internet & Billard Bistro
Bahnhofstr. 1
☎ (03 83 78) 319 40

Heringsdorf
Kaiserbäder-i-Cafe
Seestr. 17
In der alten Post
☎ (03 83 78) 330 86
www.kaiserbaeder-i-cafe.de

Koserow
Internet-Café Nautic
(im Hotel Nautic)
Triftweg 4
☎ (03 83 75) 25 50

Kinos

Ahlbeck
Brümmel GbR
Dünenstr. 37
☎ (03 83 78) 303 45

Autokino
in den Sommermonaten
Swinemünder Chaussee
(direkt an der Grenze)
☎ (03 83 78) 303 45

Heringsdorf
Brümmel GbR
Seebrücke
☎ (03 83 78) 324 14

Koserow
Autokino Koserow
FKK Parkplatz (an der B 111)
☎ (03 83 77) 420 36

Trassenheide
Sommerkino Trassenheide
Strandstraße
☎ (03 83 77) 420 36

Zempin
Sommerkino Zempin
Strandstraße
☎ (03 83 77) 420 36

Zinnowitz
Clubkino Zinnowitz
Neue Strandstr. 20
☎ (03 83 77) 420 36

Kutsch- und Kremserfahrten

Ahlbeck
Manfred Albrecht
Jägersberg 7
☎ (03 83 78) 282 49

Harry Kramp
Wiesengarten 14
☎ (03 83 78) 302 80

Thomas Lettner
Schulzenstr. 11
☎ (03 83 78) 283 92

Hans-Jürgen Will
Gothenweg 14
☎ (03 83 78) 284 50

Bansin
Gerhard Zeplin
Dorfstr. 42a
☎ (03 83 78) 293 72

Heringsdorf
Gerhard Schult
Bülowstr. 3
☎ (03 83 78) 229 87

Rundflüge

Flugplatz Heringsdorf
17149 Zirchow
☎ (03 83 76) 25 00
FAX (03 83 76) 250 33
Buchung / Information:
☎ (03 83 76) 200 30, 250 32
FAX (03 83 76) 200 40
tgl. ab 10⁰⁰ mit verschiedenen
Flugrouten

Anklam
Flugplatz "Otto Lilienthal"
Am Flugplatz 1
☎ (039 71) 210 051
FAX (039 71) 83 31 06

Mellenthin
Usedomer Fliegerclub
☎ (03 83 71) 205 33
(03 83 77) 430 32

Peenemünde
Flugplatz Peenemünde
☎ (03 83 71) 203 60
Rundflüge mit verschiedenen Flugrouten werden hier täglich ab 9⁰⁰ Uhr angeboten.

Sportangebote

▶ Angeln, Baden · Badestrände, Reiten, Sport · Wassersport

Freizeit-
aktivitäten
(Fortsetzung)

Baedeker TIPP) Inspirationen

Wer versuchen möchte, seine Eindrücke in der bezaubernden Landschaft des Gnitz auf Papier zu bannen oder sich von der Stimmung in Otto Niemeyer-Holsteins Garten inspirieren lassen will, hat die Möglichkeit, in entspannter Umgebung einige Malstunden zu nehmen. Informationen unter: Galerie Kobelius ☎ (0 83 77) 415 17 und Gedenkstätte Lüttenort ☎ (0 83 75) 202 13.

Grenzübertritt

Der Grenzübergang Ahlbeck/Świnoujście (Swinemünde) an der B 111 ist rund um die Uhr geöffnet, allerdings nur für Fußgänger und Fahrradfahrer. Die Usedomer Bäderbahn (UBB) fährt derzeit direkt bis zur Grenze, soll aber bis nach Swinemünde verlängert werden. Des Weiteren bestehen Pläne für einen Übergang an der B 110 bei Garz, der auch für Busse geöffnet sein soll. Für eine Fahrt nach Polen genügt der Personalausweis, Kinder benötigen einen Kinderausweis mit Lichtbild oder die Eltern legen den Reisepass mit dem entsprechenden Eintrag vor.

Beachtenswertes bei einem Ausflug nach Polen

Die polnische Währung ist der Zoty (Z, 100 Groszy), dessen Ein- und Ausfuhr verboten ist. Frei konvertierbare Währungen unterliegen keinen Beschränkungen, größere Summen sollten allerdings deklariert werden. Geldwechselstellen kann man an der Aufschrift "Kantor" erkennen; die größeren Hotels und Geschäfte in Polen akzeptieren aber auch Kreditkarten.

Bei der Rückkehr aus Polen werden die oft prall gefüllten Taschen von den Zöllnern kontrolliert: Da das Nachbarland noch nicht der EU angehört, gilt eine zollfreie Wertgrenze von 75 €. Von Polen können u.a. zollfrei 1 l Spirituosen oder 2 l Branntwein, Likör o.Ä., 2 l Wein, 50 g Parfüm, 0,25 l Toilettenwasser, 200 Zigaretten oder 100 Zigarillos oder 50 Zigarren oder 250 g Tabak, 500 g (oder 200 g löslicher) Kaffee eingeführt werden. Weitere Informationen erteilt das Zollamt Ahlbeck (☎ 03 83 78/46 51 10).

Hotels

Das Angebot an Hotels und Ferienwohnungen auf Usedom ist überaus vielfältig und von hoher Qualität. Sämtliche Ferienhäuser wurden nach der Wende privatisiert – schwer zu schätzen, wie viele Millionen Euro in den vergangenen Jahren investiert wurden. Die Traditionshäuser mit ihrer Bäderarchitektur erstrahlen mittlerweile in neuem Glanz. Es gibt einfache Hotels und 4-Sterne-Häuser, die besseren Hotels sind mit Pool und Sauna ausgestattet und bie-

Allgemeines

Allgemeines (Fortsetzung)

ten noch andere Wellnessmöglichkeiten. Die Preise sind entsprechend hoch, vor allem in der Hauptsaison. Dann kostet in einem Drei-Sterne-Haus ein Doppelzimmer durchschnittlich 100 Euro. In den Monaten November bis März werden die Preise etwa um 30 bis 50 % gesenkt, von April bis Mai bekommt man Hotelzimmer um ca. 15–25% ermäßigt. Zu allen Jahreszeiten bieten die Hotels auch Sonderarrangements an.

Preise

Die folgenden Preise gelten für 2 Personen im Doppelzimmer (Dusche/WC, Frühstück) in der Hochsaison:

€€€   110 € und mehr
€€   70–110 €
€   bis 75 €

Ahlbeck

Hotel garni Eden
Goethestr. 2
☎ (03 83 78) 23 80
FAX (03 83 78) 304 70
www.garni-eden.de
Hotel (31 Z.), das sich besonders für einen Familienurlaub eignet. €€

Ostseehotel Ahlbeck
Dünenstr. 41
☎ (03 83 78) 600
FAX (03 83 78) 60100
ostseehotel@seetel.de
Das Ostseehotel (82 Zi.) verfügt über ein sehr gutes Wintergartenrestaurant und ein Schwimmbad. €€–€€€

Romantik Seehotel Ahlbecker Hof
Dünenstr. 47
☎ (03 83 78) 620
FAX (03 83 78) 62100
ahlbecker-hof@seetel.de
Zweifellos das Spitzenhotel der Insel Usedom (Abb. S. 46). Das Fünf-Sterne-Haus an der Strandpromenade hat 67 exklusive Zimmer und Suiten zu bieten sowie einen ausgezeichnetem Wellnessbereich. €€€

Villa Auguste Viktoria
Bismarckstr. 1–2
☎ (03 83 78) 24 10
FAX (03 83 78) 24144
www.auguste-viktoria.de
Die Villa (16 Z.) trägt den Namen Auguste Viktorias, für die sie 1900 erbaut wurde; allerdings wohnte die Kaiserliche Hoheit nie darin. €€–€€€

Villa Strandrose
Dünenstr. 18
☎ (03 83 78) 28182
FAX (03 83 78) 28194
Angenehmes, kleines Haus an der Strandpromenade. €–€€

Anklam

Hotel am Stadtwall
Demminer Str. 15
☎ (039 71) 83 31 36
FAX (039 71) 83 3137
www.hotel-am-stadtwall.de
Hotel garni mit 18 modernen Zimmern im Gebäude des einstigen Warmbads. €€

Bansin

Atlantic
Strandpromenade 18

☎ (03 83 78) 605
FAX (03 83 78) 606 00
atlantic@seetel.de
Das kleine, elegante Luxushotel (26 Z.) direkt an der Strandpromenade bietet seinen Gästen jeglichen Komfort von Schwimmbad über Sauna bis zum Fitnessbereich. Besondere Bonuspunkte sind ebenfalls das Gourmetrestaurant, die Café-Terrasse sowie das beliebte "Atlantic Pub" (▶ Freizeit, Am Abend). €€€

Elsbeth
Waldstr. 31
☎ (03 83 78) 292 31
Kleine Pension mit 5 Zimmern in Strandnähe. €

Forsthaus Langenberg
☎ (03 83 78) 291 01
FAX (03 83 78) 291 02
Rustikales Haus im Buchenwald am Steilufer zwischen Bansin und Koserow (36 Z.). €€

Hotel zur Post
▶ Baedeker Tipp S. 70

Promenadenhotel Admiral
Strandpromenade 36/37
☎ (038 378) 660
www.ti-bansin.de
Das einstige Gästehaus der DDR-Regierung wurde zu einem schönen, beliebten Hotel (68 Z.), Highlight ist das neue Schwimmbad mit freiem Blick auf die Ostsee. €€

Benz

Pension Schwalbennest
Fritz-Behn-Str. 30
☎ (03 83 79) 203 03
FAX (03 83 79) 200 60
Kleine familiär geführte Pension (10 Z.) mit hauseigener Gaststätte, dazu gehören des Weiteren 7 Ferienhäuser. Das Mitbringen von Haustieren ist erlaubt! €

Reit- und Ferienhof Benz
Labömitzer Str.
☎ (03 83 79) 25 30
Zu diesem Hof gehören neben 15 Zimmern und 18 Ferienwohnungen auch eine Gaststätte und eine Reithalle. €

Freest

Hotel Leuchtfeuer
Dorfstr. 1
☎ (03 83 70) 207 10
FAX (03 83 70) 207 11
Das Hotel liegt mitten im idyllischen Fischerort Freest. Vom Restaurant hat man eine wunderbare Aussicht auf den Hafen, die Ostsee sowie die Inseln Rügen und Ruden. €

Heringsdorf

Hotel Esplanade
Seestr. 5
☎ (03 83 78) 700
FAX (03 83 78) 704 00
hotel.esplanade@t-online.de
Im Zentrum Heringsdorfs bietet das "Esplanade" seinen Gästen das Ambiente eines kleinen Grandhotels mit langer Tradition. €€

Maritim Hotel Kaiserhof
Kulmstr. 33
☎ (03 83 78) 223 25
FAX (03 83 78) 658 00
www.maritim.de
Erstklassiges Haus (133 Z.) in prominenter Lage an der Strandpromenade nahe der Seebrücke. €€€

Strandidyll Heringsdorf
Delbrückstr. 9 – 11

☎ (03 83 78) 47 60
strandidyll@tc-hotels.de
Architektonisches Juwel (151 Z.) in einer wunderschönen Parkanlage nahe des Strandes. €€

Upstalsboom Hotel Ostseestrand
Eichenweg 4–5
☎ (03 83 78) 630
FAX (03 83 78) 634 44
ostseestrand@upstalsboom.de
Damit dieses vornehme Hotel (100 Z.) entstehen konnte, wurden drei alte Villen von Grund auf modernisiert, miteinander verbunden und zusätzlich ein Schwimmbad eingebaut. Neu ab 2002 ist die luxuriöse Wellnessoase "Balance". €€€

Villa Neptun
Maxim-Gorki-Str. 53
☎ (03 83 78) 26 00
FAX (03 83 78) 260 60
www.villaneptun.de
Rustikales Hotel (60 Z.) gegenüber der Villa Irmgard. €–€€

Karlshagen

Nordkap
Strandstr. 8
☎ (03 83 71) 550
FAX (03 83 71) 55100
www.flairhotel.com/nordkap
Relativ neues Hotel (38 Z.), das seinen Gästen auch ein Wintergartenrestaurant bietet: Kegelbahn und Sauna sind ebenfalls vorhanden. €€

Kölpinsee

Haus Nixe
Waldstr. 2
☎ (03 83 75) 201 77
FAX (03 83 75) 201 79
Komplett sanierte Jugendstilvilla mit individuell gestalteten Räumen (8 Z.); im Wald ca. 300 m vom Strand entfernt gelegen. Spezialität des Kellerrestaurants sind die saftigen Steaks, die auf einem Lava-Grill zubereitet werden. €

Hotel zur Ostsee
Strandstr. 14
☎ (03 83 75) 202 96
FAX (03 83 75) 201 33
www.zurostsee.m-vp.de
Familiär geführtes Haus mit 24 Zimmern. €–€€

Korswandt

Hotel-Restaurant Idyll am Wolgastsee
Hauptstr. 9
☎ (03 83 78) 221 16
FAX (03 83 78) 225 46
www.landidyll.de/idyll-am-wolgastsee
Wie der Name bereits sagt, ist dieses Hotel (19 Z.), das seinen Gästen Sauna, Solarium und einen Fitnessbereich bietet, wunderbar gelegen. €€

Pirol
Hauptstr. 10
☎ (03 83 78) 221 20
FAX (03 83 78) 221 80
Nettes Familienhotel mit hoteleigenem Shuttle zum Ahlbecker Strand. €–€€

Koserow

Forsthaus Damerow mit Hotel Vineta

☎ (03 83 75) 560
FAX (03 83 75) 564 00
www.urlaub-auf-usedom.de
In der Nähe von Lüttenort zwischen Koserow und Zempin ist diese Hotelanlage (68 Z.) mit 58 Ferienhäusern gelegen. Es lässt sich gut in einem der beiden Restaurants, im Kaminzimmer, im Biergarten oder auf der Terrasse verweilen. Zudem gibt es diverse Wellness-, Sport- aber auch Kulturangebote. €€

Hotel Nautic
Hauptstr. 46e
☎ (03 83 75) 25 50
FAX (03 83 75) 255 55
www.hotel-nautic.de
Ferien- und Seminarhotel mit Internet-Café in der Mitte Koserows. Bietet Urlaubs-Computerkurse und einen hoteleigenen Wellnessbereich. €€

Lassan

Ackerbürgerei Lassan
Lange Str. 55/57
☎ (03 83 74) 5111
FAX (03 83 74) 5112
Nettes Hotel mit gutem Restaurant an Lassans Hauptstraße. Es gibt hier einen großen Garten und einen Verleih für Fahrräder, Kanus und Kajaks. €–€€

Mellenthin

Gutshof Insel Usedom
Dorfstr. 24
☎ (03 83 79) 207 00
FAX (03 83 79) 288 30
www.gutshof.net
Die 20 Zimmer und 4 Maisonette-Wohnungen in dem historischen Gebäude beim Schloss Mellenthin wurden sehr sorgfältig ausgestattet und verströmen mediterranes Flair. Zum Haus gehören ebenfalls eine Sauna und ein gutes ▶ Restaurant. €€

Misdroy (Międzyzdroje)

Amber Baltic
Promenada Gwiazd 1
☎ (00 48 – 391) 328 10 00
FAX (00 48 – 391) 328 10 22
www.hotel-amber-baltic.pl
Das moderne Vier-Sterne-Hotel liegt direkt an den Dünen. Verfügt über ein erstklassiges Restaurant, ein empfehlenswertes Wiener Kaffeehaus, aber auch über ein Hallenbad mit Sauna, Bowlingbahnen und einen Golfplatz (13 km entfernt). €€

Hotel Nautilus
Promenada Gwiazd 8
☎ (00 48 – 391) 328 09 99
FAX (00 48 – 391) 328 23 27
www.t-online.de/home/hotel.nautilus
Renovierte Villa (1913 erbaut) bietet Apartments für 2 bis 4 Personen, ausgestattet mit eigenem Bad, separater Teeküche, TV und z.T. mit Balkon oder Wintergarten. €

Neppermin

Golf- und Landhotel Balmer See
Drewinscher Weg 1
☎ (03 83 79) 280

FAX (03 83 79) 282 22
www.golfhotel-usedom.de
Angelegt wie ein Dorf mit rohrgedeckten Häusern zwischen Usedoms einzigem Golfplatz und dem Naturschutzgebiet (Abb. S. 202). 90 komfortable Doppelzimmer und Suiten, Restaurant mit internationaler und regionaler Küche, großer Beauty- und Wellnessbereich. Neben dem 27-Loch-Golfplatz mit Driving Range und 6-Loch-Kurzplatz gibt es auch zwei Tennisplätze, einen Badesteg mit Liegewiese und einen Fahrradverleih. Die Anlage wird noch erweitert. €€-€€€

Peenemünde

Pension Am Deich
Feldstr. 1a
☎ (03 83 71) 210 27
FAX (03 83 71) 28 512
Kleine Pension mit hübsch eingerichteten Zimmern (6 Z.). Im dazugehörigen Café gibt es viele Kaffeespezialitäten und leckeren Kuchen. €

Swinemünde (Świnoujście)

Atol
ul. Orkana 3
☎ (00 48 - 91) 321 30 10
FAX (00 48 - 91) 321 38 46
Modernisiertes Haus mit Sauna und Solarium, 100 m vom Strand entfernt. €

Promenada
ul. Zeromskiego 20
☎ / FAX (00 48 - 91) 327 94 18
Gemütliche Atmosphäre im alten Kurviertel, 50 m vom Strand entfernt. €

Trassenheide

Friesenhof
Bahnhofstr. 48
☎ (03 83 71) 26 10
FAX (03 83 71) 261 11
Für Pferdeliebhaber: In dem rohrgedeckten "Friesenhof" gibt es ein Hotel (23 Z.) mit Reithalle und Reitplatz sowie ein Kamin-Restaurant. €€

Pension Kaliebe
Zeltplatzstr. 5
☎ (08 00) 52 54 23
FAX (03 83 71) 522 99
www.kaliebe.de
Pension (35 Z.) am Waldesrand, zu der auch 6 finnische Blockhäuser gehören und ein sehr gutes Restaurant, das wunderbare regionale Gerichte serviert. €

Ückeritz

Hotel Nussbaumhof
Feldstr. 2
☎ (03 83 75) 23 80
FAX (03 83 75) 238 88
www.nussbaumhof.de
Nettes Hotel (15 Z.) in ruhiger Lage am Ortsrand; das Frühstück wird im Wintergarten serviert, vom Kaminzimmer hat man eine wunderbare Aussicht über das Achterwasser. €€

Usedom (Stadt)

Norddeutscher Hof
Markt 12
☎ (03 83 72) 702 66
FAX (03 83 72) 707 12
Traditonsreiches Haus (8 Z.) am historischen Markt. €-€€

Wolgast

Hotel Kirschstein
Schützenstr. 25
☎ (038 36) 272 20
FAX (038 36) 27 22 50
www.hotel-kirschstein.de
Gemütliches Hotel mit zwölf Zimmern. €

Hotel Peenebrücke
Burgstr. 2
☎ (038 36) 272 60

FAX (038 36) 27 26 99
www.hotel-peenebruecke.de
Patrizierhaus direkt am Hafen. €-€€

Pension Weiberwirtschaft
An der Stadtmauer 10
☎ (038 36) 20 50 60
FAX (038 36) 20 50 61
Von einem Frauenprojekt betriebene kleine Pension (6 Z.) am Altstadtrand. €-€€

Zempin

Hotel Wikinger
Seestr. 6
☎ (03 83 77) 750
FAX (03 83 77) 751 15
www.hotel-wikinger.de
Das Hotel (68 Z.) in einem Zweckbau aus DDR-Zeiten bietet seinen Gästen auch Apartments sowie Sauna, Solarium, Fitnessraum und Bowlingbahn. €-€€

Zinnowitz

Hotel Asgard mit Apartmentanlage Meereswarte
Dünenstr. 20
☎ (03 83 77) 46 70
FAX (03 83 77) 46 71 24
info@hotelasgard.de
Vier-Sterne-Hotel in prächtiger alter Jugendstilvilla an der Promenade. €€

Hotel Seestern
Dünenstr. 3
☎/FAX (03 83 78) 421 44
info@hotel-seestern-zinnowitz.de
Traditionsreiches, beliebtes Haus (23 Z.) an der Strandpromenade. €€

Preussenhof
Ecke Neue Strandstr./Strandpromenade
☎ (03 83 77) 390
FAX (03 83 77) 395 10
www.schoener-inseln.de
Elegantes Apartmenthotel (28 Ap., bis 120 m²) in Zinnowitz' bester Lage. Hier ist außerdem das empfehlenswerte Museumscafé und das Bademuseum (▶ Baedeker Tipp S. 154) untergebracht. €€€

Baltic
Dünenstraße
☎ (03 83 77) 707 91
FAX (03 83 77) 701 00
www.baltichotel.de
Für die meisten Gäste des "Baltic" stehen Sport, Fitness und Erholung im Vordergrund (▶ Wellness), doch man kann sich auch wunderbar im Restaurant Andersen's und der Brasserie Gynt's bei internationalen und regionalen Spezialitäten verwöhnen lassen. €€-€€€

Hotels (Fortsetzung)

Jugendherberge

Auf Usedom gibt es nur eine Jugendherberge, jedoch eine ausnehmend schöne mit bester Lage an der Strandpromenade von Heringsdorf.

Jugendherberge Heringsdorf
Puschkinstr. 7
☎ (03 83 78) 223 25
FAX (03 83 78) 323 01

Kuren und Erholung

Information Usedom verfügt über eine große Bandbreite an ambulanten und stationären Kuren sowie diverse Gesundheits- und Wellnessangebote (▶ Wellness). Informationen und Prospekte erhält man beim Touristenverband und den Kurverwaltungen.

Kurtaxe In allen Badeorten wird eine Kurtaxe gemäß der jeweiligen Kurtaxordnung erhoben und ist vor Ort zu entrichten. Sie beträgt in der Hauptsaison maximal 2,30 €/Tag.

Literaturempfehlungen

Usedom und die Literatur Burkhardt, Albert (Hrsg.): Vineta. Berlin: Stapp 2000. Sagen und Märchen vom Ostseestrand, darunter auch die Geschichte der legendären Stadt Vineta.

Grambow, Jürgen und Wolfgang Müns: Bernsteinhexe und Kaiserbäder. Lesen von Usedom. Rostock: Hinstorff Vlg. 1999. Nette Sammlungen mit Texten von Theodor Fontane bis Carola Stern.

Frey, Olga: Großstadtluft und Meereslust. Eine Reise nach Berlin und an die Ostsee 1900. Zürich: Limnat Verlag 1997. Aus der Schilderung der Autorin spricht die Faszination eines biederen Schweizer Ehepaares für das imperiale Berlin, den Glanz und Pomp der Weltstadt. Daneben zeichnet Olga Frey ein anschauliches Bild des Badelebens zur damaligen Zeit.

Meinhold, Wilhelm: Die Bernsteinhexe Maria Schweidler. Der interessanteste aller bekannten Hexenprozesse. Vision-Verlag: 2000. Schicksal der Pfarrerstochter Maria Schweidler, die während des Dreißigjährigen Krieges als Hexe verfolgt wurde (s.a. S. 48).

Seydel, Renate: Usedom. Ein Lesebuch. Berlin: Ullstein-TB-Verlag 1998. ▶ Baedeker Tipp S. 48

Usedom und die Kunst Lüder gen. Lühr, Jürgen: Die Würde des Lebendigen. Usedomer Malerei des 20. Jahrhunderts. Leipzig: Faber und Faber 1998. Beschreibung der Künstler und Künstlergruppen, die im 20. Jahrhundert auf Usedom lebten und arbeiteten.

Piltz, Georg und Constantin Beyer: Backsteingotik zwischen Lübeck und Wolgast. Würzburg: Flechsig 2000. Schöner Bildband, der dem Leser die verschiedenen Ausformungen der Backsteinarchitektur näher bringt.

Roscher, Achim: Otto Niemeyer-Holstein. Lebensbild mit Landschaft und Figuren. Berlin: Aufbau TB 2001. Interessante Biografie des Malers Otto Niemeyer-Holstein.

Usedom und die Geschichte Bode, Volkhard und Gerhard Kaiser: Raketenspuren. Peenemünde 1936–2000. Berlin: Links-Vlg. 2001. Der Bild-/Textband dokumentiert die Entwicklung der V1 und der V2 in den militärischen Versuchsanstalten, die sowjetische Besatzungszeit in den ersten Nachkriegsjahren und den Ausbau Peenemündes als Flottenbasis und Jagdfliegerstandort der Nationalen Volksarmee; zugleich wird auch die heutige Nutzung des Geländes diskutiert sowie der Umgang mit der militärischen Vergangenheit.

Literaturempfehlungen, Usedom und die Geschichte (Fortsetzung)

Kuhlmann, Bernd: Eisenbahnen auf Usedom. Über Swinemünde nach Peenemünde. Düsseldorf: Alba Publikation 1999.
Geschichte und Gegenwart des Usedomer Eisenbahnverkehrs, Fotos, Zeichnungen und historische Dokumente neben sorgfältig recherchierten Texten.

Landgrebe, Wolfgang: Usedom/Wolgast wie es früher war. Gudensberg: Wartberg Vlg. 1994. Historische Abbildungen zur Geschichte der Badeinsel.

Buddee, Gisela und Heinz Teufel: Usedom. Eine Bildreise. Hamburg: Ellert und Richter 1998. Netter Bildband zur Einstimmung.

Bildbände

Richter, Egon: Ahlbeck, Heringsdorf, Bansin. Die Usedomer Kaiserbäder. Schwerin: Demmler-Vlg. 1998. Schöne Abbildungen und gute Texte, die die Entwicklung der Seeheilbäder beschreiben.

Gildenhaar, Dietrich und Erhard Rusch: Swinemünde 1860–1945. Bremen: Ed. Temmen 1998. Ein fotografischer Streifzug durch das größte Seebad Usedoms vor dem Zweiten Weltkrieg.

Peenemünde – Hitlers geheime Waffenschmiede. VHS
Usedom. VHS

Video-Tipp

Notdienste

Deutschland

Polizei
☎ 110

Feuerwehr, Notarzt
☎ 112

Notruf in den Kaiserbädern
(Mo.–Fr. 8⁰⁰–18⁰⁰ Uhr)
☎ (0800) 245 23 25

Pannennotruf des ADAC
(rund um die Uhr)
☎ (01802) 22 22 22

Polen

Polizei
☎ 997

Notarzt
☎ 999

Öffnungszeiten

Wie international üblich sind die Museen meist montags geschlossen. Da die Restaurants in der Regel im Sommer jeden Tag geöffnet haben und fast durchgehend warmes Essen anbieten, gönnen sich einige im Winterhalbjahr 1–2 Ruhetage in der Woche oder sind ganz geschlossen. Im polnischen Inselteil schließen die Restaurants oft schon um 22⁰⁰ Uhr.

Öffnungszeiten (Fortsetzung)

In den Seebädern gilt für die Geschäfte die so genannte Bäderregelung, d. h. von März bis Oktober dürfen werktags bis 20⁰⁰ und sonntags von 12⁰⁰ bis 18⁰⁰ Uhr Waren des täglichen Bedarfs, Souvenirs, ortstypische Gegenstände sowie Schmuck und Kunstgewerbe verkauft werden. In Swinemünde und Misdroy haben die Läden meist werktags 10⁰⁰ – 18⁰⁰ und samstags bis 13⁰⁰ Uhr geöffnet.

Reisezeit

Auch wenn die meisten Urlaubsgäste in den Sommerschulferien kommen, ist Usedom nicht ausschließlich ein Sommerreiseziel. Sehr reizvoll ist die Insel im Frühjahr und im Herbst, aber auch der Winter hat seine schönen Seiten. Zwar haben dann einige Hotels und Restaurants geschlossen, doch andere bieten gerade in dieser Zeit Sonderarrangements an. Über Weihnachten und Neujahr sowie über Ostern und Pfingsten sollte man auf jeden Fall vorbuchen, da viele Kurzurlauber gerade diese Feiertage zu einem verlängerten Wochenende nutzen.

Reiten

Angebote für Pferdeliebhaber

Pferdefreunde werden sich auf Usedom mit seinen zahlreichen Reiterhöfen und Reit- und Fahrvereinen sicherlich wohl fühlen. Leute, die sich allein auf einem Pferd nicht wirklich sicher fühlen, können auch bei Kutsch- und Kremserfahrten (▶ Freizeitaktivitäten) Usedoms Natur und einige Ortschaften kennenlernen. Der Reit- und Therapiehof in Morgenitz bietet zudem heilpädagogisches Reiten an.

Reiterhöfe · Pferdepensionen

Ahlbeck
Hans-Jürgen Will
Gothenweg 14
☎ (03 83 78) 284 50

Benz
Reit- und Ferienhof Benz
Labömitzer Straße
☎ (03 83 79) 25 30

Dargen
Zucht- und Pensionshof
Uta u. Jürgen Manzke
Schmiedestr. 4
☎ (03 83 77) 411 78

Kölpinsee
Reit- und Pensionshof Müller
Strandstr. 39
☎ (03 83 75) 216 39

Mellenthin
Trakhenerhof
Morgenitzer Berg 19
☎ (03 83 79) 205 65

Morgenitz
Reit- und Therapiehof
Brigitte Matthäus
Dorfstr. 2
☎ (03 83 72) 703 48

Pudagla (bei Neppermin)
Peter Schmur
Schlossstr. 3
☎ (03 83 78) 320 38

Trassenheide und Umgebung
Friesenhof
Bahnhofstr. 48
☎ (03 83 71) 26 10

Reiterhof
Trassenheider Str. 1

17449 Bannemin
☎ (03 83 77) 411 78

Reiterhof Jaddatz
Feldstr. 8
17440 Ziemitz (Wolgaster Ort)
☎ (038 36) 20 29 11

Ückeritz
Reiterhof Schön
Mühlenstr. 7
☎ (03 83 75) 213 68

Usedom (Umgebung)
Reiterhof Reinke
Dorfstr. 14
17406 Wilhelmshof
☎ (03 83 72) 710 16

Wolgast
Urlaub auf dem Bauernhof
Postfach 230
☎ (038 36) 20 36 09

Reiten
(Fortsetzung)

Restaurants

In den Seebädern, aber auch im Hinterland und am Achterwasser gibt es einige empfehlenswerte Restaurants und Gaststätten. Die folgenden Preise beziehen sich auf ein Hauptgericht:

€€€ über 15 Euro
€€ 10 – 15 Euro
€ bis 10 Euro

Ahlbeck

Haus Frohsinn
Kaiserstr. 49
☎ (03 83 78) 324 73
Gute, bodenständige pommersche Küche. €-€€

*La Mer
Dünenstr. 19 – 21
(im Strandhotel Ahlbeck)
☎ (03 83 78) 520
Im Panoramarestaurant des Strandhotels, in das man mit einem gläsernen Außenaufzug gelangt, wird Erlebnisgastronomie vom Feinsten geboten. €€€

Le Brasserie
Dünenstr. 47
(im Ahlbecker Hof)
☎ (03 83 78) 620
Exzellente regionale und internationale Küche. €€

Leopold's Bayernstüberl
Dünenstr. 57
☎/FAX (03 83 78) 333 44

Natürlich bayrische Spezialitäten wie Schweinsbraten, Leberknödelsuppe und Bayrisch Creme auf der Karte, doch man findet auch Einfallsreiches wie Semmelknödel-Carpaccio mit Kräuterpesto und Parmesan. €-€€

Seebrücke Ahlbeck
☎ (03 83 78) 283 20
Maritimes Restaurant zwischen Land und Meer mit gutem Angebot an Wein und Speisen. €€

Anklam

Dabers
Mägdestr. 1

☎ (039 71) 24 31 73
Freundliches Restaurant hinter der Marienkirche. €

*Gutshaus Stolpe
Dorfstr. 37
17391 Stolpe bei Anklam
☎ (03 97 21) 55 00
FAX (03 97 21) 550 99
www.gutshaus-stolpe.de
Eines der exquisitesten Restaurants Mecklenburg-Vorpommerns befindet sich in dem im Stil eines kleinen Landhotels gestalteten Gutshaus Stolpe. In den letzten Jahren hat es sich einen hervorragenden Ruf erworben, zuletzt wurde die Küche im Guide Michelin mit einem Stern und im Gault Millau mit 15 von 20 Punkten ausgezeichnet. Das Gourmet-Restaurant ist Di.–So. ab 18^{00} Uhr geöffnet, mittags werden Speisen von der kleinen Karte angeboten. €€€
Eine gastronomische Alternative unter der Leitung des selben Küchenchefs ist der zwischen Gutshaus und Peene gelegene "Stolper Fährkrug", eine der traditionsreichsten Gaststätten des Landes, in die schon der mecklenburgische "Nationaldichter" Fritz Reuter einkehrte. €

Bansin

Atlantic Pub
Maritime Kneipe (▶ Freizeitaktivitäten, Am Abend).

Brasserie Banzino
Seestr. 5
(im Hotel zur Post)
☎ (03 83 78) 560
Hier hat man endlich einmal die Gelegenheit, das "Postgeheimnis" zu lüften – so heißt nämlich eine der Spezialitäten des Hauses. Sehr gute Karte mit wechselnden Sonderaktionen (schwäbische, spanische oder Matjeswochen u.v.m.). €–€€

La Podasa
Strandpromenade 33
☎ (03 83 78) 608 60

Hübsch eingerichtetes mexikanisches Restaurant mit leckeren Speisen und tollen Mixgetränken. €€

Mudder-Schulten-Stuben
Strandpromenade 36/37
(im Promenadenhotel Admiral)
☎ (03 83 78) 660
Gute pommersche Küche. €€

*Ristorante Carlo am Fischerstrand
Strandpromenade 36/37
(im Promenadenhotel Admiral)
☎ (03 83 78) 66 15 66
Wird als eine der besten Adressen für italienische Küche in Norddeutschland gehandelt, tadelloser Service. €€€

Benz

Schwalbennest
Fritz-Behn-Str. 30
17429 Benz
☎/FAX (03 83 79) 203 03

Restaurant mit guter Hausmannskost in der Pension Schwalbennest. €

Dargen

Gasthof t'on Eickboom
Haffstr. 10c
☎ (03 83 76) 204 21
Bekannt für die gute pommersche Küche, die hier serviert wird: Besonders zu empfehlen ist der Schweinerippenbraten, der in diesem Gasthof mit Backpflaumen gefüllt wird; dazu gibt es Kartoffeln und Rotkohl. €

Heringsdorf

Balalaika
Delbrückstr. 1
(im Einkaufscenter
Kaiserhof Atlantic)
☎ (03 83 78) 823 51
Russische Gerichte. €

***Des Kaisers Pavillon**
Brunnenstr. 1
☎ (03 83 78) 22745

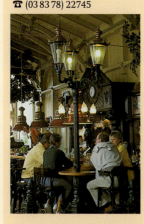

In dem verspielt ausgestatteten Restaurant sollte man gewesen sein und gegessen haben! Das Gebäude, das 1911 als "Salchows Weinstuben" eröffnet worden war, diente zwischenzeitlich als Kino und wurde 1991 wieder zu einem Restaurant umgewandelt. €

Kulm-Eck
▶ Baedeker Tipp S. 93

***Seebrückenrestaurants**
Käpt'n "N"
☎ (03 83 78) 288 17
FAX (03 83 78) 288 19
www.seebrücke-heringsdorf.de
In allen renommierten Gourmetführern wird das erstklassige Restaurant an der längsten Seebrücke Europas gelobt. Dazu tragen die wunderbaren Kreationen des Chefkochs Marcus Lübke bei wie auch der herrliche Blick auf die Küstenlandschaft Usedoms. Tgl. ab 17:00 Uhr geöffnet. €€€
Ein wenig schlichter und auch preiswerter geht es in dem daneben liegenden "Nauticus" zu; hier werden hauptsächlich rustikalere Gerichte aus der Region gereicht. €€

Karlshagen

Peenemünder Eck
Strandstr. 1a
☎ (03 83 71) 218 15
Gemütlicher Gasthof mit schmackhafter Hausmannskost. €€

Stella del Lago
Alte Peenemünder Str. 1
☎ (03 83 71) 556 81
Sehr gute Pizzeria in der Nähe des Bahnübergangs in Karlshagen. €

Veer Master (Abb. s. u.)
Am Hafen
☎ (03 83 71) 210 12
Maritime Atmosphäre mit wunderbarem Blick auf den Hafen, sehr große Auswahl an wirklich wohlschmeckenden Gerichten. €€

Kölpinsee-Loddin

*Bricklebrit
Am Achterwasser 10 (Loddin)
☎ (03 83 75) 202 80
Ausgezeichnete regionale Küche, freundliche Bedienung und ein herrlicher Blick auf das Achterwasser. €€

Restaurant Karl's Burg
Strandstr. 4 (Kölpinsee)
☎ (03 83 75) 23 60
Sehr gute Fischgerichte und Hausmannskost, große Terrasse. €€

Waterblick
Am Mühlenberg 5 (Loddin)
☎ (03 83 75) 202 94
Sehr gutes Fisch- und Grillrestaurant, bietet neben leckerem Essen eine phantastische Aussicht auf das Achterwasser. Abends: Reservierung erforderlich! €€

Korswandt

Idyll am Wolgastsee
Hauptstr. 9
☎ (03 83 78) 221 16
In der warmen Jahreszeit sitzt es sich ausgesprochen angenehm auf der schönen Café-Terrasse zur Südseite, an kühlen Tagen hingegen im "Poggenkrug". Sehr gut sind all die Fisch- und Wildgerichte, besonders zu empfehlen: die Ostseefischplatte mit grüner Pfefferbutter, die Wildlendchen, der Holunderbeersaft und auch der Sanddornwein. €-€€

Koserow

Forsthaus Damerow
An der B 111
☎ (03 83 75) 560
Idyllisch in einem Waldstück nahe der schmalsten Stelle Usedoms gelegen. Rustikale Atmosphäre, empfehlenswert sind vor allem die Wild- und Fischgerichte. €€

Kelchs Fischrestaurant
Karlstr. 9
☎ (03 83 75) 204 58
Sehr große Auswahl für Fischfreunde, ein ganz besonderer Tipp sind jedoch die äußerst leckeren Bratkartoffeln! €-€€

*Koserower Salzhütte
Bei der Seebrücke
☎ (03 83 75) 206 80
Frischer Fisch in einer rekonstruierten Salzhütte - gilt als eine der besten Adressen Usedoms! In den Wintermonaten nur am Wochenende geöffnet. €€

Lieper Winkel

*Rankwitzer Hof
Dorfstr. 15
Rankwitz
☎ (03 83 72) 705 63
Das Landgasthaus gilt unter Kennern als Geheimtipp: Zwar ist die Karte nicht wirklich ausgefallen, aber die Qualität der servierten Gerichte spricht für sich! Verarbeitet werden hauptsächlich regionale Produkte, mit Vorliebe natürlich Fisch. €-€€

Zur alten Fischräucherei
Rankwitz
Am Hafen
☎ (03 83 72) 705 21
Hausgemachte Fischspezialitäten aus eigenem Fang werden in dem Restaurant am Peenestrom serviert; Tipp: hervorra-

gender Räucherfisch im angeschlossenen Hausverkauf! €–€€

Mellenthin

Gutshof Mellenthin
Dorfstr. 24
☎ (03 83 79) 207 00
Hausgemachte Gerichte im alten Gutshof zwischen Kirche und Schloss. Vom Vorgarten aus kann man das auf dem Dach nistende Storchenpaar beobachten. €€

Landgasthaus Klein
Chausseeberg 1
☎ (03 83 79) 202 46

Genau an der Stelle, wo man von der B 110 Richtung Mellenthin abbiegt, steht das Landgasthaus Klein. Es bietet gute Gerichte, handfeste Portionen – und das recht preisgünstig! Spezialitäten des Hauses sind Flugentenbrust, Gänsekeule und Zwiebelfleisch vom Lamm, aber auch die Fisch- und vegetarischen Gerichte kommen nicht zu kurz. Auf der Karte findet man auch einiges Hausgemachtes wie Petersiliensaft und Holunderlikör; Schmalz und Ökowurst werden auch in Gläsern zum Mitnehmen angeboten. €–€€

Restaurant im Wasserschloss
Chausseeberg 1
☎ (03 83 79) 202 49
Teile des Wasserschlosses werden zwar noch renoviert, aber in den schön restaurierten Räumen im Erdgeschoss wurde bereits ein Restaurant mit Café bzw. Bar eingerichtet. Angenehm lässt es sich in diesem Ambiente verweilen, das Essen ist gut, die Bedienung freundlich und bei schönem Wetter kann man auch im Schlosshof sitzen. €€

Misdroy (Międzyzdroje)

Aurora
ul. Bohaterów Warzawy 17

Schön kann man auf der Terrasse oder im Wintergarten gegenüber der Seebrücke sitzen und die vorbeiflanierenden Leute beobachten, gute polnische und internationale Gerichte. €–€€

Chopin
Promenada Gwiazd 1
Erstklassiges Gourmet-Restaurant im Hotel Amber Baltic. €€–€€€

Peenemünde

Die Flunder
Hafenpromenade 7
☎ (03 83 71) 219 95
Fisch- und Grillrestaurant mit Blick auf den Hafen. €€

Feldsalonwagen
(im Museumsgelände)
Kleiner Imbiss, in dem man, wenn einen der kleine Hunger überkommt, eine besonders gute Thüringer Rostbratwurst und andere Gerichte bekommt. Der Wagen war früher übrigens der Salonwagen des Versorgungszugs des Verteidigungsministeriums der DDR! €

Swinemünde (Świnoujście)

Albakora
ul. Konstytucij 3 Maja 6
Deftige, preiswerte Küche. €

*Central
ul. Armii Krajowej 3
☎ (00 48 – 91) 321 26 40
Die Wiener Wirtin serviert nicht nur österreichische Spezialitäten, sondern auch polnische und internationale Küche. €

Trassenheide

Fischstübchen
Neeberg (ca. 8 km entfernt)
Dorfstr. 17a
☎ (038 36) 60 33 22
Schmackhafte frische Fischgerichte in gemütlicher Atmosphäre. €€

Friesenhof
Bahnhofstr 48
☎ (038 371) 26 10
An der Verbindungsstraße zwischen Trassenheide und Karlshagen bietet der Friesenhof eine sehr gute Küche an; er erhielt 2001 bei den "Usedomer Heringswochen" den 1. Preis. Angeschlossen ist ein Hotel und ein Reiterhof. €€

Kaliebe
Zeltplatzstr. 5
☎ (038 371) 520
Bietet v.a. mecklenburgische Küche, aber die in einer sehr guten Qualität: Beim Landeswettbewerb "Essen und Trinken" prämiert! €€

Jagdstübchen Krummin
Krummin (ca. 6 km entfernt)
Schwarzer Weg 4a
☎ (038 36) 20 65 74
Rustikales Restaurant an der Straße zwischen Krummin und Neeberg; bekannt für seine wunderbaren Wild- und Fischgerichte. Sehr zu empfehlen ist das Hirschsteak mit Waldpilzen und Rotweinbutter und der Rotbarsch nach Art des Krumminer Gutsherren. €-€€

Zum Kraftwerker
Zeltplatzstr. 3
☎ (038 371) 209 42
Schmackhafte und preiswerte Hausmannskost. €

Zur Reuse
Ziemitz (11 km entfernt)
Wolgaster Str. 20
☎ (038 36) 60 28 55
Gute Auswahl, doch die Gäste kommen meist wegen der leckeren Fischküche der "Reuse": Die Spezialität des Gasthauses ist der "Ziemitzer Bratfischteller". €-€€

Ückeritz

*Deutsches Haus
Nebenstr. 1
☎ (038 375) 209 40
Regionale Küche vom Feinsten bietet das "Deutsche Haus", auf alle Fälle einen Besuch wert! €€

Utkiek
Am Strand
☎ (038 375) 204 08
Maritimes Restaurant mit freundlichem Service, direkter Blick auf die Ostsee. €-€€

Usedom (Umgebung)

Gaststätte Haffschänke
Dorfstr. 19
17406 Karnin (2 km entfernt)
☎ (038 372) 703 75
Einfache, gute Gerichte; fangfrischer Fisch im Angebot. €

Wolgast

Alter Speicher
Hafenstr. 4
☎ (038 36) 20 59 94
Maritimes Restaurant im

ersten Stock eines schön restaurierten Speichers; Spezialität des Hauses sind natürlich Fischgerichte. €€

Casa del Caballo
Am Lustwall 22
☎ (038 36) 234 14
Liebevoll eingerichtete Tapas-Bar. €-€€

Kalinka
Fischerstr. 25a
☎ (038 36) 60 02 40
Ein Stück Russland in Wolgast: Bietet Spezialitäten wie Borschtsch und Pelmeni, eine große Auswahl an Wodka-Sorten und viel gefühlvolle Musik. Wer es konventioneller liebt, wählt eines der deutschen Fleisch- und Fischgerichte. €€

Zempin

*Tau'n Fischer und sin Fru
Waldstr. 11
17459 Zempin
☎ (03 83 77) 400 54
An der Hauptstraße gelegen, aber trotzdem ist der Eingang leicht zu übersehen! Es lohnt sich, darauf zu achten und dem Restaurant, das für seine Fische aus eigenem Fang und eigener Räucherei bekannt ist, einen Besuch abzustatten. €€

Restaurant Walhalla
Seestr. 6
(beim Hotel Wikinger)
☎ (03 83 77) 750
Von außen nicht gerade einladend, doch das Essen enttäuscht nicht! Gute Gerichte und reichhaltige Portionen. €-€€

Zinnowitz

*Belle Epoque
Ecke Strandpromenade/
(im Hotel Preussenhof)
Liebevoll eingerichtetes Restaurant mit Sammlerstücken an den Wänden. €€
Gute Küche auch im "Museumscafé" (▶ Cafés).

Düne 24
Dünenstr. 24
☎ (03 83 77) 760
Feine regionale Küche in angenehmer Strandatmosphäre. €€-€€€

Hotelrestaurant Asgard
Dünenstr. 20
☎ (03 83 77) 46 70
Sehr gute Speisen in angenehmer Atmosphäre, große Terrasse. €€

Kartoffelburg
Dünenstr. 36
17454 Zinnowitz
☎ (03 83 77) 425 06
Kartoffelvariationen ohne Ende. €

Pizzeria Marco Polo
Dannweg 20
☎ (03 83 77) 364 62
Im Park am ehemaligen Kurhaus gelegenes italienisches Restaurant mit sehr guten Gerichten, die vor den Augen des Gastes zubereitet werden. €€

Restaurants (Fortsetzung)

Schiffsverbindungen · Fährlinien

Die meisten der folgenden Angaben (Verbindungen, Abfahrts- und ankunftszeiten, Dauer etc.) gelten für die Sommermonate von Mai bis Oktober. Da sie immer wieder Änderungen unterworfen sind, sollte man sich jeweils, um sicher zu gehen, nochmals vor Ort erkundigen!

Hinweis

Achterwasser	ab Hafen Stagnieß: mit der "MS Astor" (☎ 0171/6514769) 2-std. Achterwasserrundfahrt (mehrmals wöchentlich) Große Mondscheinfahrt (April–Juni, nach Vorbestellung) Richtung Anklam auf dem Peenestrom (1 x wöchentlich) Zur Fischräucherei Rankwitz mit Landgang (1 x wöchentlich) ab Zinnowitz: Rundfahrten mit der "FGS Flicka" (☎ 08336/200776) 3 x täglich
Seebrücken-fahrten	Ahlbeck–Zinnowitz (über Heringsdorf, Bansin und Koserow): 2 x täglich (Adler-Reederei: ☎ 038378/47790, 477920) Bansin–Zinnowitz (über Koserow): 2 x täglich Bansin–Ahlbeck (über Heringsdorf): 2 x täglich Heringsdorf–Zinnowitz (über Bansin und Koserow): 2 x täglich Zinnowitz–Ahlbeck (über Koserow, Bansin und Heringsdorf): 2 x täglich
Greifswalder Oie	ab Karlshagen: mit der "MS Seeadler" (☎ 038308/8389) Dauer: 9^{00}–ca. 14^{00} Uhr (5x wöchentlich) Vorbuchungen erwünscht, da nur eine begrenzte Personenzahl mitgenommen werden darf (▶ Baedeker Tipp S. 98)!
Insel Ruden	ab Peenemünde: mit der "MS Wolgast" (Apollo-Reederei, ☎ 038371/20829) Zwischenstopp in Freest, Angebot: 1 Std. Landgang auf der Insel Ruden (1–2 x tgl.) ab Karlshagen: mit der "MS Seeadler" (☎ 038308/8389) Angebot: 1 Std. Landgang (tgl. außer Fr. und So.)
Insel Rügen	ab Peenemünde: mit der "MS Mönchgut" (Reederei Gutowski, ☎ 038308/8389) Tagesfahrt mit Seebrückenstopp (Peenemünde–Göhren–Sellin–Binz–Kreidefelsen und zurück (tgl.) ab Heringsdorf: mit der Adler-Reederei (☎ 038378/47790, 477920) Dauer: 8^{30}–ca. 21^{15} Uhr (1 x wöchentlich) ab Zinnowitz: mit der Adler-Reederei (s. o.) Dauer: 7^{00}–ca. 22^{30} Uhr (1 x wöchentlich)
Peenemünde–Freest	ab Peenemünde: Personen- und Fahrradtransport (tgl. mehrmals)

ab Peenemünde: **Peenemünde –**
Personen- und Fahrradtransport (tgl. mehrmals) **Kröslin**

Ahlbeck – Swinemünde: **Polen**
mehrmals täglich (Hin- und Rückfahrt: ca. 1 ¾ Std.)

Ahlbeck – Insel Wolin:
4 x wöchentlich (Dauer: 9^{50} – 17^{00} Uhr, inkl. Inselrundfahrt)

Bansin – Swinemünde:
mehrmals täglich (Hin- und Rückfahrt: ca. 3 Std.)

Bansin – Insel Wolin:
4 x wöchentlich (Dauer: 9^{00} – 18^{00} Uhr, inkl. Inselrundfahrt)

Heringsdorf – Swinemünde:
mehrmals täglich (Hin- und Rückfahrt: ca. 1¾ Std.)

Heringsdorf – Insel Wolin:
4 x wöchentlich (Dauer: 9^{30} – 17^{30} Uhr, inkl. Inselrundfahrt)

Kamminke – Swinemünde:
Fahrt nach Swinemünde mit der "Adler X" (2x wöchentlich, Dauer:
10^{00} – ca. 19^{30} Uhr)

Kamminke – Stettin:
täglich (Dauer: 10^{00} – 19^{30} Uhr inkl. Stadtrundfahrt)

Kamminke – Ziegenort:
2 x täglich (Duty-free-Einkaufsfahrt, Dauer: ca. 4 Std.)

Zinnowitz – Swinemünde:
an 3 Tagen pro Wochen (2 x täglich, Dauer: ca. 3½ Std.)

Zinnowitz – Insel Wolin:
2 x wöchentlich (Dauer: 9^{15} – ca. 20^{30} Uhr, inkl. Inselrundfahrt)

Heringsdorf – Insel Bornholm/DK (mit 4 Std. Aufenthalt in Ronne). **Dänemark**
1 x wöchentlich (Dauer: 8^{30} – ca. 22^{00} Uhr, Inselrundfahrt buchbar)

Zinnowitz – Insel Bornholm/DK (mit 4 Std. Aufenthalt in Ronne):
1 x wöchentlich (Dauer: 7^{00} – ca. 23^{00} Uhr, Inselrundfahrt buchbar)

Sport · Wassersport

Eine herrliche Landschaft und ein gesundes Klima sind die Grund- **Allgemeines**
voraussetzungen für einen erholsamen Urlaub zu jeder Jahreszeit.
Auf Usedom kann man sich bei ausgedehnten Spaziergängen und
Radtouren an der frischen Luft erholen oder sich beim Reiten, Gol-
fen oder Tennis spielen sportlich betätigen. Informationen zu den
den Themen Wandern/Rad fahren, Angeln und Reiten findet man
unter den jeweiligen Stichworten, Kegel- und Bowlingbahnen sind
unter ▶ Freizeitaktivitäten aufgeführt. Falls es die Außentempera-
turen nicht erlauben oder man am Baden im Meer oder im Achter-

Usedoms einzige Golfanlage bietet einen 18-Loch-Meisterschaftsplatz, einen 6-Loch-Kurzplatz und eine Driving Range mit sechs Übungsbahnen.

Allgemeines (Fortsetzung)	wasser keine rechte Freude hat, bietet Usedom auch einige schöne Erlebnis- und Schwimmbäder (▶ Baden). In der Nebensaison werden in den Seebädern für Gesundheitsbewusste und Naturliebhaber interessante und abwechslungsreiche Arrangements angeboten: Wandern, Radeln, Reiten, Strandlauf, Schwimmen, Gymnastik usw.
Golf	In Balm, einem Ortsteil von Neppermin, findet man beim Golf- und Landhotel Balmer See Usedoms einzigen Golfplatz mit einem 18-Loch-Platz, einem 6-Loch-Kurzplatz und einer Driving-Range. Dazu gehört auch eine Golfschule, die Einzelunterricht und Schnupperkurse anbietet. In der Nähe von Misdroy auf der polnischen Halbinsel Wolin wurde für die Gäste des Hotels "Amber Baltic" ebenfalls ein 9- und ein 18-Loch-Golfplatz eröffnet. Spielen dürfen hier auch Nichtmitglieder des Clubs.
Inlineskaten und Eislaufen	Eigentlich wurden die Deichkronen für Radfahrer und Wanderer asphaltiert, doch nun haben diese Bahnen auch die Inlineskater für sich entdeckt – ebenso wie den Fußweg zwischen Ahlbeck und Swinemünde. Sprungübungen kann man auf der Skaterbahn bei Ückeritz, direkt an der B 111, riskieren. Im Winter zählt Eislaufen zu den sportlichen Aktivitäten in Heringsdorf. Ab Mitte November kann man auf einer 30 x 60 m großen Freifläche an der Promenade Pirouetten drehen. Schlittschuhe stehen zum Mieten bereit.
Tennis	Auf der ganzen Insel findet man Gelegenheit, Tennis zu spielen. Die meisten Hotels und Ferienanlagen verfügen über eigene Plätze,

doch auch bei den unten aufgeführten Vereinen und Anlagen hat man die Möglichkeit.

Tennis (Fortsetzung)

Wer einen Segel- oder Motorbootkurs machen möchte, dem sei die "Segelschule Rückenwind" in Wolgast empfohlen, wo man eine solide Ausbildung erhält und auch eine Prüfung ablegen kann. Es werden auch Schnupperkurse und Opti-Segeln für Kinder angeboten. Eher an junge Leute richtet sich das Angebot der Segel- & Surfschule in Ückeritz, wo man die nötige Ausrüstung zum Surfen, Kiten, Segeln, Wasserski- und Wakeboardfahren erhält. Ebenso weit gefächert ist das Angebot von "Sportstrand" in Karlshagen, zudem kann man hier Bananaboat fahren.

Wassersport

Golf

Golf- und Landhotel Balmer See
Drewinscher Weg 1
17429 Neppermin-Balm
www.golfhotel-usedom.de
☎ (03 83 79) 280, 281 00
FAX (03 83 79) 282 22

Kanu · Kajak

Kanuhof
Dorfstr. 46
17440 Spandowerhagen
(bei Freest)
☎ (03 83 70) 206 65
Kanuverleih und Touren

Ackerbürgerei Lassan
Lange Str. 55/57
17440 Lassan
☎ (03 83 74) 51 11
Kajak- und Kanuverleih, auch Organisation von Touren

Rudern

Rudersportverein e.V.
Am Fährbahnhof 2
17438 Wolgast
☎ (038 36) 20 50 05

Segeln

Segel- und Surfschule Ückeritz / Usedom
Am Achterwasser
17459 Ückeritz
☎ (03 83 75) 206 41 oder
(0177) 493 55 03
FAX (03 83 75) 206 41

www.segelnsurfenusedom.de
Kurse für Anfänger und Fortgeschrittene, Verleih und Shop, Segelboote im Verleih, Wasserski, Bananaboat, Wakeboard, Café "Knatter", Flachwasserrevier für Anfänger.

Segelschule Rückenwind
Hafenstr. 4
17438 Wolgast
☎ (038 36) 60 00 13
FAX (038 36) 23 47 50
www.segelschule-ruecken-wind.de
Kurse für Anfänger und Fortgeschrittene; sehr beliebt sind auch die Kinderkurse (6–12 J.) mit der kleinen Segeljolle "Opti".

Sportstrand
c/o Sportschule
Thorsten Kürbis
Zeltplatzstr. 3
17449 Karlshagen
☎ (07 00) 34 34 10 00
FAX (07 21) 151 20 54 58
www.sportschule-kürbis.de
Diverse Angebote vom Segeln und Surfen bis zu Wasserski und Banana Riding

Surfen · Kiten

Segel- und Surfschule Ückeritz
(siehe oben)

Sportschule Kürbis
17449 Karlshagen
☎ (03 83 71) 218 37

Sport
(Fortsetzung)

Surfkurse und Verleih, Kanu und Kajak

Sportcenter

Ferienparadies Lütow
17440 Lütow/Zinnowitz
☎ (03 83 77) 49 30
FAX (03 83 77) 493 19
ferienparadies@t-online.de
Hier kann sowohl Tennis gespielt (Außenplatz mit Flutlicht) als auch die Schwimmhalle und das Solarium genutzt werden. Zudem bieten hier ein Kosmetikstudio und ein Restaurant ihre Dienste an.

Sportpark "barge"
Möskenweg 3
17454 Zinnowitz
☎ (03 83 77) 430 50
www.barge.de
Tennis, Squash, Badminton, Kegeln, Fitness, Aerobic-Kurse, Restaurant, Solarium, Diskothek

Sportpoint Trassenheide
Wiesenweg 5
17449 Trassenheide
☎ (03 83 71) 282 15 und
(03 83 77) 282 18
Breites Sportangebot von Tennis, Badminton, Sqash, Tischtennis über Minigolf, Bowling, Dart und Fitness im allgemeinen. Die Anlage verfügt über eine Tennisschule, 3 Innen- und 3 Außenplätze, eine Sauna, Sonnenbänke, ein Restaurant sowie einen Sportshop.

Tauchen

Tauchsportclub Greifswald
Yachtweg 3
17493 Greifswald
☎ (038 34)
Tauchen rund um die Inseln Rügen, Usedom und Bornholm, Wracktauchen und Nachttauchen

Special Diving World Kröslin
Am Hafen
17440 Kröslin
☎ (03 83 70) 208 74
(038 36) 23 46 98
Tauchausfahrten, Kurse sowie Wracktauchen, Tauchshop.

Tennis

**Heringsdorfer SV
"Blau-Weiß" e.V.**
Bülowstr. 11
17424 Heringsdorf
☎ (03 83 78) 308 86

SG Medizin Bansin e.V.
Seestr. 84
☎ (03 83 78) 308 86

Tennisanlage Zinnowitz
Am Glienberg
17454 Zinnowitz

Tennisverein Zinnowitz e.V.
Waldstraße
17454 Zinnowitz
☎ (03 83 77) 408 80, 42143

Telefon

Vorwahlen

nach Polen
☎ (00 48)

von Polen nach Deutschland
☎ (00 49)

von Polen nach Österreich
☎ (00 43)

Von Polen in die Schweiz
☎ (00 41)

Da Usedom eines der modernsten deutschen Telefonnetze besitzt, ist das Telefonieren generell kein Problem. Nur Handybesitzer geraten (je nach Netzbetreiber) an einigen Ecken der Seebäder oder im Hinterland manchmal noch in ein Funkloch. Auch nahe der polnischen Grenze kann es Probleme geben, dann hilft nur, sich in das polnische Netz einzuklinken.

Telefon (Fortsetzung)

Theater

Usedom

Die Blechbüchse – Das Gelbe Theater
Seestr. 8
17454 Zinnowitz
☎ (03 83 77) 409 36

Theaterzelt Chapeau Rouge
Strandpromenade
17424 Heringsdorf
☎ (03 82 78) 291 71
(nur in der Sommersaison)

Vineta-Festspiele
Seestr. 8
17454 Zinnowitz
☎ (03 83 77) 409 36
▶ Baedeker Special S. 156/157

Umgebung

Störtebeker-Festspiele
Am Bodden 100
18528 Ralswiek (Rügen)
☎ (038 38) 311 00
FAX (038 38) 31 31 92

Theater Anklam
Leipziger Allee 34
17389 Anklam
☎ (039 71) 208 90
FAX (039 71) 20 89 24

Theater Putbus
Markt 13
18581 Putbus (Rügen)
☎ (038 301) 80 80

Theater Vorpommern
Anklamer Str. 106
17489 Greifswald
☎ (038 34) 572 20

Vorpommersche Landesbühne
Leipziger Allee 34
17389 Anklam
☎ (039 71) 20 89 25

Veranstaltungen

Über die aktuellen Veranstaltungen wie Seebrücken-, Sommer- und Hafenfeste, Vorträge, Ausstellungen etc. informieren Zeitungen und andere Veröffentlichungen vor Ort, beispielsweise das Inselmagazin "Usedom aktuell". Einige ausgewählte und bekannte Ereignisse sind:

Pfingsten

Heringsdorfer Kleinkunstfestival
Vor der Seebrücke und an anderen Ecken Heringsdorf treten Kleinkünstler auf: Zauberer, Jongleure, Clowns und Pantomimen. Zudem kann man über den Kunsthandwerkermarkt an der Promenade bummeln und abends ein wunderschönes Feuerwerk genießen.

Wikingerlager
▶ Baedeker Tipp S. 143

Veranstaltungen
(Fortsetzung)

Frühjahr / Herbst

*Heringsdorf goes fashion
Jedes Jahr im Frühjahr und im Herbst präsentieren die nationalen und internationalen Toplabels der Modebranche ihre aktuellen Kollektionen im Forum Usedom.

Juni

Nepperminer Pferdemarkt
▶ Baedeker Tipp S. 122

Juni – September

Vineta-Festspiele
▶ Baedeker Special S. 156/157

Juli

Heringsdorfer Kaisertage
Mit Pferd und Wagen beehrte die "kaiserliche Familie" das Fest am 1. Juli-Wochenende; traditionell gibt es einen Kunsthandwerkermarkt und viele Darbietungen.

August

Mittelalterspektakel
Am ersten Augustwochenende scheint man im Zentrum Koserows ins Mittelalter zurückversetzt: Hier tummeln sich Ritter, Gaukler und Narren in historischen Kostümen.

September

Usedom-Marathon
Völkerverständigung ist ein wesentliches Anliegen der Organisatoren dieses Marathons, der auf der Strandpromenade im polnischen Świnoujście startet und sein Ziel im Wolgaster Peenestadion hat, dazwischen passiert man die polnisch-deutsche Grenze sowie die Seebäder Ahlbeck, Heringsdorf, Bansin und Zinnowitz.

*Usedomer Musikfestival
In erster Linie bieten begabte Nachwuchskünstler auf dem Musikfestival seit 1994 klassische Musik dar, doch jedes Jahr wird ebenfalls die Musikszene eines Ostsee-Anrainerstaates vorgestellt. Auf der ganzen Insel verteilen sich dann die Veranstaltungen, ergänzt durch Vorträge und Diskussionsrunden.

Verkehrsmittel

Mit der Bahn Die Usedomer Bäderbahn (UBB) verbindet die Seebäder mit Wolgast bzw. Züssow, wo Anschlüsse zu der Fernbahnstrecke Berlin–Greifswald–Stralsund bestehen. Reisende von und in den Norden der Insel (Peenemünde, Karlshagen und Trassenheide) müssen in Zinnowitz umsteigen. Generell fährt die Bäderbahn im 60-Minuten-Takt, im Sommer allerdings im 30-Minuten-Takt zwischen Wolgast und der polnischen Grenze bei Ahlbeck mit Halt in allen Badeorten. Über die unterschiedlichen Tickets (Tages-Ticket, Usedom-Ticket etc.) informiert die Auskunft im Bahnhof Heringsdorf (☎ 03 83 78 / 2 71 32).

Mit dem Auto Da das Verkehrsaufkommen, v.a. im Sommer, recht hoch ist und sich auch die Parkplatzsuche oftmals recht schwierig gestaltet, ist es ratsam, das Auto so oft wie möglich stehen zu lassen. Zudem sind die Verbindungen mit den öffentlichen Verkehrsmitteln wirklich gut.

Fast alle Orte auf Usedom kann man auch mit dem Linienbus errei-   **Mit dem Bus**
chen. In den Sommermonaten verkehrt zwischen den Kaiserbädern
und den Dörfern im Hinterland der Achterland-Express. Seit kurzem verbindet zudem die Kaiserbäder-Linie Ahlbeck, Heringsdorf
und Bansin und bietet entlang des Weges viele Haltestellen zum
Aus- und Zusteigen. Zudem kann man in kleinen Mini-Zügen (Kai-
serbäder-Express) zwischen Ahlbeck, Bansin, Heringsdorf und Zinnowitz pendeln; vom gleichen Unternehmen werden außerdem
Ausflugsfahrten angeboten.

Wandern · Rad fahren

Usedom kann man kaum kennen lernen, ohne die vielfältige Land-   **Touren durch**
schaft auf Wanderungen oder Radtouren zu durchforsten. Mar-   **Usedom**
kierte Wanderwege führen entlang der Ostseeküste und auch
durch das malerische Hinterland. Nur so findet man die ruhigen
Ecken der Insel: Buchten und Halbinseln rund um das Achterwasser, die bewaldeten Ufer des Schloonsees, die Moorwiesen im Thurbruch oder die kleinen Berge, von denen man vielerorts einen schönen Blick über die Insel und die Gewässer hat.

Mittlerweile gibt es auf Usedom fast 150 km ausgebaute Radwan-
derwege. Die meisten davon verlaufen an der Küste und sind einfach zu befahren, ein wenig mehr Mühe bereitet das hügelige Hinterland. Fahrräder kann man in fast allen Ferienorten mieten, teilweise auch in den Hotels. Auch den Transport macht keine Probleme: Die Usedomer Bäderbahn befördert die Räder. Das Faltblatt
"Radeln", das man beim Tourismusverband, den Touristeninformationen und Kurverwaltungen erhält, liefert einige wertvolle Tipps.
Zudem gibt es ein besonderes Angebot mit Gepäckservice, bei dem
auch Zimmer gebucht werden und im Fall einer Panne schnell ge-
holfen wird: Die Mecklenburger Radtour (☎ 03831/200220,
www.mecklenburgerradtour.de).

Wellness

Wellness ist ein boomender Markt – nicht nur auf Usedom. Zahlrei-   **Boomender**
che Hotels bieten ihren Gästen diverse Anwendungen an, um ihr   **Markt**
Wohlbefinden und ihre Gesundheit zu verbessern. Da das Angebot
sehr breit ist, können nur einige Hotels an dieser Stelle hervorgeho-
ben werben:

Ahlbeck

Ahlbecker Hof
Dünenstr. 47
☎ (03 83 78) 620
FAX (03 83 78)
Großer 5-Sterne-Wellnessbe-
reich in Usedoms Spitzenhotel: Pool, Blüten-Whirlpool,
Dampfbad, Sultan-Bad, Eis-
grotte, Beautysalon u.v.m.

Strandhotel Seebad Ahlbeck
Dünenstr. 19–21
☎ (03 83 78) 520
Schwimmbad, Sauna, Solari-
um, Fitnessraum und Beauty-
Salon.

Bansin

Hotel zur Post
Seestr. 5

☎ (03 83 78) 560
Bietet seinen Gästen verschiedene Anwendungen: Sauna, Solarium, diverse Massagen, Sauerstoff-Mehrschritt-Therapie, Magnetfeldtherapie etc. Derzeit wird der Wellnessbereich ausgebaut.

Promenadenhotel Admiral
Strandpromenade 36/37
☎ (03 83 78) 660
FAX (03 83 78) 663 66
Verschiedene Angebote für Wellness-Weekends oder eine Fitness-Aktiv-Woche: 500 m² großer Wellnessbereich mit Pool, Whirlpool, Aromabad (Fango-, Thalasso- und Heubäder) und Fitnessraum.

Gnitz

Ferienparadies Lütow
Zeltplatzstr. 1
17440 Lütow
☎ (03 83 77) 49 30
FAX (03 83 77) 493 19
Klassisches Angebot mit Schwimmbad, Sauna, Solarium, und Beauty-Farm, aber auch Sauerstofftherapie, Reizstrombehandlung und Body-Forming.

Heringsdorf

Beauty- und Wellnessoase "Balance"
im Upstalsboom
Hotel Ostseestrand
Eichenweg 4-5
☎ (03 83 78) 630
FAX (03 83 78) 634 44
ostseestrand@upstalsboom.de
Die Neuheit hier heißt "Entspannung durch Aqua-dreaming", d.h. schwereloses Schweben und sanftes Bewegtwerden im körperwarmen Wasser. Ansonsten gibt es einen Pool, zwei Saunen sowie einen Frischluftraum mit Erlebnisduschen und drei Kosmetikstudios, incl. Traumbad.

Strandhotel Ostseeblick
Kulmstr. 28
17424 Heringsdorf
☎ (03 83 78) 540
FAX (03 83 78) 542 99
www.strandhotel-ostseeblick.de
Diverse Angebote; Besonderheit: Crystal-Baden (in Kombination mit Musik-, Farb- und Magnetfeldtherapie).

Thalasso- & Beautyzentrum und Sindbad-Therme
im Strandhotel Heringsdorf
An der Strandpromenade
Liehrstr. 10
☎ (03 83 78) 23 20
FAX (03 83 78) 300 25
Schwimmbad mit Gegenstromanlage, Massagedüsen und Wasserschwall, eine Sauna mit Duschtempel, Thalassobäder in der Meeresbrandungswanne, Ganzkörperpackungen (z.B. Moor oder Algen) im Wasserschwebebett sowie eine Hamam-Liege für Seifenbürstenmassage und Meersalz-Peeling. Die Beauty-Farm "Quisana" bietet neben den üblichen Behandlungen auch Thalgo-Thalassoanwendungen an.

Koserow

Forsthaus Damerow / Hotel Vineta
17459 Koserow / Damerow
☎ (03 83 75) 560
FAX (03 83 75) 564 00
Das Gesundheitszentrum bietet eine Fülle von klassischen Massagen, aber auch fernöstliche Heilmethoden wie Reiki und Shiatsu. Bekannt geworden sind das Hotel und das dazugehörige Gesundheitszentrum allerdings aufgrund der Ayurveda-Anwendungen.

Zinnowitz

Baltic Sport & Ferienhotel
Dünenstraße

☎ (03 83 77) 70 00
FAX (03 83 77) 70100
www.hotelbaltic.de
Ein hochkarätiges Team aus Medizinern, Sportlehrern und -therapeuten betreut die Gäste des Hauses, unter denen oft auch namhafte Sportler (Grit Breuer, Klitschko-Brüder etc.) sind. Für jeden Gast wird ein individuelles Sportprogramm zusammengestellt: z.B. Rückentraining, Joggen am Strand, hoteleigene Badekuren, Wassertreten nach Kneipp, Aerosoltherapie, Krafttraining, Jazz Dance, Tai Chi – alles unter kompetenter Anleitung. Direkt neben dem Hotel liegt zudem die Bernsteintherme mit ihrem vielfältigen Angebot.

Wellness
(Fortsetzung)

Zeitungen

Gelesen werden auf Usedom der "Usedom-Kurier" und die "Ostsee-Zeitung", beide erscheinen montags bis samstags. Über Veranstaltunghinweise informiert "Usedom aktuell".

Zimmervermittlung

Bei der Zimmervermittlung kann man sich an die Kurverwaltungen oder Touristeninformationen der einzelnen Orte wenden, zudem bieten private Vermittler ihre Diesnte an. Des Weiteren gibt es das H.I.B.S. (Hotel-Information- und Buchungssystem): An beiden Inselzufahrten, d.h. in Wolgast bei der Tamoil-Tankstelle und in Zecherin am "Peene-Idyll", sowie in einigen Seebädern befinden sich Tafeln, an denen Kurzentschlossene direkt buchen können.

Kaiserbäder
Zentrale Zimmervermittlung der Kaiserbäder (24h-Hotline)
☎ (018 05) 58 37 83

Usedom-Nord
Tourismusverein
Usedom Nord (ZVS)
☎ (03 83 71) 28 135

Anklam
Stadtinformation (ZVS)
☎ (039 71) 21 05 41
FAX (038 71) 83 51 55

Karlshagen
Kurverwaltung (ZVS)
☎ (03 83 71) 207 58
FAX (03 83 71) 285 37

Loddin
(mit Kölpinsee & Stubbenfelde)
Kurverwaltung (ZVS)
☎ (03 83 75) 204 26
FAX (03 83 75) 206 12

Ückeritz
Kurverwaltung (ZVS)
☎ (03 83 75) 25 20
FAX (03 83 75) 252 18

Usedom (Stadt)
Stadtinformation
☎ (03 83 72) 708 90
FAX (03 83 72) 710 72

Wolgast
Wolgast-Information (ZVS)
☎ (038 36) 25 12 15
FAX (038 36) 60 01 18

Zempin
Zimmervermittlungsservice
☎ (03 83 77) 421 62
FAX (03 83 77) 424 15

Zinnowitz
Kurverwaltung (ZVS)
☎ (03 84 77) 49 20
FAX (03 83 77) 422 29

Private Zimmervermittler

Bäder-Tourist
Dünenstr. 10a
17454 Zinnowitz
☎ (03 83 77) 4 08 07, 412 15
FAX (03 83 77) 415 07
www.baeder-tourist.de

Hauptstr. 16
17449 Karlshagen
☎ (03 83 71) 208 15
FAX (03 83 71) 281 62

Hauptstr. 11
17459 Koserow
☎ (03 83 75) 210 62, 210 55
FAX (03 83 75) 210 64

Usedomtourist
Sölvesborger Str. 2
17438 Wolgast
☎ (038 36) 26 13 14
FAX (038 36) 26 13 94
www.usedomtourist.de

Airport TouristikCenter
Am Flughafen 1
17419 Zirchow
☎ (03 83 76) 25 00, 200 30
FAX (03 83 76) 200 40
www.flughafen-heringsdorf.de

Zentrale Zimmervermittlung Usedom-Nord
Zeltplatzstr. 5
17449 Trassenheide
☎ (03 83 71) 202 43
FAX (03 83 71) 522 99
www.zzvun.m-vp.de

Zimmervermittlung und Vermietung
Siegfried Miller und Partner
Bahnhofstr. 20
17449 Trassenheide
☎ / FAX (03 83 71) 209 97

Ferienhaus Wilms GbR Zimmervermittlung und Vermietung
Strandstr. 22
17449 Karlshagen
☎ (03 83 71) 26 40
FAX (03 83 71) 264 60
www.ferienhaus-wilms.de

Zimmervermittlung "Strand 18"
Strandstr. 18
17449 Karlshagen
☎ (03 83 71) 24 60
FAX (03 83 71) 246 80
www.strand18.de

Vermietung von Ferienwohnungen "Insel Usedom"
Wolfgang Schultz
Gartenstr. 42
17449 Karlshagen
☎ (03 83 71) 23 10, 231 10
FAX (03 83 71) 231 50
www.usedom-paradies.de

Kaiserbäder Insel Usedom Appartementvermietung
Christian Schuldt Immobilien
Postfach 55 09 44
☎ (040) 86 42 18
FAX (040) 866 41 67
www.christian-schuldt-csi.de

PUR Reiseagentur
Postfach 11 09
17420 Heringsdorf
☎ (03 83 78) 828 50
FAX (03 83 78) 828 52
www.pur-reiseagentur.de

Register

Ahlbeck 58
Ahlbecker Forst 62
Ahlbecker Hof 47, 60, 184
Am Abend 180
Angeln 160
Anklam 63
Anklamer Tor (Usedom) 141
Anreise 161
Apotheken 163
Architektur 44
Ardenne, Manfred von 37, 92
Ärztliche Hilfe 163
Ausflugsfahrten 54
Auskunft 164
Autohilfe 165

Backsteingotik 44
Baden 165
Bäderarchitektur 47, 61, 92
Bademuseum (Zinnowitz) 151
Badestrände 165
Badetourismus 31, 90
Balm 123
Bannemin 137
Bansin 67
Bargischow 64
Bartus, Theodor 111
Behindertenhilfe 166
Benz 74
Bernstein 133
Bernsteinhexe 48, 105, 190
Bernsteintherme 154
Bevölkerung 22
Böhmke (Insel) 121
Bootsverleih 167
Bowling- und Kegelbahnen 181
Braun, Wernher von 38, 123, 126
Buchfinksberg 95
Buggenhagen 111

Cafés 167
Cämmerersee 124
Campingplätze 168
Curio, Sabine 51

Dänemark 57
Dargen 78
DDR-Tourismus 34
Delbrück, Hugo 86, 92
Dewichow 123
Dietzsch, Franka 38

Einkäufe und Souvenirs 170
Eislaufen 202
Essen und Trinken 173

Fährlinien 199
Feiertage 177
Feininger, Lyonel 74-75, 87, 104
Ferien mit Kindern 177
Ferienanlagen 177
Festland 56
Film 48
Fischgerichte 173
Fische 21
Fischerei 25
Fischerteppiche 79
FKK-Strände 166
Flughafen Heringsdorf 97
Fontane, Theodor 39, 49
Forum Usedom 92
Freest 79
Freizeitaktivitäten 179

Galerie-Biergarten (Lütow) 85
Garz 96
Geschichte 28
Gesteinsgarten 14, 140
Glaubensberg 123
Gnitz 82, 155
Golf 203
Golfpark Balmer See 122
Golm 19, 95
Gorki, Maxim 48, 87, 94
Görmitz 83
Gothen 95
Greifswalder Oie 56, 98, 123
Grenzmarkt 132
Grenzübertritt 183
Großsteingrab Lütow 28, 84
Grüssow 114

Hafen Stagnieß 140
Heiraten 108
Heringe 21, 174
Heringsdorf 86
Historisch-Technisches Informationszentrum (Peenemünde) 124
Hohendorf 148
Hotel zur Post (Bansin) 70
Hotels 183
Hubbrücke 144
Hundestrände 166

Inlineskaten 202
Insel-Safari 55
Internet-Cafés 182

Jugendherberge 189

Kachliner Windkraftschöpfwerk 79
Kamminke 95
Kandt, Manfred 50, 138
Kandt-Horn, Susanne 50, 138
Karlshagen 97
Karnin 144
Katzow 148-149
Keramikhof Danegger (Morgenitz) 120
Kinos 182
Klima 16
Kölpiensee 124
Kölpinsee 99, 101
Kopetz, Vera 51
Kormorane 20
Korswandt 103
Koserow 104
Krebsseen 74, 104
Krienker See 119
Kröslin 81
Krummin 138
Kückelsberg 74, 77
Kühn, Rosa 51, 150
Kulm-Eck (Heringsdorf) 93
Kulturhof Mölschow 137
Kunstkabinett Usedom 77
Kuren und Erholung 190

Kutsch- und Kremserfahrten 182

Labömitz 77
Lage 12
Langer Berg 71
Lassan 109
Liepe 113
Lieper Kirche 29, 113
Lieper Winkel 111
Lilienthal, Otto 63, 65
Literatur 48
Literaturempfehlungen 190
Loddin 99, 102
Loddiner Höwt 102
Loriot 49
Lubmin 149
Lütow 84
Lüttenort 50, 108

Malkurse 183
Manigk, Oskar 51
Manigk, Otto 50, 138
Marina Kröslin 81
Meinhold, Johann Wilhelm 48, 84, 104, 138, 190
Mellenthin 114
Misdroy (Międzyzdroje) 116
Mölschow 137
Morgenitz 119
Möwenort 86
Müggenburg 66
Mümmelkensee 71
Murchin 64

Name 13
Natur 13
Naturschutz 14
Naturschutzzentrum Karlshagen 99
Neetzkow 66
Neppermin 121
Nepperminer Pferdemarkt 122
Netzebander Heide 148
Netzelkow 84
Neu-Sallenthin 74
Neuendorf 83
Niemeyer-Holstein, Otto 40, 50, 74, 76, 108
Notdienste 191
Notke, Bernt 110

NS-Zeit 33
NSG Cosim 123
NSG Großer Wotig 81
NSG Südspitze Gnitz 85
NSG Wockninsee 140

Oderhaff 95
Öffnungszeiten 191
Ostseetherme (Ahlbeck) 62

Peenebrücke 26, 144, 148
Peenemünde 123
Peenetal 64
Pflanzen 17
Phänomenta (Peenemünde) 129
Polen 56, 183
Pommern 22, 29
Präsidentenberg 95
Preußen 30
Pudagla 116, 122

Quilitz 113

Rad fahren 207
Rankwitz 113
Räucherfisch 176
Reestow 114
Reisezeit 192
Reiten 192
Restaurants 193
Richter, Hans Werner 42, 49, 70
Rohrdächer 45
Ruden 56, 98, 123
Rügen 56
Rundflüge 182
Runge, Philipp Otto 41, 50, 114, 146

Sage 13
Salzhütten 107, 150
Schacht, Karen 50, 138
Scheele, Hugo 150
Schiffsverbindungen 199
Schloonsee 15
Schloss Mellenthin 115
Schlossberg 142
Schmollensee 74, 123
Schweden 30
Schwedenschanze 116
Schwenkenberg 114
Schwimmbäder 166

Seebrücken 87, 88, 108, 118, 154
Sellin 74
Shoppingfahrten 95
Sieben-Seen-Blick 77
Sieger, Kurt-Heinz 150
Slawen 29
Skulpturenpark Katzow 149
Sockeleiche 116, 121
Souvenirs 170
Spalding, Johann Joachim 111
Spantekow 66
Spielcasino 92
Sport 201
Stagnieß 140
Stern, Carola 43, 49
Stolpe (bei Anklam) 66
Stolpe (bei Usedom) 143
Störche 21
Strandkorb 171
Streckelsberg 19, 108
Stubbenfelde 99, 102
Suckower Sockeleiche 116, 121
Swinemünde (Świnoujście) 130

Technik- und Zweiradmuseum 78
Telefon 204
Tennis 204
Theater 155, 205
Thurbruch 79
Tiere 17, 19
Tierpark Tannenkamp 148
Tourismus 24
Trassenheide 135
Türkissee 117, 119

Ückeritz 138
Ulrichshorst 104
Usedom (Stadt) 141
Usedomer Bäderbahn (UBB) 206
Usedomer Gesteinsgarten 14, 140
Usedomer Schweiz 77
Usedomer Winkel 143

Veranstaltungen 205
Verkehr 25
Verkehrsmittel 206

Veste Landskron 66
Villa Irmgard 48, 94
Vineta 104
Vineta-Brücke 154
Vineta-Festspiele 155-156
Vögel 20
Vorwahlen 204

Wandern 207
Warthe 114
Wassersport 201
Wegehaupt, Herbert 50, 138
Wegehaupt, Matthias 51
Weißer Berg 85
Wellness 207
Werder (Insel) 121
Werner, Rolf 47, 51, 70
Wikingerlager (Usedom) 143
Wirtschaft 22
Wisente-Reservat 118
Wockninsee 140
Wolgast 144
Wolgaster Ort 148
Wolgastsee 103
Woliner Nationalpark 117-118
Wusterhusen 149

Zecherin 144
Zeitungen 209
Zempin 149
Ziemitz 138
Zimmervermittlung 209
Zinnowitz 151
Zirchow 104
Zoll 183

Verzeichnis der Karten und grafischen Darstellungen

Übersicht der Top-Reiseziele 2
Lage in Europa 12
Klimatabelle 16
Usedom und Umgebung 54
Ahlbeck 61
Bansin 68
Heringsdorf 88
Kölpinsee-Loddin 100
Koserow 106
Peenemünde 128
Swinemünde 134
Usedom (Stadt) 142
Wolgast 145
Zinnowitz 152

Bildnachweis

AKG: 32, 41, 42, 51, 75, 91, 127
Branscheid: 171
dpa: 43
HB-Verlag: 3, 9 (unten links), 21, 23, 45, 46, 52/53, 72/73, 76, 82, 94, 107, 122, 143, 147, 158/158, 195
Ihlow: 8/9, 28, 98, 109, 117, 131, 136, 139, 141, 153
laif/Kirchner: 2, 5 oben, 8 unten, 10/11, 59, 62, 67, 87, 103, 112, 125
laif/Zanettini: 24
Nosbers: 6, 18, 96, 174, 175, 210
Süddeutscher Verlag Bilderdienst: 35
Thiele: 31, 154
Szerelmy/Knöll: 1, 4 oben, 5 unten, 8 oben, 9 oben, 14, 17, 20, 26, 29, 44, 55, 57, 66, 70, 78, 79, 81, 84, 85, 93, 97, 101, 105, 110, 114, 115, 119, 120, 121, 122, 133, 140, 144, 149, 150, 166, 168, 172, 176, 178, 184, 185, 186, 187, 189, 193, 194, 196, 197 (2x), 202
Usedom Tourismus: 7, 9 unten rechts, 15, 164
Vineta-Festspiele/Krüger. 4 unten, 157
Wurth: 65

Titelbild: Mauritius – Ahlbecker Seebrücke
Hintere Umschlagseite: Szerelmy – Lagerfeuerromantik auf Usedom

Impressum

115 Abbildungen
15 Karten und grafische Darstellungen, 1 große Reisekarte

Text: Beate Szerelmy und Dr. Hedwig Nosbers
mit Beiträgen von Andrea Wurth, Matthias Öhler und Christine Berger

Bearbeitung: Baedeker-Redaktion (Beate Szerelmy)

Kartografie: Franz Kaiser, Sindelfingen; Christoph Gallus, Hohberg-Niederschopfheim
Mairs Geographischer Verlag (Reisekarte)

Chefredaktion: Rainer Eisenschmid, Baedeker Ostfildern

1. Auflage 2003

Urheberschaft: Karl Baedeker GmbH, Ostfildern
Nutzungsrecht: Mairs Geographischer Verlag GmbH & Co., Ostfildern

Der Name *Baedeker* ist als Warenzeichen geschützt.
Alle Rechte im In- und Ausland sind vorbehalten.
Jegliche – auch auszugsweise – Verwertung, Wiedergabe, Vervielfältigung, Übersetzung, Adaption, Mikroverfilmung, Einspeicherung oder Verarbeitung in EDV-Systemen ausnahmslos aller Teile dieses Werkes bedarf der ausdrücklichen Genehmigung durch den Verlag Karl Baedeker GmbH.

Printed in Germany
ISBN 3-8297-1015-1   **Gedruckt auf 100% chlorfreiem Papier**

Baedeker Programm
Reiseziele in aller Welt

Baedeker Allianz Reiseführer

- Ägypten
- Algarve
- Amsterdam
- Andalusien
- Athen
- Australien
- Bali
- Baltikum
- Barcelona
- Belgien
- Berlin
- Bodensee · Oberschwaben
- Brasilien
- Bretagne
- Brüssel
- Budapest
- Burgund
- Chicago · Große Seen
- China
- Costa Blanca
- Costa Brava
- Dänemark
- Deutschland
- Djerba · Südtunesien
- Dominikanische Republik
- Dresden
- Elba
- Elsass · Vogesen
- Finnland
- Florenz
- Florida
- Franken
- Frankfurt am Main
- Frankreich
- Französische Atlantikküste
- Fuerteventura
- Gardasee
- Germany (engl.)
- Gomera
- Gran Canaria
- Griechenland
- Griechische Inseln
- Großbritannien
- Hamburg
- Harz
- Hawaii
- Hongkong · Macao
- Ibiza · Formentera
- Indien
- Irland
- Ischia · Capri · Procida
- Israel
- Istanbul
- Istrien · Dalmat. Küste
- Istrien · Kvarner Bucht
- Italien
- Italien · Norden
- Italien · Süden
- Italienische Adria
- Italienische Riviera
- Japan
- Jordanien
- Kalifornien
- Kanada
- Kanada · Osten
- Kanada · Westen
- Kanalinseln
- Kenia
- Köln
- Kopenhagen
- Korfu · Ionische Inseln
- Korsika
- Kos
- Kreta
- Kuba
- Kykladen
- La Palma
- Lanzarote
- Lissabon
- Loire
- Lombardei · Mailand · Oberital. Seen